U0530473

古物说

文物里的古人日常

Ancient life behind cultural relics

Wang Renxiang 著
王仁湘

湖南美术出版社

序

慢赏古物，细说古人

欣赏古物，我们先会想到古人，古物是古人的智慧创造。古人造物，习艺，丰富生活，提升技艺，积累体验，发展科学与文化；除了造器制物，思维不断更新，同时营造了信仰体系，创立了比现实世界更为宏大的虚拟世界。

古人的日常用度，以衣食感受最为切身。正是因为司空见惯，浩如烟海的典籍并不屑于记述，只是现代考古才揭示了许多细节，让我们由这样的细节透视到真实的历史样貌。

古语有说"民以食为天"，食又以味为先，味则以羊为美，所以"羊大为美"，汤美为羹，鱼羊为鲜。本书开篇选定的是食，从美美的羊味说起，从香香的羊肉串说起。考古发现，从烤炉到掌中的风扇，烤法千年不变，肉串滋味千年未变。

人之为人，人有站相，也有吃相。筷子、勺子，还有叉子，历史餐桌上的古老食具，筷子和勺子我们还在用着，有的被忘却了，如叉子。我们在引入西餐特有的叉子时，不知道它在中国出现的年代比西方要早出三千多年。还有分餐制，在东方出现可能与叉子出现大体同时，分餐到会食，进食方式的改变，带来了餐桌上的缤纷风景。

当然我们也记住了丝绸之路传来的胡服、胡食与胡器，丰富了餐桌上的品味，还改变了传统的饮酒和饮茶姿势。胡瓶的引入与仿造，就从根本上更新了进饮的姿势，酒品与茶品也随之得到提升。我们更早的饮酒方式是用樽盛酒和用旋温酒，用勺斟酒入觞进饮，史上留下的"斟酌"一词，就是这种饮酒方式的一方语言化石。饮酒器具的变化，也带来了茶壶的新款式和茶的新饮法，造成唐宋时酒壶茶壶不分家的场面。有趣的是，国人饮茶几千年，却没有造出一个定形的"茶"字，现在所用的"茶"字，是茶圣陆羽的一大贡献。

衣冠天下，穿戴与服饰也是文化，有许多的学者做过研究，我没有系统梳理，不过也就一些细节发表过议论。例如我研究古时的束腰传统，从窃国与窃钩的说辞中，发现勾挂腰带的机关带钩，居然曾救了齐桓公一命，使他不仅夺得了王位，还写定了一段春秋争霸的大历史。我还由考古发现考察古代的靴子和手套，了解古人的防寒手段；又由登堂入室的脱鞋风俗，探索了古时主客的脚下礼仪。

谦谦君子，束带矜庄。正冠束带，古时特别讲究仪表，研究中注意到孔子说的"束修"一词，是以整束仪表指代人生的年龄，而不是我们过去理解的学费腊肉，"自我约束"这个词的出现，恰恰是束带古风影响的结果。同时还发现《诗经》中至少两度将"绸缪"一词入诗，表达的是"缠束"之意，也与束带风俗相关。而唐宋诗词中频频出现的"结绸缪"，就成为男女情爱的象征了。

我在书中还录入用左手与右手一文，自我感觉观察讨论还是很有些心得的。从北朝时代墓室壁画揭示的场景，发现兵士左右手使用武器的不同之处，统计有将近百分之十的左撇子，这个比例与现代数据相当，说明在以千年计的时光里，左右手之用没有明显变化。

由古物可以看到古人日常生活的许多细节，也可以感觉到他们曾经的所思所想。近些年我对古代艺术关注稍多，关注的要点并非表现技法之类，而是艺术的象征性。古代艺术特别强调象征性，这种象征性主要是信仰意义。本书单列信仰文化一章，讨论龙凤、龙虎，还有猴鸟与蝉，关注的重点就是它们的象征性。

史前中国就形成了凤鸟崇拜之风，4000多年前就已经用晶莹的玉琢磨出了美美的凤鸟。最优雅的玉凤发现于湖北天门石家河遗址，具有同类风格的玉凤在殷墟妇好墓中也有出土，一般认定它就是早先石家河人的作品。凤鸟的雕琢应当与太阳崇拜有关，后来四神体系中也纳入凤的形象，正如海昏侯墓出土漆架铜镜所写的：右白虎兮左仓龙，下有玄鹤兮上凤凰。

在古代图形资料中，可见到大量龙虎图形，究竟是龙是虎，从图像作区分并不那么容易。叙述时一般将头面形的图像统称饕餮或是兽面，而将那些细条卷尾的图像一概称为龙。头面和全身的兽形，其实是可以细分作龙与虎的，我举出了一些例证，也列举了一些分别龙虎的方法，集中讨论了二里头出土那件绿松石龙，觉得它其实是虎，在那样的时代，龙虎未必显出高低之分。

动物纹饰中最值得讨论的，是文化符号猴与鸟，这是两类特别的象征。猴，因为谐音"侯"，古人想到了封侯。鸟，是雀，古人想到象征爵位。封侯与进爵，是古时励志的理想，所以在汉画中见到许多射猴射鸟的图像，汉代人将这画面摹刻在砖石上，也牢记在心里。

一鸣惊人，这个词出自楚庄王和齐国人淳于髡之对话，表达一种志向。他们所说的"三年不鸣，一鸣惊人"的鸟，我觉得是蝉。蝉的蜕化复生，象征生命的轮回，古人借蝉言志，从大量见到的玉雕蝉形和商周铜器上的蝉纹可以看得非常明白。我由成都金沙遗址出土的蝉纹玉饰，追溯蝉在古物上的轮回与象征意义，觉得可以对商周文化做出更深的理解。

古有玉璧，是玉中珍品，曾经吸引过多朝多代君王的传国玺，即是由和氏璧改制而成。晋国与虢国的交往中，留下玉璧宝马借道灭国的故事，让我们读到唇亡齿寒的道理。在秦王召见蔺相如现场，留下完璧归赵的故事。在鸿门宴现场，刘邦用玉璧化解了项羽的疑心而得以脱逃。玉璧不大，却连接着国与国之间的大事，让人颇费琢磨。

对于玉璧，古人心中感觉不仅是国家的象征，而且是天的象征。玉璧与玉琮，中心都有圆孔，玉璧孔象征天门，玉琮孔象征地户，都是祭礼上重要的道具，这也是非常重要的信仰。圆璧和方琮，圆形象征天与阳，方形象征地与阴，这也是由信仰抽象出的符号。在彩陶时代，陶工们已经在用圆和方形纹饰表达阳和阴的符号了，那时对世界的理解已经形成了阴阳互生的观念。

古人崇拜祖宗，也崇拜神仙。神守四方，是为四灵。四灵往来，各有交通神器，四神之车分别是龙车、虎车和鱼车、鸟车。神车不设轮子，在空在水飘行。我们在汉画上看到了这样的场景，那些有趣的鱼车和鸟车，让人感觉到古人思维创造的宽广虚拟世界。

还有一个史上有名的竹林七贤故事，在出土的七贤相聚的砖画场面中，为何没见到一棵竹子？我尝试着解读了一番，信是不信，读者自择定夺。

物质之外的精神生活，对于古人有时会显得更加重要，包括思维，还有艺术与信仰。我说艺术是信仰飘扬的旗帜，我们见到的古物，真真闪烁着艺术之光。本书取名《古物说——文物里的古人日常》，这样说古物说古人的日常细节，也许读者看过之后，再去观赏古物时，也会生出一些新感觉的吧。

王仁湘

2025-3-28

于京中九龙山

目 录

第一部分 饮食文化

1 | 古老的烤肉串 ... 2
2 | 羞·鲜·羹·美话膳羊 ... 6
3 | 何谓小食与点心——由古文字"即"与"既"说起 ... 23
4 | 包子与馒头的历史瓜葛——包子的履历 ... 31
5 | 筷子·勺子·叉子——中国古代进食方式的考古学研究 ... 43
6 | 历史上的分餐与会食 ... 72
7 | 胡瓶：改变了古中国人的饮酒饮茶姿势 ... 87
8 | 斟酌的由来——说旋说樽 ... 110
9 | 一个"茶"字的几般来由 ... 130

第二部分 穿戴文化

1 | 一枚带钩写定了一段春秋史 ... 146
2 | 宫廷悲剧中的钩弋夫人 ... 152
3 | 藏钩、藏驱与藏阄——看古人不舍昼夜玩的什么游戏 ... 158
4 | 窃国者侯，窃钩者诛 ... 168
5 | 古老时尚里的靴子和手套 ... 174
6 | 登堂入室的脱鞋之礼 ... 183
7 | "绸缪"与"束修"：一个待解的结与一个存疑的词 ... 194
8 | 北朝军伍｜左弓右箭自行其便——从壁画看见定格在历史天空的左手与右手 ... 202

第三部分 信仰文化

1 | 考古发现中国凤 216
2 | 二里头偶言：绿松石龙虎之辨 238
3 | 文化符号：那猴，那鸟，那树 266
4 | 春秋故事：玉璧宝马借条道 282
5 | 由玉璧说小器物里的大历史 292
6 | 金沙蝉玉觅踪 298
7 | 弄璋弄瓦 306
8 | 话说天门与地户 313
9 | 竹林七贤的纪念碑 327
10 | 正反相生：史前阴阳互生图像例说 342
11 | 无轮神车——汉画神灵出行图景 367

后记 379

第一部分

饮食文化

我们可以这样设想,远古时代的人类最初并不知道要凭借什么餐具享用食物,甚至还没有发明任何容器和取食用具,连严格意义上的烹饪尚且没有发明,自然也不可能会有规范的进食方式,人们随手将食物取来送达口腔,一切顺其自然。随着饮食文化发展到一定阶段,进步中的人类,其进食方式开始有了一些变化,不仅发明了烹饪用具,也创制了一些进食器具。在漫长的岁月中,生活在不同地域的人类群体,将自己所创造或接受的进食方式形成传统保留起来,作为自己文化传统的一个重要内涵,使它代代相传。

1 古老的烤肉串

这些年在街头出现了不少卖烤羊肉串的摊子，吸引着不少吃客，小孩子和大姑娘吃起肉串来，似乎更觉有滋有味。这情形不仅在北京，在全国各地的许多大城市都能见到。

烤肉的历史可以上溯到数十万年前乃至百万年前的史前时期，原始人发明用火后，最早享用的熟食应当就是烤肉，那办法是将兽肉或整或零地直接在火苗上烤成。现在使用的"脍炙人口"这个词，其中的"炙"就是烤肉。"脍炙所同"，古时许多人都嗜食烤肉，那味道一定也是不错的。周王膳单上有脍也有炙，炙肉在《诗经》上也被反复吟诵，可见周人对烤肉有一种特有的偏好。

汉代及汉以后，上层社会仍流行以烤肉佐酒。刘邦吃过烤鹿肝、牛肝，当了皇上，天天都少不了这东西。关羽刮骨疗毒，不住地饮酒，不住地吃烤肉，谈笑自若。汉代人嗜烤肉，由出土的画像石上看得明明白白，我们见到不少"烤肉串图"。山东诸城前凉台村发现的一方庖厨画像石上，刻画有一组完整的烤肉串人物活动。烤肉者有4人，一人串肉；一人在方炉前烤肉，炉上放有5支肉串，烤肉者一手翻动肉串，一手打着扇子；另有两人跪立炉前，候着烤熟的肉串。图中扇火的扇子为圆角方形，汉代称"便面"。有意思的是，维吾尔族人烤肉串用的扇子，也是汉代便面的样式。从烤炉和扇子的形状看，新疆地区烤肉串的传统很可能承自汉代的中原地区，也许就是汉代时由丝绸之路传过去的，否则难以解释这种惊人的相似性。古老的烤肉的方式，又沿着旧日的丝路回传到了内地，这种反射性传播是很有趣的文化现象，很值得文化史家们深入研究。

类似前凉台画像石上的烤肉串图像，还可以举出几例。山东长清孝堂山郭氏墓石祠画像石，图上两人面对面地在一具方炉前烤肉串。山东金乡朱鲔墓画像石，图上一人手执肉串和便面，正在圆炉上炙烤着。河南洛阳一座汉墓壁画上，还见到在火炉上烤牛肉的图像。汉代画像石上还有一个画面值得提及，山东嘉祥武氏祠石室刻有羽人向西王母献烤肉串的图形，一个身材修长的羽人高举着一支烤肉串，正毕恭毕敬地献给高高在上的西王母。神仙们据说是不食人间烟火的，西王母却要吃这烤肉串，可见肉串滋味之美，美到神仙们也要大快朵颐了。（图1）

汉代的肉串什么样？考古实物也有发现，它是作为随葬品埋入墓葬中的，有的在发掘出土时保存还不错。如长沙马王堆汉墓出土过这种肉串（图2），宁夏中卫常乐汉墓也有肉串发现，肉块依然串在签上（图3）。

汉代以后，烤肉串依然是肉食者阶级的常馔之一。我们在甘肃嘉峪关魏晋墓葬砖画上，看到不少宴饮场面，既有手

图1 汉画烤肉串图手绘图

图2 烤肉串,湖南长沙马王堆汉墓出土

图3 烤肉串,宁夏中卫常乐汉墓出土

拿肉串送食的"行炙人",也有手握肉串端坐在筵席上的食炙人。(图4)

古代的肉串以何肉为原料,在画面上难以揣度出来,不过文献记载还是比较清楚的。做肉串的肉不限于羊肉和猪肉,还有黄雀、牛心、鹅肉等。长沙马王堆1号汉墓遣册上记录的烤肉多达8种,有牛炙、牛胁炙、牛乘炙、犬胁炙、犬肝炙、豕炙、鹿炙、鸡炙,奇怪的是唯独没有羊炙。

当然,记载肉炙品种最多的还是贾思勰的《齐民要术》,该书有"炙法"一章,详细记述了各种烤肉的制法,其中的"捣炙法"和"衔炙法",就是烤肉串的技法。这两法都是以子鹅为原料,可称为烤鹅肉串。烤鹅肉串较之当今的烤羊肉串,不仅技法要考究得多,味道也一定更美一些。北朝时的烤肉串似乎是以子鹅为上等原料,现在能尝到鹅肉串的人恐怕不会太多,似乎根本就见不到这一美味了。

图4 砖画上的庖丁与食客,甘肃嘉峪关魏晋墓出土

2 | 羞·鲜·羹·美话膳羊

羊，与人类一同走过历史。羊用它的皮毛给人类带来温暖，用它的身躯给人类带来美味，还用它的美好象征给人类带来精神抚慰。在迎来又一个预示吉祥的羊年之时，我们在此说道膳羊似乎有点不恭不敬。我想我是应命为文，虽是不恭，却也是心怀感激的。有一年，我去了新疆，穿塔里木攀昆仑；去了内蒙古，走满洲里游呼伦贝尔；去了青海，过日月山再上昆仑；去了山西，访忻州登雁门关。这一次次的远行，每次都有羊的陪行，是它给我滋养，给我力量。如果算上往年在雪域西藏的经历，那手抓羊肉我可以说是吃遍了大半个中国。

今天我们在涮在烤，在焖在炒，是古法依旧还是花样翻新？我想看看，羊努力喂壮自己后在历史上是怎样奉献着自己，也想看看古人如何将吉祥写上眉梢之时又将这美好的象征变作美味抬上了餐桌。（图1）

图1　陶羊，湖北石家河文化遗址出土

九鼎珍羞

羊的驯化在史前时代后期即已完成，龙山时代人们的膳食中就有了家羊烹调的美味，包括山羊和绵羊。到了文明时代，羊是贵族阶层最平常的肉食，他们在祭仪中也广泛用羊作牺牲。甲骨文中的"羞"字，是个会意兼形声字，字形如以手持羊，表示进献之意。这个字后来用于代言美味的馔品，我们就有了"羞膳""羞味""羞服""羞鬻""羞鼎"这些词。这个"羞"后来加了偏旁，变成了"馐"，就成了一个指称食物的专用字了。

在出土商代青铜器中，一些装饰有羊图形的瓿和鼎等（图2、图3、图4），表明了商人对羊的特别关注。饰有羊形的鼎，自然应当是所谓羞鼎了。

说到羞鼎，我们自然会想到象征周代贵族等级的九鼎之制。当时用鼎有着一套严格的制度，据《仪礼》和《礼记》的记载及大量的考古发现，这种象征大致可分为一鼎、三鼎、五鼎、七鼎、九鼎五等。一鼎盛豚，规定卿大夫之下的士一级使用。三鼎或盛豚、鱼、腊，或盛豕、鱼、腊，有时又盛羊、豕、鱼，称为少牢，为士一级在特定场合下所使用。五鼎盛羊、豕、鱼、腊、肤，也称为少牢，一般为下大夫所用，有时上大夫和士也能使用。七鼎盛牛、羊、豕、鱼、腊、肠胃、肤，称为大牢，为卿大夫所用。所谓大牢，主要指有牛，再加上羊和豕，而少牢主要指羊和豕。九鼎盛牛、羊、豕、鱼、腊、肠胃、肤、鲜鱼、鲜腊，亦称为大牢。《周礼·天官·膳夫》说"王日一举，鼎十有二"，注家以为十二鼎实为九鼎，其余

图 2　商代双羊尊，大英博物馆藏

图 3　商代三羊瓿，故宫博物院藏

图 4　商代四羊铜尊局部，湖南宁乡出土

为三个陪鼎。九鼎为天子所用，东周时国君宴卿大夫，有时也用九鼎。周代天子的饮食分饭、饮、膳、馐、珍、酱六大类，据《周礼·天官·膳夫》所说，王之膳用马、牛、羊、豕、犬、鸡六牲，其中羊膳有羊炙和羊胾等，放置在豆中。

代表周代烹饪水平发展高度的是所谓"八珍"的烹调，八珍中有三珍要用到羊肉，可见周人对羊的喜好程度是很高的。《礼记·内则》记录了八珍的具体烹法，其中炮豚、炮羊采用了不止一种烹饪技法。做法是将整只的小猪、小羊宰杀料理完毕，在腹中塞上枣果，用苇子等将猪、羊包好，外面再涂上一层草拌泥，然后放在猛火中烧烤，此即为"炮"。待外面的黏泥烤干，除掉泥壳苇草，接着用调好的稻米粉糊涂遍猪、羊全体，放入油锅煎煮。最后将切块的猪、羊及香脯等调料都盛在较小的鼎内，将小鼎放入大汤锅中连续烧蒸三日三夜。食用时，还要另调五味。实际上这全猪、全羊的烹制经过了炮、煎、蒸三个程序，集中了中国古代烹调术之精华。《礼记·内则》还记有糁食制作方法，是取牛、羊、豕等量，切成小块，再用多一倍的稻米粉拌为饼后煎成，这是美味肉排。

亡国的羊肉羹

东周时北方有羊羹羊炙，南方楚人也爱食羊，楚有美味炮羔。屈原在《招魂》中开列的美食有炖得烂熟的肥牛蹄筋，有清炖甲鱼、全烤羔羊，有醋熘天鹅、红烧野鸭、煎炸大雁肉，还有卤子鸡和红烧大龟等。

羊肉的诱惑力,在东周时代是非常大的,从这里的两个故事中我们可以充分领略到这一点。据《左传·宣公二年》所述,郑国公子归生受命于楚,前往攻打宋国,宋国华元带兵迎战。开战之前为鼓舞士气,华元杀羊慰劳将士,结果忘了给自己的驭手羊斟吃肉。开战后羊斟生气地说:"前日里给谁吃羊肉由你华元说了算,今日这胜负之事可得由我说了算!"于是驾着华元所乘的战车直入郑国军阵,转瞬间宋师没了统帅,遭到了惨败。就这样,一碗羊肉就决定了一场战事的胜负。后人还将此事镌在汤匙上,正所谓"羊羹不遍,驷马长驱"。

又据《战国策·中山策》说,中山国君有一次宴请他的士大夫们,有个叫司马子期的也在座。大家热热闹闹,唯有子期不乐,就因为有一道羊肉羹的菜没给他吃上,心里十分窝火。子期一气之下跑到楚国,请楚王派兵讨伐中山国。兵临城下,中山国君弃国出逃,他一面逃一面叹气,十分感叹地说:"我因为这么一碗羊肉羹而亡了国,这是怎么啦?"

华元败阵,中山亡国,都是羊儿惹的祸。败阵与亡国,其实并不关羊什么事,但至少是一个由头,由此我们知道不仅美人能惹出大事件来,美味也会引发出大事件来。

羊酒馈赏

羊肉与酒,是古时赏赐馈赠的常品。在《汉书》《后汉书》

和《三国志》中，不时都能读到"羊酒"，如馈赠养老臣、病臣，有"常以岁八月致羊酒""遣主簿奉书致羊酒之礼""岁以羊酒养病""使出就太医养疾，月致羊酒"等；如犒师劳军，有"奉羊酒，劳遗其师"等。当然馈赏之礼，羊酒之外也有牛酒之属，如"赐牛酒""百姓争致牛酒"等。

还有一个关于羊酒的故事，《史记》和《汉书》多次提到。说的是汉高祖刘邦与卢绾是同乡同里，两人同日出生，于是乡亲们"持羊酒贺两家"。后来这两人长大在一起念书，相互又非常友爱，于是乡亲们"复贺两家羊酒"，一时间传为佳话。

又据《后汉书》记汉时风俗，朔日前后两天"皆牵羊酒至社下以祭日"。当然祭日用过的羊酒，人们最后还是要纳入自己腹中的。

汉代富贵人的生活中是离不了羊酒的，至少北方人是如此。君臣相待，朋友往来，都有"羊酒之礼"。我们在讲究的汉墓中，也发现过"羊酒"壁画。河北望都的一座汉墓中，在前室两壁就绘有羊酒的图形，一只黑漆酒壶，一头肥硕的绵羊，这画面表现的一定是以羊酒祭奠墓主人了。（图5）当然南方人也养羊食羊，在云南晋宁石寨山出土的汉代贮贝器上，就有牧羊者和羊群的图像。（图6）

汉以后羊酒之礼并未废止，读东坡诗就有"何时花月夜，羊酒谢不敏"这样的句子。在《水浒传》和《红楼梦》里也能读到"羊酒"一词，如"折羊酒的银子"。

图 5　羊酒壁画，河北望都东汉墓出土

图 6　西汉贮贝器牧羊图拓片，云南晋宁石寨山出土

鱼羊为鲜

汉字中的"鲜"字，是一个会意字，基本意义指的是鲜鱼，习惯上又用来指称美味食物，从鱼从羊，鱼表类属，羊表味美。古人以鱼羊为鲜，所以在汉代画像石上，能看到摆着全鱼与羊头的食案图形，应当是"鲜"字最形象的解释。（图7、图8）

汉时所传《古歌》说"东厨具肴膳，椎牛烹猪羊。主人前进酒，弹瑟为清商"，这是汉代人嗜羊的文献证据。我们在画像石上看到一些剐羊图景，作为六畜之一的羊在汉代也是筵宴上的佳品，这是商周时代遗下的传统。画像石上反复看到的一些烤肉串的场景，可以想象那一定烤的是羊肉串，所用的设备与现在新疆地区的几乎一样，让我们难以确定烤肉

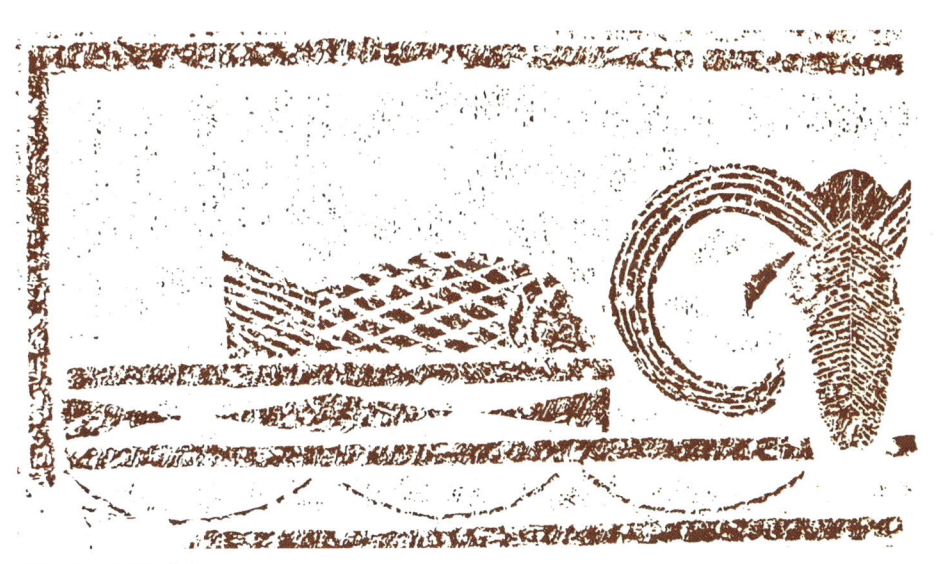

图7　汉画鱼羊图摹本

图8 汉画羊首摹本

串的吃法是从中原传过去的,还是由西域传进来的。(图9)

我们又从长沙马王堆汉墓出土遣册中,读到了许多羊膳名称。其中记羹有二十四鼎,肉羹有五种,即大羹、白羹、巾羹、逢羹、苦羹。大羹为不调味的淡羹,原料分别为牛、羊、豕、犬、鹿、凫、雉、鸡等。逢羹可能指用麦饭调和的肉羹,古时将煮麦名为"逢"。逢羹主料为牛、羊、豕。古时羹食在膳食中占有很重要的比重,"羹"字从羔,从美,也许是古人觉得用

图9　汉画烤肉串图手绘图

羊羔肉煮出的羊羹味道最为鲜美,所以也成就了这"羹"字。

马王堆汉墓遣册还记有脯腊五笥,有牛脯、鹿脯、胃脯、羊腊、兔腊。又有胗四品,原料为牛、羊、鹿、鱼。另有火腿八种,分别用牛、犬、羊、豕的前后腿制作。汉时南方人依然爱羊,于此见到明证。

羌煮貊炙胡炮肉

在汉代时,上至帝王,下至市民,有一阵子非常喜爱胡食。胡食就是古代少数民族的饮食,胡食中的肉食,首推"羌煮貊炙",具有一套独特的烹饪方法。"羌"和"貊"代指古代西北的少数民族,"煮"和"炙"指的是具体的烹调技法。"羌煮"就是煮鹿头肉,要蘸肉汤吃;"貊炙"为烤全羊,在地炉中烤熟,吃时各人用刀切割,原本是游牧民族惯常的吃法。(图10)

在胡食的肉食中,还有一种"胡炮肉",烹法也极别致。用一岁的嫩肥羊,宰杀后立即切成薄片,将羊板油也切细,加上豆豉、盐、碎葱白、生姜、花椒、荜拔、胡椒调味。将羊肚洗净翻过,把切好的肉、油灌进羊肚缝好。在地上掘一个坑,用火烧热后移开灰与火,将羊肚放入热坑内,再盖上炭火。在上面继续燃火,只需一顿饭工夫就熟了,香美异常。此外还有一种"胡羹",为羊肉煮的汁,因以葱头、胡荽、安石榴汁调味,故有其名。

图10 魏晋彩绘宰羊壁画砖,甘肃张掖骆驼城遗址出土

羌煮貊炙、胡炮肉所采用的烹法实际是古代少数民族在缺少应有的炊器时不得已所为,从中可以看到史前原始烹饪术的影子。这种从蒙昧时代遗留下来的文化传统,反而为高度发达的文明社会所欣羡、所追求,也真是文化史上的一种怪事。

图11　三国青瓷羊尊,江苏南京出土

上述羌煮貊炙等胡食的烹饪方法完整地记录在北魏贾思勰的《齐民要术》一书中。《齐民要术》还记有其他用羊肉蹄肠肚肝烹出的多款名馔,如有羊蹄臛、蒸羊、跳丸炙及鳖臛等。鳖臛的制法是,先把鳖放进沸水内煮一下,剥去甲壳和内脏,用羊肉一斤、葱三升、豉五合、粳米半合、姜五两、木兰一寸、酒二升煮鳖,然后以盐、醋调味。不用说,这是一款大补的药膳。跳丸炙实是猪羊肉合做的肉圆,放在肉汤中煮成。(图11)

烧尾羊肴

宋代陶穀所撰《清异录》说,唐中宗时韦巨源拜尚书左仆射、尚书令,照常例,升迁后要上烧尾食,他上奉中宗食物的清单保存在传家的旧书中,这就是有名的《烧尾宴食单》。食单所列名目繁多,《清异录》仅摘录了其中的一些"奇异者",共五十八款,其中就有羊馔若干款。如通花软牛肠,是用羊骨髓作拌料做的牛肉香肠;羊皮花丝,为拌羊肚丝,肚条切长一尺上下；逡巡酱，为鱼肉羊肉酱；红羊枝杖，可能指烤全羊；升平炙，为羊舌、鹿舌烤熟后拌合，有三百舌之多；五生盘，是羊、猪、牛、熊、鹿五种肉拼成的花色冷盘；格食，用羊肉、羊肠拌豆粉煎烤而成；遍地锦装鳖，是用羊脂和鸭蛋清炖的甲鱼。这说明唐皇也是极爱羊膳的，不然烧尾食中就不会有这么多有关羊的花样。

唐代人食羊，还有一些新奇的办法。如有一人姓熊名翻，每在大宴宾客时，酒饮到一半，便在阶前当场收拾一羊，让客人自己执刀割下最爱吃的一块肉，各用彩绵系为记号，再放到甑中去蒸，蒸熟后各人认取，用刚竹刀切食。这种吃法称为"过厅羊"，盛行一时。（图12、图13）

许多的文人也爱食羊，而且还将用膳的情景写入自己的诗文中。他们还特别喜欢往胡人酒店中食羊，如贺朝《赠酒店胡姬》诗云"胡姬春酒店，弦管夜锵锵。……玉盘初鲙鲤，金鼎正烹

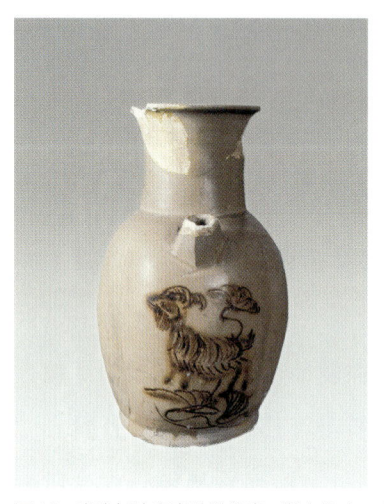

图12 唐代长沙窑青釉羊纹壶，湖南省文物考古研究院藏　　图13 唐代长沙窑青釉羊纹壶，长沙博物馆藏

羊",听着胡音,吃着手抓羊肉,彻夜地快乐着。我们熟知的李白一曲千古绝唱《将进酒》,他唱着"人生得意须尽欢,莫使金樽空对月。……烹羊宰牛且为乐,会须一饮三百杯",诗人虽是行乐羊酒,实际上心灵深处回荡的是一曲痛苦的悲歌。

羊大则美

美,金文字形从羊从大,人们想象古时以羊为美食,肥壮的羊吃起来味道很美,于是成就了这个"美"字。《说文》释"美"曰:"甘也,从羊从大。羊在六畜,主给膳也。美与善同意。"宋人徐铉作注,直言"羊大则美"。王安石曾作《字说》,解"美"字亦说"羊大为美"。清人段玉裁注也从此说,云"羊大则肥美"。

羊大则美,在汉代时好像还没有这个说法,而宋人这么说,恐怕与当时嗜好食羊有关。据《武林旧事》卷九所记,在绍兴二十一年(公元 1151 年)十月,宋高宗亲临"安民靖难功臣"府第,接受张俊进奉的御筵,以示宠爱之至。张府专为高宗准备的果食馔品多达一百多款,馔品中有羊舌签、片羊头、烧羊头、羊舌托胎羹、铺羊粉饭、烧羊、斩羊等,比较注重羊肉,证实羊肉在宋代肉食中占有举足轻重的地位,尤其是所谓"北食",更是以羊肉为主。

《后山谈丛》说"御厨不登彘肉",只用羊肉,这是宋代皇宫内的规矩。宰相吕大防曾对宋哲宗赵煦说:"饮食不贵异味，御厨止用羊肉，此皆祖宗家法所以致太平者。"皇帝只能吃羊肉，这是祖宗的家法，那是不能违拗的。宋仁宗赵祯时，宫中食羊数量惊人，以至一日宰杀380只，一年需用10万余只，这些羊多数是由陕西等地外运到京的。仁宗死后，为他办丧事时京师存羊竟被捕尽了。

南宋时临安的食羊多来自两浙等地，由船只装运到都中。皇上赐宴以羊肉为大菜，臣下进筵给皇上自然也是如此，羊肉成了官场的主菜。宰官的俸禄中有"食料羊"一项，是特别的赐物。御厨每年都有办理赏赐群臣烤羊的事务，算得是宋代的独创。在尚书省所属的膳部，下设"牛羊司"，掌管饲养羔羊等，以备御膳之用。在神宗熙宁十年（公元1077年），御厨共支用羊肉10多万公斤，猪肉仅有2000多公斤，比例为50∶1。

一般的士庶贫寒人等，羊肉自然不会是常享之物，但年节时也会满足一下口福。有一寒士韩宗儒，尽管清贫如洗，却又十分贪食，于是便将苏轼给他的书信拿去给酷爱东坡真迹的殿帅姚麟换羊肉吃，黄庭坚便因此戏称东坡书为"换羊书"。又见《老学庵笔记》卷八说，南宋人崇尚苏氏文章，研读精熟，作得妙文，就可中进士得官，于是乎流行这样一句谚语，叫作"苏文熟，吃羊肉；苏文生，吃菜羹"。吃羊肉在那时成了做官的代名词。

为了满足市民们的口腹之欲，宋代时的酒肆食店也竞相推出羊膳。据《西湖老人繁胜录》说，临安每逢清明节，食店供游人们选用的肉食馔品是以羊及禽类为主，很少用猪肉。其中羊肉品类有羊头鼋鱼、剪羊事件、鼎煮羊、盏蒸羊、羊炙焦、羊血粉、羊泡饭、美醋羊血等。其他反映临安饮食的书中记载有蒸软羊、羊四软、酒蒸羊、绣炊羊、五味杏酪羊、千里羊、羊蹄笋、细抹羊生脍、改灸羊撺粉、细点羊头、大片羊粉、五辣醋羊、糟羊蹄、灌肺羊、羊脂韭饼、羊肉馒头、批切羊头、羊腰子、乳炊羊、炖羊、闹厅羊、入炉羊、软羊面等。

清真羊馔

元代时蒙古族入主中原，当时元大都为世界著名的大都会。居住在大都的有蒙古人、色目人、汉人和南人，色目人包括蒙古以外的西北各族、西域以至欧洲各族人，他们带来了草原风味和西域风味的饮食文化。元大都的饮食以北方风味为主，也吸收了南方风味，还融合了许多蒙古族食品和西域"回回"食品。

蒙古族自古以畜牧和狩猎为生，是北方草原"马背上的民族"。他们的饮食以肉奶制品为主，烹调方法多采用烤、煮、烧，名肴有烤全羊、烤羊腿、手把羊肉、蒙古馅饼、奶豆腐等。在成吉思汗时代，由于远征需要而推行了一种快速熟肉法，即随地挖坑烧烤，称为"锄烧"。此外还有铁板烧，也是与成吉思汗有关的具有特色的蒙古族烹调方法。从1219年成吉思汗西征，到1258年旭烈兀攻陷巴格达，先后征服了葱岭以西、黑海以东地区，大批中亚各族人，主要是波斯人和阿拉伯人，迁徙到东方来。这些人在元代被称作"回回"，被列为所谓的色目人的一种。阿拉伯人和波斯人的先世不吃猪肉，特别喜吃羊肉。他们的东迁,在带来伊斯兰教的同时,也带来了"回回"食品,这就是我们现在所说的清真菜。"回回"食品在元大都的流行,可以由元代饮膳太医忽思慧的《饮膳正要》看到。《饮膳正要》94款"聚珍异馔"中,73款与食羊有关,主要有羊皮面、炙羊心、炙羊腰、攒羊头等。

明代万历年间的太监刘若愚,因受牵连遭到囚禁,他为了给自己辩护,写成《酌中志》一书。书中有"饮食好尚纪略"一节,叙述了深宫内岁时饮食风尚,内中提到许多以羊肉烹制的清真食品。如元宵所食珍味中,有冷片羊尾、爆炒羊肚、羊双肠、羊肉包子、乳饼、奶皮、烩羊头等。十月初四要吃羊肉、爆炒羊肚、乳饼、奶皮、奶窝。十一月兴吃炙羊肉、羊肉包。十二月初一开始,家家吃烩羊头、爆炒羊肚。

清真菜烹调方法,早先以炮、烤、涮为主,后来大量吸收汉族风味菜点的烹调技法,如涮羊肉就采用汉族涮锅子的方法,成为北方清真菜的代表。北京的清真菜馆东来顺,就以涮羊肉著称。清真菜为了去掉羊肉膻味,用葱、蒜、糖、醋、酱等调料调味,取得了很好的效果。清真菜烹制羊肉最为擅长,全羊席脍炙人口。风味羊馔有烧羊肉、蒜爆羊肉、扒羊肉条、扒海参羊肉、水晶羊头、涮羊肉、烤羊肉片、五香酱羊肉、酥羊肉、麻条羊尾、炸羊尾、烩口蘑羊眼、黄焖羊肉、水爆肚等。

古人爱羊,除却上面所说的例证,于"羊头狗肉""羊头马脯"这样的俗语中,也是可以领略到的。今人爱羊,在很大程度上自然是与古人给我们的示例有关。羊给我们的滋养与愉悦,看来还会继续,羊还会同我们一起走向未来的历史。

3 | 何谓小食与点心
——由古文字"即"与"既"说起

　　古代"小食"之名，通常说是在文献上最早见于晋人干宝所著的《搜神记》。《搜神记》中有"卯日小食时"一语，指示的可能是早餐之时，与正餐相对，并不直接指示食物。又如《梁书》昭明太子传所言，"京师谷贵，太子因命菲衣减膳，改常馔为小食"，那时所说的小食，显然指的是较为简便的饮食，又不一定专指早餐而言。

　　其实"小食"一词出现还要早得多，汉代许慎在《说文》中即已提及："既，小食也。"在甲骨文里，"既"是一个会意字，字左边是食器的形状，右边则像一人吃罢转身将要离开的样子，它的本义是吃罢了、吃过了。《礼记·玉藻》有"君既食"这样的话，"既"也是吃完了的意思。这个意思还有引申，可以转用到特指日全食或月全食，"既"就有了食尽的意思。《左传·桓公三年》："秋，七月壬辰朔，日有食之，既。"杜预注说："既，尽也。"

　　近人罗振玉不太赞成《说文》的解释，他说："即，象人就食；既，象人食既。许训既为小食，义与形不协矣。"不论许慎解释有无差错，他的话同样是非常重要的，他的文字说明在汉代时应有了"小食"的说法。当然那时的小食可能只是指一种非正式场合的食法，而不一定具体指示食物本体。

按照烹饪史家们的说法，小食是一种小分量的食品，以有无汤汁作区别，如有汤则称为小吃，如无汤就是点心，这当然是现代人所作的分别。其实在古代，小吃与点心并无明确分别，或者本来就是一事两说，通指正餐之外的饮食，并没有具体指称何种食物。（图1）如《唐六典》有一条记录说，"凡诸王以下，皆有小食料、午时粥料，各有差"。所谓"小食料"，指的当是早点，而"午时粥料"就更明确了。唐代人将早餐称为"小食"，在这里寻找到一个很好的证据。

宋人吴曾的《能改斋漫录》，曾对"点心"一词作过考论。他说那时通常"以早晨小食为点心，自唐时已有此语"。唐代

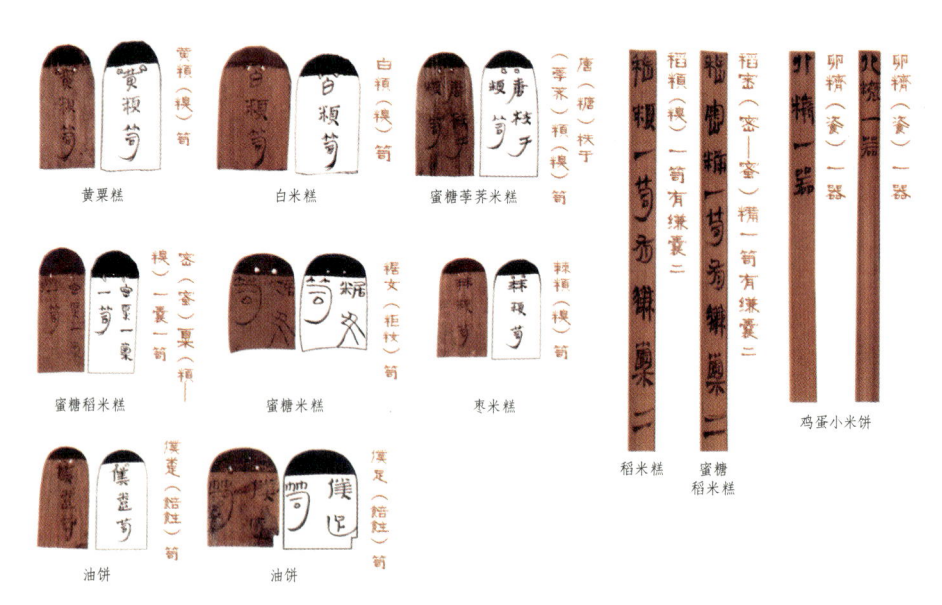

图1 西汉记载糕点的遣册，湖南长沙马王堆汉墓出土

人已将随意吃点东西称作吃"点心",早晨的小食也可称为"点心",点心的说法看来是唐代时的发明。(图2)我们现在将吃早餐说成吃"早点",即早晨的点心,与唐代时的说法没有明显区别。

小食作为早餐的名称,在明代还没有明显变化。《普济方》有"平旦服药,至小食时……"语,这"小食时"明确指的就是早餐之时。但清人周召的《双桥随笔》有文字这样表达:"一日手制小食上之。"这里的小食,显然就指的是具体食品了,可能就是面食点心之类了。

现代将小吃与点心区分得非常明白,"小食"一语已不再流行,而且也不再像古代固定指示早餐或是某种加餐。不过现代语汇中的"早点"一词,显然与古代"点心"一词有语源关系。"早点"也具有双重语义,可以指早餐的食时,也可以指早餐食物本体。

但如果将点心和小吃全称为小食,用现代的含义去看,古代小食的内涵是相当丰富的。古代有平民小食,有市肆小食,还有节令小食,更有御膳中的小食。按照这样一个粗略的分类,

图2 唐代点心,新疆阿斯塔那出土,新疆维吾尔自治区博物馆藏

并不能将古代小食的品种与样相说得太明白，但许多的小食我们今天仍然在享用，在我们当今的餐桌上还能看到它们的影子。

市肆小食，也值得说道。饮食店的出现，应当是很早的，小食进入饮食店作为应销品类，自然也不会太晚。先秦时代的市集上，已经有了饮食店。《鹖冠子·世兵》说"伊尹酒保，太公屠牛"，《古史考》还说姜太公"屠牛于朝歌，卖饮于孟津"，虽不过是传说，但也许商代时真有了食肆酒店。到了周代，饮食店的存在已是千真万确的了，《诗·小雅·伐木》中的"有酒湑我，无酒酤我"即是证据，当时肯定有酒店可以买酒喝了。东周时代，饮食店在市镇上当有一定规模和数量了，《论语·乡党》有"沽酒市脯不食"的孔子语录，《史记·魏公子列传》有"薛公藏于卖浆家"的故事，《史记·刺客列传》有荆轲与高渐离"饮于燕市"的记载，都是直接的证明。

古代市肆制售小食，在唐宋时代已形成相当规模。唐代长安颁政坊有馄饨店，长兴坊有饆饠店，辅兴坊有胡饼店，长乐坊有稠酒店，永昌坊有茶馆，行街摊贩也不少。

宋代以前，都会的商业活动均有规定的范围，有集中的市场，如唐代长安的东市和西市。宋代的汴京，已完全打破了这种传统格局，城内城外，店铺林立。这些店铺中，酒楼饭馆占很大比重。据《东京梦华录》的记述，汴京御街上的州桥一带就有十几家酒楼饭馆，其他街面上的饮食店更是数不胜数。

饮食店在宋代大体可区分为酒店、食店、面食店、荤素从食店等几类，经营品种有一定区别。除了酒店以外，一般经营的食品大都可以归入小食之列。如食店经营头羹、石髓羹、白肉、胡饼、桐皮面、寄炉面饭等；川饭店经营插肉面、大燠面、生熟烧饭等；南食店经营鱼兜子、煎鱼饭等；羹店经营的主要是肉丝面之类，是快餐类的小食。经营小食的店铺有曹婆婆肉饼、曹家从食、鹿家包子、徐家瓠羹店、张家油饼、段家爊物、史家瓠羹、郑家油饼店、石逢巴子、万家馒头、马铛家羹店等。（图3）

南宋的杭州，市肆小食品种繁多，可谓是数不胜数。从《梦粱录》卷十六所列"食次名件"，可看到临安的市肆小食有这样一些名称：

    百味羹　锦丝头羹　十色头羹　间细头羹　海鲜头食
    酥没辣　象眼头食　莲子头羹　百味韵羹　杂彩羹
    集脆羹　五软羹　三软羹　羊四软　三鲜粉
    酒烧江瑶　四软羹　双脆羹　枕叶头羹　三脆羹
    群鲜羹　脂蒸腰子　虾丸子　八焙鸡　辣菜饼　熟肉饼
    羊脂韭饼　三鲜面　盐煎面　笋泼肉面　鱼桐皮面
    虾鱼棋子　丝鸡棋子　七宝棋子　银丝冷淘　笋淘面
    四色馒头　杂色煎花馒头　枣䭅荷叶饼　菊花饼　月饼
    梅花饼　重阳糕　肉丝糕　水晶包儿　虾鱼包儿
    蟹肉包儿　鹅鸭包儿　笋肉夹儿　油炸夹儿　甘露饼
    羊肉馒头　太学馒头　蟹肉馒头　炊饼　丰糖糕
    乳糕　镜面糕　乳饼　枣糕　裹蒸馒头
    七宝包儿　拍花糕　真珠丸子　金橘水团　栗粽

图3　北宋张择端《清明上河图》（局部）

　　　　裹蒸粽子　巧粽　麻团　麻糍　薄脆　糖密韵果
　　　　丝鸡面　炒鸡面　芙蓉饼　欢喜骆驼蹄
　　　　开炉饼　笋肉包儿　细馅夹儿　糖肉馒头　粟糕
　　　　笋丝馒头　山药丸子　澄粉水团　豆团　春饼

　　这些小食名目花样真是不少，我们知道有许多吃法一直传递到了现代，有的连名字也没有变改，依然是风味小吃。这传统应当还会延续下去，保存下去。像北京见到较多的是"成都小吃"，成都本地则有小吃套餐，许多历史"名小吃"在市面上得到发扬光大。

我们知道"过早"是湖北地区对吃早餐的俗称。身处九省通衢的武汉人，有出门"过早"的习惯。熟人早晨相遇，最亲近的问候语言是："过早冒？"问的是吃过早餐没有，这话可以代替"早上好"。

有人说，在清代道光年间的《汉口竹枝词》中，见到有"过早"一词。武汉的早点也非常丰富。武汉作家池莉在《热也好冷也好活着就好》里盘点过武汉的早点：老通城的豆皮，一品香的一品大包，蔡林记的热干面，谈炎记的水饺，田恒启的糊汤米粉，厚生里的什锦豆腐脑，老谦记的牛肉枯炒豆丝，民生食堂的小小汤圆，五芳斋的麻蓉汤圆，同兴里的油香，顺香居的重油烧梅，民众甜食的伏汁酒，福庆和的牛肉米粉……当然这大多是一些老字号，其他早点更是数不胜数。

过早，在北方说的是吃早点，或者直言"早点"。早点的品类，又有点心和小吃之名。小吃可以当早点，也可以作其他辅餐。

我们现代人所说的小吃与点心，是与大餐、正餐相对而言的食品，在古代通称为"小食"。在一定的历史时期，"小食"又并不是具体指示小吃与点心，而是指示与正餐不同的早餐或加餐，是一个表述"餐时"的特定名称。

4 包子与馒头的历史瓜葛
——包子的履历

图1 蟹黄小笼包

蟹黄小笼包，为款待G20峰会来宾，露脸西湖国宴菜单。

这是一款杭州吃食，但不知来历如何。这类蟹黄包子（图1），在下江广受欢迎，也许有人会问，它会是杭城土生土长的吗？

许多人爱吃包子，却没有想到查考它的履历。

是啊，过去的历史都过去了，不必计较，知道它的现在，也就够了。其实，只知现在，当然不够，何况它的现在，你也未必完全清楚。比如你面对的包子，是与馒头有些瓜葛的。

有人把包子叫作馒头，这是为何？又如本来享用的是馒头，却有人叫它包子，这又是为何？连这样的名称含混问题都回答不清，那就是太不了解包子了。

包子的履历，尤其是它早期的行踪，还真不易考察明白。那么一段"不清白"的历史，它隐藏在哪儿呢？

它似乎藏在馒头里。

名字：包子

别名：馒头

出生年月：不详

我自己小时就将馒头叫包子，不是因为少不更事，而是祖上就这么叫。长大后，曾经以为这是一个错误，现在便不再这样认为了，因为馒头原本就有过这样的名字。

这让我想到杨柳之名，小时故乡叫的杨树，到他乡变作了柳树，其实小叶为柳，垂叶为柳，翘叶为杨，柳即为杨，本是没有对错，宋代字书上就是这么记的。杨树呀，包子呀，这叫法居然还都是老文化呢。

不过，苏州等地至今还将包子叫馒头，也是老文化无疑（不过将包子叫成肉馒头，那就另当别论了）。

稍作查考，才知包子最初是以馒头之名行世，那这馒头又是什么身份？难道馒头和包子，原本就是一家？

汉有蒸饼，见于《释名》。汉之蒸饼，大约就是后来说的馒头。汉代将一般面食通称为饼，蒸出的面食称为蒸饼，应类似馒头但尚无馒头之名。看汉代画像石上，有蒸笼烹饪的图像，确信那会儿有蒸饼无疑。（图2）

汉时蒸饼似乎无馅料，所以还没有馒头之名。有研究者说馒头出于蒸饼，加馅料即成，很有道理。这个发明年代，应当在汉晋之际。

晋代文献中已经出现馒头之名，或写作"曼头"。束晳《饼赋》记入"曼头"，说初春宜食。卢谌作《祭法》，规定馒头用作四季祭品，所谓"春祠用曼头、饧饼、髓饼、牢丸，夏秋冬亦如之"。

图2　汉代画像石上的蒸笼手绘图

    宋代高承的《事物纪原》，说诸葛亮在南征途中发明了馒头，但并无更早的文献依据。倒是唐代人赵璘在《因话录》中说，"馒头本是蜀馔"，而诸葛亮可能是取现成制法造出大馒头，有肉菜馅料，这已经是包子了，可是它的乳名却是馒头。

    晋代有蒸饼，最好的十字开花饼，是开花馒头。但是因为无馅，它没有享有馒头的名号。（图3、图4）

    唐代有馒头，馒头也是有馅的。《清异录》所记"玉尖面"即是馒头，用熊白与鹿肉为馅，是唐德宗的最爱。原文是："赵宗儒在翰林时，闻中使言：'今日早馔玉尖面，用消熊、栈鹿为内馅，上甚嗜之。'问其形制，盖人间出尖馒头也。""出尖馒头"——"玉尖面"，民间与宫中的名称如此不同。

    唐时有蒸饼，也有笼饼，笼饼应为包子与馒头的又一曾

图 3　魏晋砖画中的包子，甘肃嘉峪关出土

图 4　魏晋砖画煎饼图，甘肃嘉峪关出土

用名。《太平广记》引《御史台记》说，武则天时的侍御史侯思正吩咐家厨作笼饼，"比市笼饼葱多而肉少"，因为少放葱，得了一个外号"缩葱侍御史"。当然，此笼饼也许是"懒笼"之类，与包子有别。

包子的正式登场，是在五代，或者说包子之成名，是在五代之时。

《清异录》说，五代汴梁闾阖门外有"张手美家"食馆，以卖节令食物为主，伏日有一款"绿荷包子"。

包子成名虽晚，不过很快它就百花齐放，宋时就有了诸多品名。《东京梦华录》记有"诸色包子"，《梦粱录》记有水晶包儿、笋肉包儿、虾鱼包儿、江鱼包儿、蟹肉包儿和鹅鸭包儿之类。注意"包儿"的叫法，因为"儿"与"子"同义，"包儿"化作"包子"，也是很自然的语言转换。当时还有"灌浆馒头"专卖，这应当是后来的灌汤包子吧。

宋人罗大经《鹤林玉露》说，蔡京厨房有专门制作包子的所在，有的厨娘分工只是"缕葱丝"，其他不管也不会。（图5、图6、图7、图8）

元代无名氏之《东南纪闻》卷一说蔡京为相之时，一日集僚属会议，因留饭，命作蟹黄馒头，略计其费，馒头一味为钱一千三百余缗。这蟹黄馒头造价不低，这可以看作是最早的蟹黄包子，它原本是哪方风味呢？一时不易考查明晰。

包子在宋代时与馒头分名，但二者却不易分辨彼此。

汴京卖羊肉小馒头，《梦粱录》记临安也有羊肉馒头，还有四色馒头、糖肉馒头、鱼肉馒头、蟹肉馒头、假肉馒头、

图 5　壁画厨娘烙饼图，河南登封高村宋朝墓葬出土

图 6-1　壁画厨娘包包子图，湖北襄阳襄城檀溪南宋墓葬出土

图 6-2　图 6-1 壁画局部图

图 6-3　图 6-1 壁画局部图

图7　湖北襄阳宋墓壁画摹本

图8　湖北襄阳宋墓壁画摹本

笋丝馒头等等，这与包子区别又在哪儿？明明是一回事。还有"太学馒头"，岳珂《玉楮集》收录一首写太学馒头的诗，"公子彭生红缕肉，将军铁杖白莲肤"，原来是蟹肉为馅，个儿较大。这与市肆上的蟹肉包儿又如何区分开呢？

宋代这包子是入了御膳的，宋仁宗时宫内曾做包子赐臣下。宋人《燕翼诒谋录》说"仁宗诞日，赐群臣包子，即馒头别名。今俗屑面发酵，或有馅，或无馅，蒸食者谓之馒头"。

陆游《蔬园杂咏·巢》有句曰"一盘笼饼是豌巢"，自注"蜀中杂彘肉作巢馒头，佳甚。唐人正谓馒头为笼饼"。想必陆游之说应有所本，笼饼自是蒸笼蒸熟之饼。

以肉料为馅的馒头到宋时又有了包子的新名号，而且最初包子是当别名看待的。陆游还为野味的天鹅肉包子写过诗，因为诗中提及"牢九"，似乎即是束皙《饼赋》中的"牢丸"，有人认定这就是包子的古称，可备一说。

辽金壁画墓上常见（图9、图10、图11、图12），元代时包子仍受食客看重，《饮膳正要》中记有天花包子、藤花包子、蟹黄包子，天花即天花蕈，即平菇，与羊肉一起作馅。《居家必用事类全集》中有"鱼包子"，以鲤鱼或鳜鱼为主馅，今

图9　辽代壁画，北京丰台辽墓出土　　图10　辽代壁画，北京丰台辽墓出土

天也少见。

注意，《饮膳正要》中作者为天花包子加了一个注："或作蟹黄亦可。"这似乎是蟹黄包子最早的文字记录，与先前的蔡京相府的蟹黄馒头，也许是同样货色。当然作为宫廷馔食的蟹黄包子，原本也可能先创于民间，哪儿是首创，待考。

元代馒头仍以带馅者为多，有平坐馒头、剪花馒头、黄雀馒头，荤馅为多。

元代时，浙江厨师林净因东渡在奈良开店，将馒头传到日本。由于是随着禅师进入日本，馒头虽有馅料，却是以糖、蔬为主，并不用肉料。后来又有了糖豆馅豆沙馒头，至今仍很流行。

馒头在元代也传入朝鲜半岛，虽已经有了包子的名称，但高丽称为"霜花"，也有羊肉馅馒头。

图 11　壁画，内蒙古巴林左旗辽墓出土

图 12　壁画，山西屯留宋村金墓出土

明代时馒头又出新花色,《宋氏养生部》专门记述有馒头,并且有制法,说"圆而高起者曰馒头,低下者曰饼,低而切其缘细析为小瓣者曰菊花饼"。

《宋氏养生部》也记有包子,也有具体制法,说"细蹙其缘,……甑中蒸熟,……馅同馄饨",褶子功夫已经有了明确要求。

明代时明确将馒头纳入祭品,如孙承泽《恩陵典礼记》说"奉先殿每日供养,……初六日糖沙馅馒头,……十三日羊肉小馒头",这都是以馒头为名的包子,是豆沙包子和羊肉包子。

虽然历史上的馒头与包子似乎并无明确区别,但细细想来,可能有一个根本区别,馒头用发酵面,包子用非发酵面。

不过在清代,包子也都用发酵面制作,更加混淆了两者的界限,也许因此就出现了这样的事情,有的地域将包子叫作馒头,又有的将馒头叫作包子。

清代包子馅料不拘一格,荤素、甜咸都有。成熟方法也是各种各样,蒸煮煎烤各有特色。灌汤包、水煎包地方风味显现。

清代的馒头,有无馅和有馅之分,无馅是真馒头,有馅的又叫包子。

《乡言解颐》就说,细作的馒头又叫"白包子",河南等地"蒸馒头谓之包子"。而《素食说略》则说,"以发面蒸之,曰蒸馍,俗呼馒头",将馒头看作俗称了,其实这才是古称呢。

《清稗类钞》将山药豆沙包称为"山药馒头",《调鼎集》也将豆沙包称为"豆沙馒头"。《清稗类钞》中的"荞麦馒头",《随园食单》中的"千层馒头"和"小馒头",是没有馅的真馒头。

清代地方风味包子有扬州灌汤肉包、天津狗不理包、南方小笼汤包、山东煎包、新疆烤包。

要查包子的履历,却找到馒头的历程。包子和馒头,一物二名,二物互名,头绪纷繁,欲理难清。北宋的蟹黄馒头,元代的蟹黄包子,彼即此,此即彼,混名的状况,还将随历史的惯力往未来延伸。

5 | 筷子·勺子·叉子
——中国古代进食方式的考古学研究

人类进食采用的方式，据国外学者的研究，在现代社会流行最广的是这样三种：用手指，用叉子，用筷子。用叉子的人主要分布在欧洲和北美洲，用手指抓食的人生活在非洲、中东、印度尼西亚及印度次大陆的许多地区，用筷子的人主要分布在东亚。中国人是用筷子群体的主体，是筷子的创制者，是筷子传统的当然传人。

我们使用筷子的历史是何时开端的？古代中国人是如何进食的呢？古代是否还采用过其他什么进食器具呢？要回答这样的问题，应当说并不很困难，我们有浩如烟海的典籍，仔仔细细一查，一定会有理想的答案。其实不然，历史学家们并不是不屑于回答这看来似乎不怎么要紧的问题，史籍中确实并不容易找到完满的答案，我作过这样的尝试，我知道这种努力的收获是微乎其微的。是考古学提供了一个新的机会，我们得到了许多古籍中没有载入的重要信息，田野考古发掘出土的大量古代进食具实物，将我们所要寻求的答案明晰地展示到了世人面前。

我们可以这样设想，远古时代的人类最初并不知道要凭借什么餐具享用食物，甚至还没有发明任何容器和取食用具，连严格意义上的烹饪尚且没有发明，自然也不可能会有规范的进食方式，人们随手将食物取来送达口腔，一切顺其自然。人类在这一时代的饮食方式，与其他灵长类动物应当没有什么明显的区别。随着饮食文化发展到一定阶段，进步中的人类其进食方式开始有了一些变化，不仅发明了烹饪用具，也创制了一些进食器具。除了仍然有一些至今还在直接用手指将食物送达口腔的部族以外，人们大都或先或后地创造或选择了一种乃至多种进食用具。在漫长的岁月中，生活在不同地域的人类群体，将自己所创造或接受的进食方式形成传统保留起来，作为自己文化传统的一个重要内涵，使它代代相传。

由考古资料提供的证据表明，古代中国人使用的进餐用具，主要有勺和筷子两类，还曾一度用过刀叉。这些进食器具中，最能体现中国文化特色的是筷子，它的使用至少已有3000年连续不断的历史，筷子被外域看作是中国的国粹之一。田野考古学提供的证据表明，古代中国人使用餐勺的历史也十分悠久，餐勺的起源可以追溯到距今7000年以前的新石器时代。勺与筷子一样，成为中华民族传统的进食器具，也成为我们传统文化的一个重要组成部分。

1. 餐勺历史 7000 年

根据考古发掘提供的线索，中国古代餐勺的起源，可以追溯到农耕文化出现的新石器时代。中国新石器时代的农耕文化富有自己的特点，由此而生发的饮食传统也有自己的特点。原始农耕时代的先民们，在创造独到烹饪方式的同时，也创造出了讲究的进食方式，制作出小巧的餐勺作为进食具。

在新石器时代的中国，生活在黄河流域及其他一些地区的农耕部落的居民，大多都形成了使用餐勺进食的传统。考古工作者在许多新石器时代遗址都发现了非金属的餐勺，有些地点出土的数量相当可观。这些餐勺大都以兽骨为主要制作材料，形状常见匕形和勺形两种。（图1）匕形勺为扁平长条形，末端磨有薄利的刃口；勺形勺有窄柄有平勺，制作较为讲究。两种勺表面磨制都很光滑，用于取食的一端往往还磨出刃口。很多餐勺在柄端都穿有一系绳的小孔，便于携带。在这两种勺中，以匕形勺发现的数量较多，表明新石器时代居民使用最多的是长条形的勺，它的制作相比而言要简便一些。

在黄河流域发掘的新石器时代遗址，一般都有餐勺出土，其中以磁山文化所见年代最早（距今 7000 年以前），磁山文化的餐勺大体都属长条形，最大的长 20 厘米。主要分布在关中地区的仰韶文化（距今约 7000—5000 年），一些遗址中也有骨质餐勺发现，著名的西安半坡遗址出土的大量骨器中包括有餐勺 27 件，它们多用骨片磨成。这些餐勺也是长条形，有的尾端有穿孔，最大的长 16.7 厘米。分布在黄河下游地区的大汶口文化（距今约 6300—4400 年），它的居民普遍采用骨质餐勺进食，另外还见到一些用蚌片磨制的餐勺。在大汶口文化墓葬中，将餐勺作为死者的随葬品是一种比较常见的现象，有些餐勺出土时可以清楚地看出是握在死者手中的。在江苏邳州刘林遗址的两次发掘中，出土了 57 件餐勺，它们大多是墓葬中的随葬品。

黄河中下游地区在距今约 4800—4000 年之际，为考古学家划分的龙山文化时代。在山西、河北、河南和山东地区的很多龙山文化遗址中，都有餐勺出土。在黄河上游地区，仅在时代较晚的宗日文化、齐家文化（距今 4000 年上下）中见到较多的餐勺。（图 2）在甘肃永靖县秦魏家和大何庄两个遗址，出土骨质餐勺 128 件，一般长在 20 厘米上下，柄端一般都有

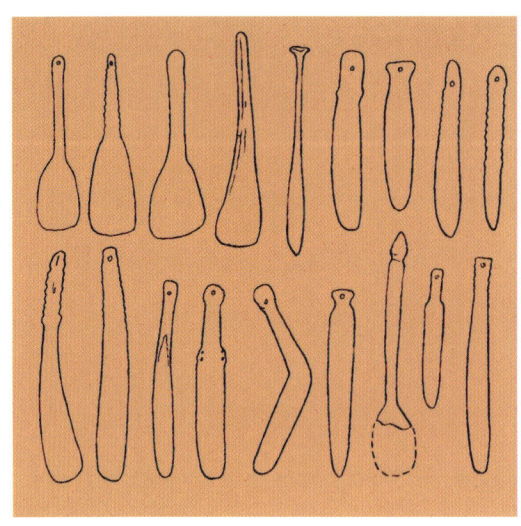

图 1　史前餐勺手绘图

图 2　新石器时代叉勺，青海同德宗日遗址出土

穿孔。这些餐勺大都是墓葬中的随葬品，作为一种必备的日用品放置在墓穴中。在发掘中可以清楚地看到，餐勺几乎都放置在死者的腰部，看样子齐家文化居民平日里要将餐勺穿上绳索悬在腰际，便于随时取用。

新石器时代的长江流域，也有使用餐勺的传统，不过考古发掘见到的实物远没有黄河流域的多。这可能是因为特殊的埋藏条件，南方潮湿的地下环境不容易将小件骨器由数千年前保存到今天。不过也有少数遗址出土了比较多的骨器。河姆渡文化（距今约7000—5400年）居民，使用的骨餐勺表面磨制光洁，柄部都有穿孔，长度在20—25厘米之间。几件带柄的餐勺，柄部刻有精美的花纹，其中一件刻的是凤鸟纹，勺头扁平，柄部雕刻成鸟首状，被研究者们看作是一件非常珍贵的艺术品。（图3）河姆渡还出土了一件非常标准的勺形骨质餐勺，这可以算作是中国新石器时代最古老的一件勺形餐勺。除了骨勺之外，安徽含山凌家滩村出土了玉匙，形制与现代餐勺相似。（图4）

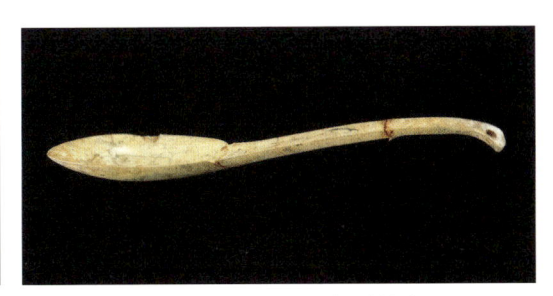

图3 牙雕凤鸟匕形器，浙江余姚河姆渡出土　　图4 凌家滩文化玉匙，安徽含山凌家滩村出土

第一部分｜饮食文化　47

在北方地区，也有一些新石器时代遗址和早期青铜时代遗址，出土过形状不一的骨质餐勺。东北地区发现的年代较早的新开流文化（距今6000年前），它的居民虽然并不是从事农业耕作的，但是也习惯于用餐勺进食。黑龙江密山新开流遗址发现了几件长条形餐勺，餐勺柄部两侧都刻有齿状装饰，尾端有穿孔，一般都不太长，多数不足10厘米，最长的也有近20厘米的。

考古发现的远古中国人最早使用餐勺进食的证据，属于距今七八千年前的新石器时代。餐勺的起源应当还要更早，估计在距今一万年前。古代中国人发明餐勺进食，与农耕文化的出现有直接的关联。长江和黄河流域的农耕文化出现的年代不晚于距今一万年前，中国新石器时代农作物品种主要是水稻和粟，分别适宜于湿润的南方和干旱的北方种植。这两种谷物的烹饪比较简单，可以直接粒食，加上水煮成粥饭即可食用。热腾腾的粥饭，特别是半流质的粥食，不便直接用手抓食，需要借用某种中介器具，于是最简单的餐勺便被发明出来了。中国古代进食方式的形成，与农作物品种和烹饪方式都有密切的关系，史前广泛的粒食传统，特别是粥食方式的形成，使餐勺的出现成为必然的事情。因为有了迫切的需要，于是人们随手捡来兽骨骨片或蚌壳，起初也许并没进行修整就用它取食了。时间一长，人们不再满意骨片长长短短的自然状态，开始对合式的原料进行加工，于是真正意义的餐勺就制作出来了。以后随着时代的发展，工艺水平逐渐提高，餐勺也就变得更加实用、更加精致了。（图5）

图5 兴隆洼文化骨餐勺，内蒙古赤峰兴隆洼村出土

　　进入青铜时代以后，中原地区仍然承续着新石器时代使用餐勺进餐的传统，不仅继续使用骨质餐勺，而且出现了铜质餐勺。自冶铜技术出现以后，中国历史很快跨入文明时代，人们将所获得的铜首先用于制作装饰品和饮食器具，作为进餐用的餐勺也开始用铜打造，骨质餐勺在铜质餐勺出现后逐渐被取代。中原地区在进入青铜时代以后，在二里头文化至殷商时期，骨质餐勺仍然是一种受到普遍重视的进食器具。在河南安阳殷墟发掘的一些王室陵墓中，出土过不少精美的骨质餐勺，根据统计，总数已达近千件。到了西周时期，骨质餐勺的使用已不如过去那样普遍，考古发现的标本不太多。在陕西西安张家坡发掘到2件长条形骨质餐勺，其中一件为牙质，端部很薄，微微向上翘起，柄部尾端还刻有精美的几

何形纹饰，长29厘米。

骨质餐勺的慢慢消失，是铜质餐勺逐渐增多的必然结果。最先出现的铜质餐勺，形制多仿照长条形骨质餐勺。在关中地区，从西周时代开始，流行使用一种青铜勺形餐勺。这种餐勺的特点是，勺头呈尖叶状，柄部扁平而且比较宽大，有的柄上或勺上铸有几何形图案，或者镌有铭文。它们的规格也比较大，长度多数在25厘米上下，有的长达30厘米。在陕西扶风县庄白1号铜器窖藏中，出土了2件勺形青铜餐勺，它们的年代在同类餐勺中是比较早的。这两件餐勺柄部有几何形纹饰，在勺体上还镌有所有者的名字，有铭文自名为"匕"，全长32.5厘米。在河南和北京等地，也出土了属于这个时代的尖叶形青铜餐勺，形制与关中地区见到的完全相同。

到了东周时代，尖叶形青铜餐勺使用还相当普遍，直至战国末年才逐渐消失。（图6）考古发现的这种餐勺，属于春秋时代的有：湖北随州刘家崖出土2件，规格较小，长度分别为12.5厘米和16.5厘米；山东滕州后荆沟出土2件，餐勺出土时放置在铜鬲内，长度为25.5厘米。尖叶形餐勺一直到战国时代早中期还能见到，不过使用的地区限于中原周边及邻近地区，战国时代的中原地区已不再使用这种样式的餐勺。

西周至春秋时代比较流行的尖叶形餐勺，到战国时逐渐被一种长柄舌形餐勺取代。这种新样式的餐勺，实际上早在春秋前期就已经定型了，只是使用还不那么普遍，流行的范围不广。在陕西宝鸡市福临堡属于春秋早期的一座秦墓中，就出土了一件这样的餐勺，它的柄部较细，柄尾仍然比较宽

图6 春秋楚国王子午鼎与匕,河南淅川出土

图7 铜匜上的设禁陈壶图线描图,江苏六合和仁东周墓出土(图中台榭上层中部设一禁,禁上陈双壶,右壶上置一勺)

大;勺体已不是尖叶形,改为椭圆状的舌形。这种宽柄尾的舌形餐勺,还发现于一些战国早期的墓葬,它是西周时代的宽柄尖叶形餐勺向战国时代的窄柄舌形餐勺的过渡中,产生的一种中间形态的餐勺。(图7)

窄柄舌形餐勺,大约在春秋时代晚期就已经定型生产出来(图8),云南祥云县大波那铜棺墓中发现5件这样的餐勺,都是用铜片打制而成,规格大小不等,长度在18.4—28.7厘米之间。从战国时代开始,窄柄舌形餐勺成为了中国古代餐

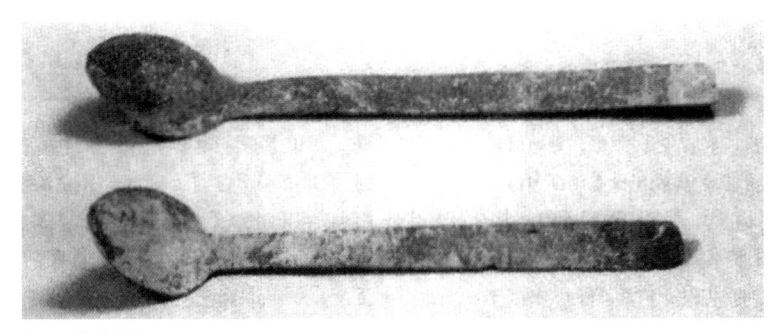

图8 春秋铜勺

第一部分|饮食文化 51

勺的主流形态,一直沿用了两千多年。虽然在以后的各个时代,餐勺在造型上或多或少有些改变,但基本上没有突破窄柄和舌形勺的格局,这是很值得回味的一个问题。舌形餐勺在山西长治分水岭、河南卫辉山彪镇、河北邯郸百家村、湖北江陵县天星观、云南晋宁石寨山等地的战国墓葬中都曾出土过。这些地点见到的青铜餐勺均为窄柄,多数为扁平的窄柄,有的制成了棒形的细柄,这就使餐勺变得更加实用了。战国餐勺还采用了漆木工艺,出现了秀美的漆木餐勺。漆木餐勺同青铜餐勺一样,造型亦取窄柄舌形勺的样式,整体髹漆,通常还描绘有精美的几何纹饰。在四川青川县郝家坪的一座战国墓中,就出土一件正背都绘有彩纹的漆木餐勺。

大一统的秦汉时代,人们进餐时使用的餐勺,无论是器具的造型还是制作材料的选择都大体承续了战国时代的传统,考古发现较多的仍然是那种窄柄舌形勺餐勺。引人注意的是,出土的属于秦汉时代的漆木餐勺数量很多,尤其是在南方地区,可以想见当时贵族们的餐桌上很少见到青铜餐勺,漆木餐勺越来越受欢迎。在湖北云梦县发掘的秦汉时代的墓葬中,就出土了不少漆木餐勺。(图9、图10)这些餐勺大部分是圆棒形细柄,通体髹黑漆,用红漆绘有纹饰,柄部绘环带纹,

图9 秦时彩绘云凤纹漆匕,湖北云梦出土　　图10 西汉彩漆凤首木勺,湖北云梦出土

勺面绘行云流水纹饰。

汉代在流行漆木餐勺（图11、图12）的同时，也使用青铜餐勺。我们注意到，本来在战国时期，最初漆木餐勺是仿制的青铜餐勺的形状，后来漆木餐勺定型后反过来又影响到青铜餐勺的造型。湖北云梦县大坟头1号汉墓出土的一件青铜餐勺，与同墓所出漆木餐勺形制完全相同。东汉时代的餐勺出土不算太多，值得注意的是发现了银质餐勺。湖南长沙五里牌9号墓出土银盂、银餐勺各一件，餐勺的勺部为圆形，柄部较短，长度为8厘米。

两晋时代的餐勺，在考古中很少发现，具体形制还不是太清楚。到了南北朝时期，青铜餐勺的形制表现出一种复古倾向，这是一件很有意思的事情。考古发现一种属于这个时期的宽柄尖叶形餐勺，器形与战国时代的同类餐勺十分相似，而与汉代的餐勺明显不同。

从隋代开始，舌形勺细长柄的餐勺又出现了。虽然同是长柄舌形勺，但与战国秦汉时代流行的那种相似的餐勺多少有些不同。西安李静训墓就出土一件长柄银餐勺，勺体为舌形，器形比较大，全长29.5厘米。唐代承继了隋代的传统，上层社会盛行使用白银打造餐具，餐勺亦不例外。各地出土银餐勺较多，既有细长柄的餐勺，也有宽柄的餐勺。（图13、图14）

在辽宋金元各代，除了大量制作铜质餐勺以外，还有不少白银打造的餐勺。在这一大段时期，餐勺的造型基本上承继了唐代细柄舌形勺餐勺的传统，区别仅在柄尾略为加宽而已。宋代出土的餐勺，属于北宋时代的较少，属于南宋时代

图 11　汉代云纹漆匕，湖南长沙马王堆出土

图 12　汉代龙纹竹勺，湖南长沙马王堆出土

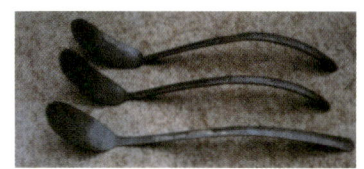

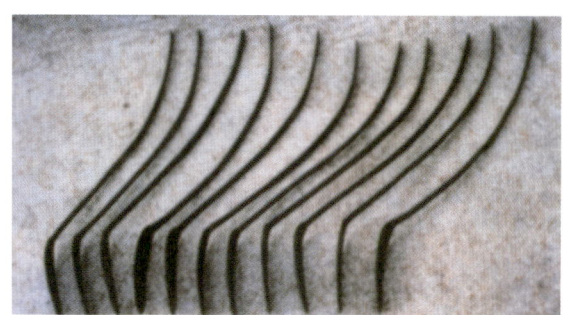

图13　唐代银勺

图14　唐代錾纹银勺，陕西西安出土

的稍多。江苏溧阳出土一枚北宋舌形勺紫铜餐勺，柄尾略宽，长25.5厘米。四川阆中的一座南宋窖藏中，一次就出土铜餐勺111件，分别为长23厘米和25厘米两种规格。金代的餐勺也有零星出土，以黑龙江肇东蛤蜊城遗址和辽宁辽阳北园的发现为例，形制与辽代的相去不远，辽阳北园的铜餐勺附加有雁尾饰，规格也比较大，长度达到32厘米。辽宁沈阳也出土了几件金代的青铜餐勺，柄部扁平呈鱼尾形，勺面为花瓣形，长26厘米上下。属于元代的餐勺，也发现有一些银质的，所见餐勺一般都比较长大。上海青浦高家台还见到一件牛角质的餐勺，与同出的银质餐勺器形相同。元代铜餐勺在吉林发现较多，可分为尖叶形勺、舌形勺和圆形勺3种类型，以尖叶形餐勺数量为多，长度在20—30厘米之间。

我们概略叙述了古代中国餐勺的起源与发展，得知中国的餐勺最迟在新石器时代中期已开始制作使用，经历了至少7000年的发展过程。新石器时代餐勺的制作材料，主要取自兽骨，而青铜时代则主要用的是青铜。自战国时代开始，除

第一部分｜饮食文化　55

了青铜餐勺还在继续使用以外，又出现了漆木勺。隋唐时期开始用白银大量打制餐勺，在上层社会，这用白银打制餐勺的传统一直到宋元时代仍然受到重视。在历代皇室贵胄们的餐桌上，还常常摆有金质餐勺。

中国新石器时代的骨质餐勺以长条形为主，只是在东部地区的河姆渡文化、大汶口文化和龙山文化中，见到少量勺形餐勺。在青铜时代的早期，骨质餐勺的使用还比较普遍，后来青铜餐勺逐渐取代了骨质餐勺。青铜餐勺的使用到西周时期才开始比较普遍，以尖叶形勺头为主要特点，柄部扁平宽大。这种类型的餐勺到东周时代使用还比较普遍，到战国末年才完全被别样的餐勺取代。大约从战国中晚期开始，餐勺在造型上向着更加实用的方向发展，舌形餐勺取代尖叶形勺正是在这个时候完成的，餐勺的柄部也由宽大向窄细变化。秦汉以后，餐勺的制作以小巧精致为流行风格，考古发现的餐勺基本都是实用器。餐勺的质料也逐渐多样化，除以铜质为主外，还有漆木、金银、陶瓷质的餐勺。餐勺的形状，除南北朝出现过宽柄尖叶勺头的餐勺以外，一直都流行窄细柄舌形勺头的餐勺。隋唐宋元时代的餐勺造型已是相当规范，隋唐时代的勺头勺柄稍显宽大，宋元时代的勺头勺柄略为细小，这是一种比较明显的发展趋向。（图15）

作为进食具的餐勺，在古代的名称或为匕，或为匙，还有其他现在已不详知的名称。在周代的青铜餐勺上，通常自铭为"匕"，这应当是周人对餐勺所取的固有名称。"匕"是餐勺在古代中国的通名，秦汉以后的文献中，餐勺仍以"匕"

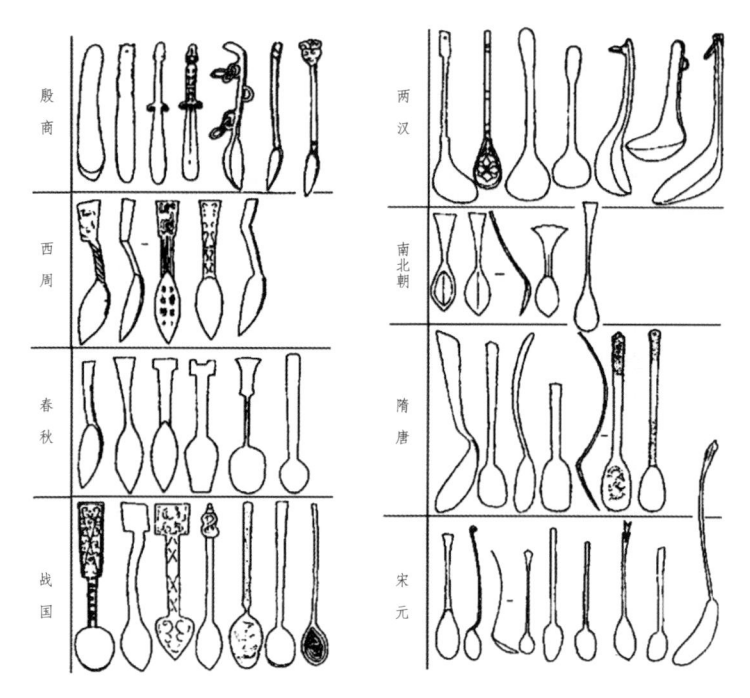

图 15　文明时代的餐勺手绘图

为通称。汉代已开始称匕为匙，《说文》云"匙，匕也",《方言》云"匕谓之匙"，表明在汉代和汉代以后，匕与匙的名称是能够互换的，但比较而言，匕作为专名使用更为广泛一些。在现代社会，匕的古称已经完全消失，我们可以把餐勺称为勺子、饭勺，也可以称为瓢羹、汤匙，还可以称为茶匙，等等，既体现有古代的传统，也体现有现代的色彩。

2. 东方自古有餐叉

当代中国的城市居民，对于西餐已是非常熟悉，自然是都知道享用西餐应当用刀叉上桌，而且还可能认为刀叉一定是西方人的发明，会因此对西方文明津津乐道。许多人当然不会知道，其实中国人在很早的时候就发明了餐叉，这个发明完成于史前时代。在历史时代，我们的先人仍然保留着使用餐叉进食的古老传统，只是由于这传统时有中断，餐叉的使用在地域上又不很普及，所以不为我们一般现代人所知晓。

就在几年前，青海同德发掘了一处名为宗日的遗址，属于年代可早到距今5000年前的新石器时代马家窑文化，那里意外发现了一枚骨质餐叉。这枚餐叉为三齿式，叉尾加工为王冠状，器身为动物骨骼的自然弯曲状。全长25.8厘米，厚0.2厘米。新石器时代的餐叉在中国并不是第一次出土，在此之前三十多年，在甘肃武威市皇娘娘台齐家文化遗址，也曾出土一枚骨质餐叉，为扁平形，三齿。这两枚餐叉都出土于西北地区，这倒是一个很有兴味的问题，应当说明这里可能是餐叉起源的一个很重要的地区。（图16）

餐叉在中国起源于新石器时代，它同餐勺一样，起初都是以兽骨为材料制作而成。到了青铜时代，使用餐叉的传统得到延续，考古发现的这个时期的餐叉也多由兽骨制成。如20世纪50年代在河南郑州二里岗商代遗址就出土过一枚骨质餐叉，也是三齿，全长8.7厘米，宽1.7厘米，齿长2.5厘米。这枚餐叉柄部扁平，和齿部之间没有明显的分界，制作稍显粗糙。

在夏、商、西周时代，餐叉的使用情况不是很清楚，各地出土餐叉数量很少。到了战国时代，餐叉的使用在上流社会显然受到重视，考古发现了这个时代较多的餐叉。如河南洛阳中州路2717号墓，一次就出土了骨质餐叉51枚，都是双齿，圆形细柄，长度在12厘米上下，这些餐叉出土时包裹在织物中。在洛阳西工区也发现过1枚类似的骨质餐叉，制作更为精致，柄部饰有弦纹，长达18.2厘米。山西侯马古城遗址也曾两次出土战国时代的骨质餐叉，也都是双齿，与洛阳所见相同，其中有一枚在柄部还有火印烫花图案。

战国时代以后，各地出土餐叉实物很少，汉晋时代只有零星发现，唐宋时代几乎没有餐叉出土。到了元代，有了两

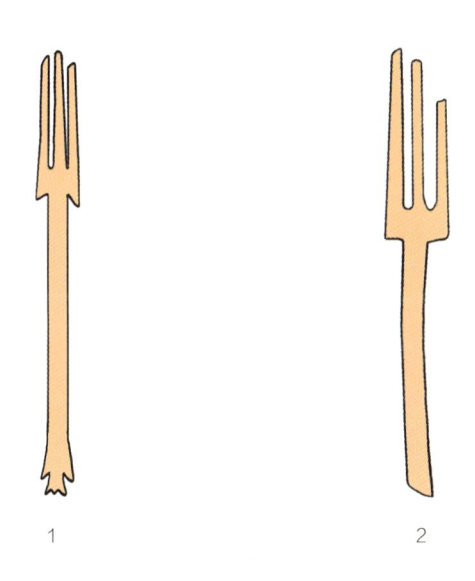

1　　　　　　　　　　2

图16　新石器时代餐叉手绘图
1青海同德宗日遗址　　2甘肃武威市皇娘娘台齐家文化遗址

例很重要的发现。一是甘肃省漳县一座墓葬出土的一枚骨质餐叉，为双齿圆柄，制作非常精致，全长 19.5 厘米。与餐叉同时出土的还有一枚骨质餐刀，大小与餐叉相仿，两者是配套使用的进食具。一是山东省嘉祥县石林村一座墓葬出土的一套餐叉餐刀，刀叉都是骨柄铁质，餐刀残长 14 厘米，餐叉长 15.5 厘米。这一套进食具还配有一个竹鞘，鞘间有隔断，分放刀叉，鞘长 18 厘米。（图 17）

古代中国对餐叉的使用，好像没有形成经久不变的传统，虽然它在新石器时代就已经发明，但只是在战国时代比较流行，在其他时代使用并不广泛。在古代，作进食具的餐叉并不是单独使用的，与它配套使用的除了餐刀，还有餐勺。例

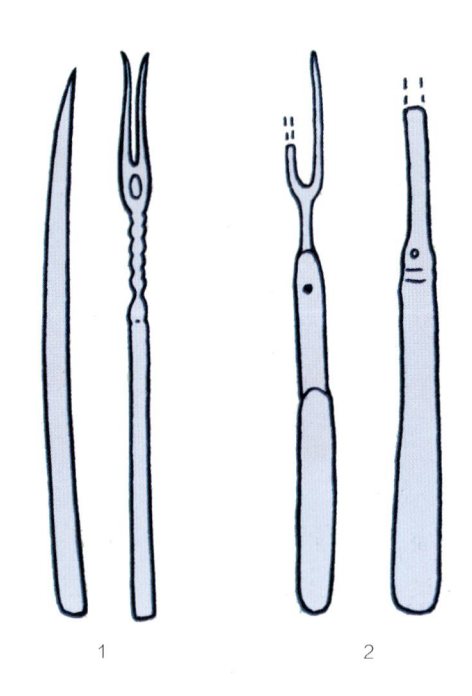

图 17　元代餐叉和餐刀手绘图

1 甘肃漳县　　2 山东嘉祥

如郑州二里岗同餐叉一起出土的，还有餐勺；侯马古城的餐叉，也与餐勺共存。

餐叉的使用与肉食有不可分割的联系，它是以叉的力量获取食物的，与匕与箸都不相同。先秦时代将"肉食者"作为贵族阶层的代称，餐叉在那个时代可能是上层社会的专用品，不可能十分普及。下层社会的"藿食者"，因为食物中没有肉，所以用不着置备专门食肉的餐叉。

我们过去对古代餐叉的名称不清楚，文献中不易查寻到相关记述。我们注意到，"三礼"中记有一种叫作"毕"的礼器，是用于叉取祭肉的，略大于餐叉。考古也发现过一些青铜制作的叉子，长可及30厘米，应当就是文献记述的礼器毕。与毕形状相同，用途也相同的餐叉，在先秦时代名称可能一样，也叫作毕。餐叉在汉代以后的名称是否仍叫作毕，我们现在还无法知道。古人以为毕是因形如叉的毕星而得名，实际上也可能是毕星因与作进食具的毕相似而被命名，因为不少星宿都是借常用物的形状命名的。（图18、图19、图20）

在古代中国人的餐饮生活中，餐叉在相当长的时空范围内有过中断，以至于很多人不知道我们的先人曾经制作和使用过餐叉。随着西餐的渐入，与西餐一同到来的刀叉与餐勺也充分让人们认识到，它们是享用西餐必备的进食具。事实上，西方人用餐叉的历史并不十分久远，他们在几个世纪以前，相当多的人还在直接用手指抓食，包括贵族统治者在内。有的研究者认为，西方人广泛使用餐叉进食，是从公元10世纪的拜占庭帝国开始的，也有人说是始于16世纪，最多也不过

图18 春秋刻纹铜片手绘图，江苏六合

图19 战国青铜大毕摹本，河南辉县

图20 魏晋侍女执毕图摹本，甘肃嘉峪关魏晋砖壁画

1000余年的历史。中国人用餐叉的历史已经追溯到了5000年以前，不过我们没有将餐叉作为首选的进食器具，它实际上是基本被淘汰出了餐桌，这显然是我们有更适用的筷子的缘故。现代中国在引进西餐的同时，也引进了餐叉，叉子优越与否，是极好比较的。我以为我们之所以在享用西餐时还在那里不得已举着叉子，完全是尊重西方人进食方式的缘故，不然，我相信许多食客都会以筷子取而代之，我非常肯定这一点。

我们还发现在现代社会中出现了"中餐西吃"的现象，有人架起刀叉吃中餐，这可以看作是一种新的文化现象。类似的这种文化融会在我们的邻邦早已经出现，并且成为了一种趋势。不过餐叉是否会在筷子王国占据主导地位，我们用不着担心，我们对筷子拥有的优势充满信心。

3. 筷子的历史及功能的变迁

比起勺子和叉子，国人对筷子有更为特别的感情，朝夕相处，每日做伴，"不可一日无此君"。虽然如此，我们对筷子的历史，却未必人人都能道得出究竟，论说起来就有不识庐山真面目的遗憾了。

筷子的古称为"箸"。明人陆容《菽园杂记》上说：民间会话有一些避讳的风俗，以苏州一带最为突出，如行船讳"住"、讳"翻"，所以要改"箸"为"快（筷）儿"，改"幡布"为"抹布"。这样一来，叫了几千年的箸就变成了"筷子"。

明人李豫亨在《推篷寤语》里也论及此事，而且说当时士大夫也出口言筷子，忘却了箸的本来名称，似乎说明筷子的称呼确实只有数百年的历史。对我们这个最讲究名实相符的民族来说，"筷子"一名恐怕是最不那么名符其实的了。

中国古代的箸，由考古学提供的实物证据而论，它的出现要晚于餐勺。自从筷子出现以后，它便与餐勺一起，为人们的进食分担起不同的职掌。

虽然箸的形状是那样的小巧，不过考古发掘获得的古箸数量却不小。年代最早的古箸出自安阳殷墟1005号墓，有青铜箸6支，为接柄使用的箸头。湖北清江香炉石遗址发掘时，在商代晚期和春秋时代的地层里都出土有箸，有骨箸，也有象牙箸，箸面还装饰着简练的纹饰。春秋时期的箸还见于云南祥云大波那木椁铜棺墓，墓中出土铜箸二支，长28厘米，首径0.4厘米，首粗足细，整体为圆柱形。（图21）

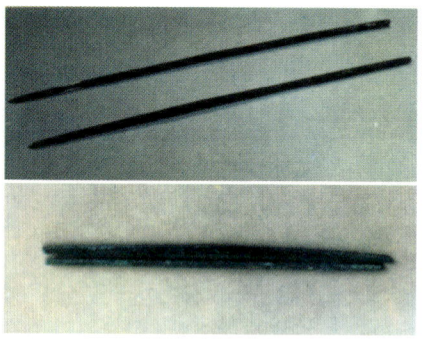

图21 春秋铜箸，云南祥云大波那出土

到了汉代，箸的使用非常普遍，它被大量用作死者的随葬品。考古发现汉代的箸除铜箸外，多见竹箸，湖北云梦大坟头和江陵凤凰山等地，都出土了西汉时代的竹箸。云梦大坟头1号汉墓出土竹箸16支，各长24厘米，直径0.2—0.3厘米，首粗足细，整体为圆柱形。马王堆汉墓也有竹箸出土，箸放置在漆案上，案上还有盛放食品的小漆盘、耳杯和酒卮

图 22　汉代云纹漆案上的食具，盘中有竹箸，湖南长沙马王堆出土

图 23　汉代食具、食物出土情形，湖南长沙马王堆出土

等饮食器具。（图 22、图 23）在云梦和江陵汉墓出土的竹箸，一般都装置在竹质箸筒里，有的箸筒还彩绘有几何纹图案。

东汉时代的箸，考古发现的大都是铜箸，少见竹箸。湖南长沙仰天湖 8 号汉墓发现铜箸二支，长 35.2 厘米，直径为 0.5—0.6 厘米，首粗足细，整体为圆柱形。在山东和四川等地的汉墓画像石与画像砖上，也能见到用箸进食的图像，例如四川新都马家东汉墓出土的"宴饮图"画像砖，图中三人跽坐案前，案上放置箸两双，左边一人手托一碗，碗中斜插箸一双，这表明当时箸的使用已是相当普及。1959 年在新疆汉"精绝地"一座房址内，发现有木箸和木匕等，表明中原用箸进食的习惯很早就传播到了边远地区。汉代箸的形状，首粗足细，大体为圆柱形，长度一般为 25 厘米上下，直径多数只有 0.2—0.3 厘米。（图 24、图 25）

考古发现的魏晋南北朝箸实物不多，不过由嘉峪关魏晋墓出土的大量绘有用箸进食画面的画像砖表明，魏晋南北朝时用箸也很普遍。

隋唐时代的箸考古发现较多，箸的质料有明显变化，很多都是用白银打制的，文献记载唐代还有金箸和犀箸。考古

第一部分 | 饮食文化　65

图 24 汉代哺父图拓本，图中可见用箸取食

图 25 汉代宴饮图拓本，食盘中有箸

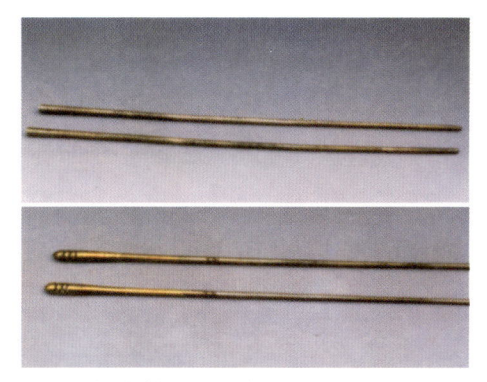

图26 唐代银箸，江苏丹徒丁卯桥出土

所见年代最早的银箸，出自西安隋代李静训墓，银箸一双长29厘米，两端细圆，中部略粗。浙江长兴下莘桥发现的一批唐代银器中，有银箸30支，长33.1厘米，直径两端为0.25厘米，中部为0.5厘米。江苏丹徒丁卯桥出土的一批唐代银器中，有箸36支，有的长32厘米，直径0.4—0.6厘米，首粗足细；有的长22厘米，直径0.2—0.5厘米，首部鎏金呈葫芦形，刻有"力士"二字。（图26）隋唐时期的箸，大都为首粗足细的圆棒形，亦有首足较细中部略粗者，长度一般为28—33厘米，最短为15—16厘米，直径一般为0.3—0.5厘米。

宋代的箸，考古不少发现。如江西鄱阳湖北宋大观三年墓出土银箸2双，长23厘米，直径0.3—0.4厘米，首为六棱柱形，足圆柱形。四川阆中曾意外发现一座南宋铜器窖藏，一次出土铜箸多达244支，铜勺111件，铜箸长24.8厘米，直径0.2—0.6厘米，首部亦为六棱形，足圆柱形。成都南郊的一座宋代铜器窖藏中，发现铜箸32支，长20.6厘米，直径0.4—0.6厘米，为首粗足细的圆柱形。

第一部分 | 饮食文化　67

考古发现辽金元代的箸也不少。如吉林农安万金塔墓中发现辽代铜箸 8 支，箸长 16—16.5 厘米，首径 0.4 厘米，足径 0.15 厘米，首端平齐，足部尖细。辽宁建平张家营子辽墓发现银箸 1 双，长 19.9 厘米，直径仅有 0.08—0.2 厘米，是少见的纤细箸。金代的箸，有辽阳三道壕一座金墓中出土的铜箸 1 双，长 26.9 厘米，直径首足均为 0.15 厘米，首部呈六角形。元代的箸略有增长的趋势，如安徽合肥的一座窖藏中有银箸 110 支，其中长 25.6 厘米的有 106 支，长 24 厘米的有 4 支，直径均为 0.35—0.5 厘米，首部截面呈八角形。

宋辽金元的箸，形制比起以往，并没有明显的变化，大都是圆柱形或圆锥形，也有了六棱形、八棱形，比较重视箸首的装饰。长度一般为 23—27 厘米，最短的为 15 厘米，直径一般为 0.2—0.35 厘米。

明清两代，箸的形状有了明显变化，流行款式大都是首方足圆形，也有圆柱形的。明代开始有了类似现代这样的标准的首方足圆箸，箸的长度也略有加长。如河南宁陵华岗发现明代木船内存放木箸一支，长 31 厘米。又如四川珙县悬棺中发现竹箸一支，首方足圆，满髹红漆，四方头部为银色，长 28 厘米，上题 14 字："江山□高、日月□长，五子□，阿旦沐。"

清代的箸，由帝妃使用的箸品可见其豪华。光绪二十八年二月《御膳房库存金银玉器皿册》记载了当时宫中所用的餐具，其中筷子有：金两镶牙筷六双、金镶汉玉筷一双、紫檀金镶商丝嵌玉筷一双、紫檀金银商丝嵌玛瑙筷一双、紫檀金银商丝嵌象牙筷十六双、紫檀商丝嵌玉镶牙筷二双、银镀金两镶牙筷一双、包金两镶牙筷二双、铜镀金驼骨筷八双、铜镀金两镶牙筷二双、银镀金筷二双、银两镶牙筷大小三十五双、紫檀商丝嵌玉金筷一双、象牙筷十双、银三镶绿秋角筷十双、银两镶绿秋角筷十双、乌木筷十四双。这些筷子用料珍贵，制作考究。清代箸的款式，与现代箸已少有区别，首方足圆为最流行的样式。箸面还出现了图画题词，工艺考究的箸不仅是实用的食具，也是高雅的艺术品。

使用筷子需要有一定的技巧，因为它是世界上所有进食具中最难掌握的一种，两支箸之间没有任何机械性联系，全靠大拇指、食指和中指三指恰当掌握，辅以无名指的协作，方能运用自如。五指并用的人，我们常常也能见到，儿时养成的就是这样的习惯，《相书》上说"三指用箸者自如，四指用箸者贵，五指用箸者大富贵也"，那是一点准儿也没有的。

古代中国人在进食时，餐勺与箸通常是配合使用的，两者一般会同时出现在餐案上。依"三礼"的记述，周代时的礼食既用匕，也用箸，匕和箸的分工相当明确，两者不能混用。箸是专用于取食羹中菜的，正如《礼记·曲礼上》所说，箸是用于夹取菜食的，不能用它去夹取别的食物，还特别强调食米饭米粥时不能用箸，一定得用匕。

到了汉代，餐勺和箸也是同时使用的，人们将勺与箸作为随葬品一起埋入墓中。《三国志》记曹操与刘备煮酒论英雄，曹操说了一句"当今天下英雄，只有我和你刘备两人而已"，吓得刘备手中拿着的勺和箸都掉在了地上。从这个故事里，我们找到了汉代末年匕箸同用的一个生动例证。汉代以后，比较正式的筵宴，都要同时使用勺和箸作为进食具，如后唐人所撰《云仙杂记》述前朝故事说"向范待客，有漆花盘、科斗箸、鱼尾匙"。赏赐与贡献，匕箸也是不能分离的物件，如《宋书·沈庆之传》记载说"太子妃上世祖金镂匕箸及杆杓，上以赐庆之"，金镂匕箸一定是非常名贵的。就是平日的饮食，对具有一定身份的人而言，也要匕箸齐举，不敢马虎。

在唐宋时代，筵宴上仍然要备齐勺和箸，人们在进食时对两者的使用范围区分得非常清楚。在甘肃敦煌莫高窟473窟唐代《宴饮图》壁画中，绘有男女9人围坐在一张长桌前准备进食，每人面前都摆放着勺和箸，摆放位置划一，相当整齐，可见勺与箸是宴饮时不可或缺的两种进食具。（图27）我们还读到唐人薛令之所作的《自悼》，诗中有"饭涩匙难绾，羹稀箸易宽"的句子，将以勺食饭、以箸食羹菜的分工说得明明白白。我们还在明代人田汝成的《西湖游览志余》一书中，得知宋高宗赵构每到进膳食，都要额外多预备一副勺箸，用箸取肴馔，用勺取饭时，避免将食物弄脏了，因为多余的膳品还要赏赐给宫人食用。高宗皇帝是否有这样的德行我们不必细论，不过这里将勺箸在古代的分工又一次说得非常明白，这应当是可信的。

到了现代社会，正规的中餐宴会在餐桌上也要同时摆放勺与筷子，食客每人一套。这显然是古代传统的延续，值得注意的是这传统有了一些明显的改变，勺与筷子各自承担的职掌发生了变化。勺已不像古代那样专用于食饭，而主要用于享用羹汤；筷子也不再是夹取羹中菜的专用工具，它几乎可以用于取食餐桌上的所有肴馔，而且它也用于食饭，与吃饭不得用筷子的古训背道而驰了。虽然如此，餐勺与筷子这两种进食具之间的那种密切的联系，古今都是存在的。我们还可以断言，它们之间的联系在未来的中国还会继续存在，我们还没有发现这种联系将要中断的迹象。

我们由考古发掘获得的证据，知道华夏民族历史上拥有过世界上各国所常用种类的进食具。在所有以往使用过的进食具中，筷子具有比刀、叉还要轻巧、灵活、适用的优点，我们的历史曾经淘汰了叉子，现在的许多场合正在淘汰勺子，但筷子依然稳如泰山，一丝也没有动摇。筷子陪着我们的民族走过了3000年以上的历史，它还要陪着我们走向下一个世纪、再下一个世纪。我们还高兴地看到，筷子正在超越自我，走向用手抓食的和用刀叉取食的人群，走向广阔的世界。

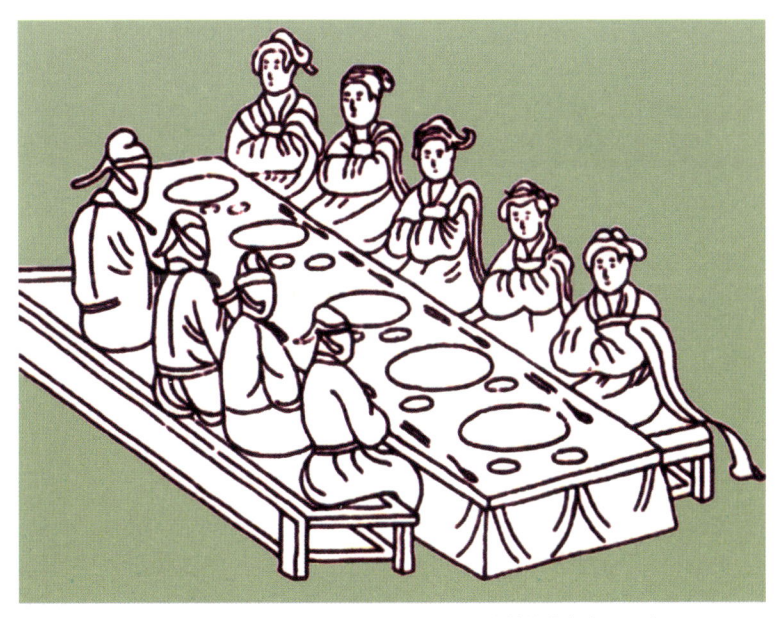

图27 《宴饮图》壁画手绘图，每人面前都有箸和勺，甘肃敦煌莫高窟473窟

6 | 历史上的分餐与会食

国人聚会，不论是在家中还是在餐馆，如果是享用中餐，一般都是采用围桌会食的方式，隆重热烈的气氛会深深感染每一个与宴者。这种亲密接触的会食方式，是中国饮食文化的一个重要传统，甚至一些金发碧眼者也偶尔以会食为一乐事。虽然中国烹饪的发达，在很大程度上是依赖了这个传统会食方式的，但今天我们却不想再继承这个传统了，以至要痛下决心，一定要革除它。有关部门还正式制定了分餐制的操作规范与标准，似乎是要强制推行，看来餐桌上的光景就要焕然一新了。其实在宽敞的人民大会堂宴会厅，国宴早已实行了分餐制，在其他一些正规的宴会场合，分餐制的推广也初见成效，会食方式的改变已渐成涌潮之势。

现代中国人之所以要痛下这样的决心，目的并不是为了避开那份热烈、浓重和亲密，主要是为了摆脱津液交流而造成的困扰。这种亲密交流的结果，是将各人特有的那些菌种毫无保留地传播给了同桌共餐的人，人们在欢快醉饱之时自然是感觉不到这样的危险已经逼近了。王力教授有《劝菜》一文，对这样的"津液交流"有十分深刻的讽刺。他说十多个人共一盘菜,共一碗汤,酒席上一桌人同时拿起筷子,同时把菜夹到嘴里去。一碗汤上桌,主人喜欢用自己的调羹去把里面的东西先搅一搅;一盘菜端上来,主人也喜欢用自己的筷子去拌一拌。一件山珍海错,一人一筷子之后,上面就有了五七个人的津液。王力先生提到的类似宴会,我们人人差不多都亲见或亲历过,许多人也曾许多次地为这种津液交流作过努力。当然我们只是传统的继承者和发扬者,对于这传统产生的负面后果并不用负任何责任,但我们不知不觉把自己置于了危险之中。

这种在一个盘子里共餐的会食方式,虽然是中国传统饮食文化的重要内容之一,但以我们现在的眼光看,它确实算不上优良。这会食传统产生的历史也并不像我们想象的那么古老,存在的时间也就是一千年多一点。比这更古老的传统倒是要优良很多,那是地道的分餐方式,我们可以寻到不少古代中国曾实行了至少三千年分餐制的证据。

《史记·孟尝君列传》说,战国四君子之一的孟尝君田文广招宾客,礼贤下士,他平等对待前来投奔的数千食客,无论贵贱,都同自己吃一样的馔品,穿一样的衣裳。一天夜里,田文宴请新来投奔的侠士,有人无意挡住了灯光,有侠士以为自己吃的饭一定与田文两样,要不然怎么会故意挡住光线而不让人看清楚。这侠士一时怒火中烧,他以为田文是个伪君子,起身就要离去。田文赶紧亲自端起自己的饭菜给侠士看,原来他所吃的都是一样的饮食。侠士愧容满面,当下拔出佩剑,自刎谢误会之罪。一个小小的误会,致使一位刚勇之士丢掉了宝贵的性命。试想如果不是分餐制，如果不是一人一张饭桌（食案），如果主客都围在一张大桌子边上享用同一盘菜，就不会有厚薄之别的猜想，这条性命也就不会如此轻易断送了。

又据《陈书·徐孝克传》说，国子祭酒徐孝克在陪侍陈宣帝宴饮时，并不曾动过一下筷子，可摆在他面前的肴馔却不知怎么减少了，这是散席后才发现的。原来徐某人将食物悄悄藏到怀中，带回家孝敬老母去了。皇上大受感动，下令以后御筵上的食物，凡是摆在徐孝克面前的，他都可以大大方方带回家去，用不着那样偷偷摸摸的。这说明至少在隋唐以前，正式的筵宴还维持着一人一份食物的分餐制。

古代中国人分餐进食，一般都是席地而坐，面前摆着一张低矮的小食案，案上放着轻巧的食具，重而大的器具直接放在席子外的地上。（图1）后来说的"筵席"，正是这古老分

图1　汉画宴饮图

图2 战国铜案，湖北枣阳九连墩墓出土

图3 汉代的漆食案，湖南长沙马王堆汉墓出土

餐制的一个写照。《后汉书·逸民传》记隐士梁鸿受业于太学，还乡娶妻孟光，夫妻二人后来转徙吴郡（今苏州），为人帮工。梁鸿每当打工回来，孟光为他准备好食物，并将食案举至额前，捧到丈夫面前，以示敬重。孟光的举案齐眉，成了夫妻相敬如宾的千古佳传。又据《汉书·外戚传》说："（许后）朝皇太后于长乐宫，亲奉案上食。"因为食案不大不重，一般只限一人使用，所以妇人也能轻而易"举"。

以上是文献上的证据，我们更可以由考古发现的实物资料和绘画资料，看到古代分餐制的真实场景。在汉墓壁画、画像石和画像砖上，经常可以看到席地而坐、一人一案的宴饮场面，看不到许多人围坐在一起狼吞虎咽的场景。低矮的食案是适应席地而坐的习惯而设计的，从战国到汉代的墓葬中，出土了不少实物，以木料制成的为多，常常饰有漂亮的漆绘图案。（图2、图3）汉代承送食物还使用一种案盘，或圆或方，有实物出土，也有画像石描绘出的图像。承托食物的盘如果加上三足或四足，便是案，正如颜师古注《急就篇》：

第一部分 | 饮食文化　75

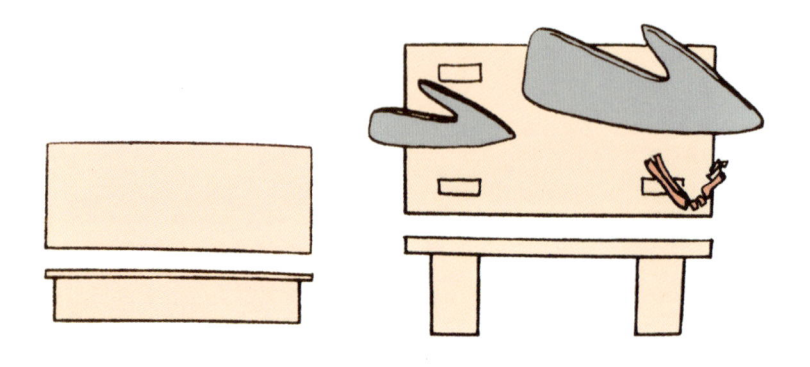

图 4　龙山文化食案手绘图，山西襄汾陶寺遗址

"无足曰盘，有足曰案，所以陈举食也。"

  以小食案进食的方式，至迟在龙山文化时期便已发明。考古已经发掘到公元前 2500 年时的木案实物，虽然木质已经腐朽，但形迹还相当清晰。在山西襄汾陶寺遗址发现了一些用于饮食的木案，木案平面多为长方形或圆角长方形，长约 1 米，宽约 30 厘米。案下三面有木条做成的支架，高仅 15 厘米左右。（图 4）木案通涂红彩，有的还用白色绘出边框图案。木案出土时都放置在死者棺前，案上还放有酒具多种，有杯、觚和用于温酒的斝。稍小一些的墓，棺前放的不是木案，而是一块长 50 厘米的厚木板，板上照例也摆上酒器。陶寺还发现了与木案形状相近的木俎，略小于木案，俎上放有石刀、猪排或猪蹄、猪肘，这是我们今天所能见到的最早的一套厨房用具实物，可以想象当时长于烹调的主妇们，操作时一定也坐在地上，因为木俎最高不过 25 厘米。汉代厨人仍是以这个方式作业，出土的许多庖厨陶俑全是蹲坐地上，面前摆着

低矮的俎案，俎上堆满了生鲜食料。

陶寺遗址的发现十分重要，它不仅将食案的历史提到了4500年以前，而且也指示了分餐制在古代中国出现的源头，古代分餐制的发展与这种小食案有不可分割的联系，小食案是礼制化的分餐制的产物。在原始氏族公社制社会里，人类遵循一条共同的原则：对财物共同占有，平均分配。在一些开化较晚的原始部族中，可以看到这样的事实：氏族内食物是公有的，食物烹调好了以后，按人数平分，没有饭桌，各人拿到饭食后都是站着或坐着吃。饭菜的分配，先是男人，然后是妇女和儿童，多余的就存起来。这是最原始的分餐制，与后来等级制森严的文明社会的分餐制虽有本质的区别，但在渊源上考察，恐怕也很难将它们说成是毫不相关的两码事。随着饮食礼仪的逐渐形成，正式的进餐场合不仅有了非常考究的餐具，而且有了摆放餐具的食案，于是一人一案的分餐形式出现了。

分餐制的历史无疑可上溯到史前时代，它经过了不少于三千年的发展过程。会食制的诞生大体是在唐代，发展到具有现代意义的会食制，经历了一个逐渐转变的过程。周秦汉晋时代，筵宴上分餐制之所以实行，应用小食案进食是个重要原因。虽不能绝对地说是一个小小的食案阻碍了饮食方式的改变，但如果食案没有改变，饮食方式也不可能会有大的改变。事实上中国古代饮食方式的改变，确实是由高桌大椅的出现而完成的，这是中国古代由分食制向会食制转变的一个重要契机。

西晋王朝灭亡以后，生活在北方的匈奴、羯、鲜卑、氐、羌等族陆续进入中原，先后建立了他们的政权，这就是历史上的十六国时期。频繁的战乱，还有居于国家统治地位民族的变更，使得中原地区自殷周以来建立的传统习俗、生活秩序及与之紧密关联的礼仪制度，受到了一次次强烈的冲击。正是在这种新的历史背景下，形成了家具发展的新趋势，传统的席地而坐的姿势也随之有了改变，常见的跪姿坐式受到更轻松的垂足坐姿的冲击，这就促进了高足坐具的使用和流行。公元5—6世纪新出现的高足坐具有束腰圆凳、方凳、胡床、椅子，逐渐取代了铺在地上的席子，"席不正不坐"的传统要求也就慢慢失去了存在的意义。

在敦煌莫高窟285窟的西魏时代壁画上，看到了年代最早的靠背椅子图形，有意思的是椅子上的仙人还保持惯常的蹲跪姿势，双足并没有垂到地面上，这显然是高足坐具使用不久或不普遍时可能出现的现象。（图5-1）在同时代的其他壁画上，又可看到坐胡床（马扎子）的人将双足坦然地垂放到了地上。（图5-2）洛阳龙门浮雕所见坐圆凳的佛像，也有一条腿垂到了地上。

唐代时各种各样的高足坐具已相当流行，垂足而坐已成为标准姿势。1955年在西安发掘的唐代大宦官高力士之兄高元珪墓，发现墓室壁画中有一个端坐椅子上的墓主人像，双足并排放在地上，这是唐代中期以后已有标准垂足坐姿的证据。（图5-3）可以肯定地说，在唐代时，至少在唐代中晚期，古代中国人已经基本上抛弃了席地而坐的方式，最终完成了

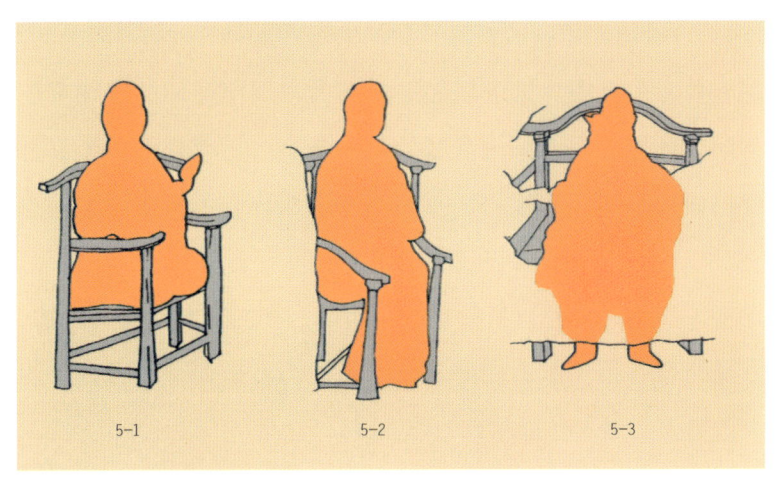

图 5　壁画中坐椅手绘图
5-1、5-2 甘肃敦煌莫高窟壁画　5-3 陕西西安高氏墓壁画

坐姿的革命性改变。

在敦煌唐代壁画《屠房图》中,可以看到站在高桌前屠牲的庖丁像,表明厨房中已不再使用低矮的俎案了。

用高椅大桌进餐,在唐代已不是稀罕事,不少绘画作品都提供了可靠的研究线索。如传世的一幅描绘宫中大宴准备情形的绘画,描绘巍峨殿宇的侧庭,临池摆着大方食桌和条凳,桌上摆满了餐具和食品,这便是《备宴图》。再看敦煌莫高窟473窟唐代宴饮壁画(图6),画中绘一凉亭,亭内摆着一个长方食桌,两侧有高足条凳,凳上面对面地坐着9位规规矩矩的男女。食桌上摆满大盆小盏,每人面前各有一副匙箸配套的餐具。这已是众人围坐一起的会食了,这样的画面在敦煌还发现了一些,构图一般区别不大。还有西安附近发掘的一座唐代韦氏家族墓中,墓室东壁见到一幅《野宴图》壁画

（图7），画面正中绘着摆放食物的大案，案的三面都有大条凳，各坐着3个男子。男子们似乎还不太习惯把他们的双腿垂放下地，依然还有人采用盘腿的姿势坐着。值得提到的还有传世绘画《宫乐图》（图8），图中10多个作乐的宫女，也是围坐在一张大案前，一面和乐，一面宴饮。有一宫女手执长柄勺，正将大盆内的饮料分斟给她的同伴们，有的宫女正端碗进饮，好像味道不错。所不同的是，她们坐的不是那种几人合用的大条凳，而是一种很精致的单人椅。

大约从唐代后期开始，高椅大桌的会食已十分普遍，无

图6　宴饮壁画图手绘图，甘肃敦煌莫高窟

图 7　唐代壁画《野宴图》，陕西西安韦氏家族墓出土

图 8　传世《宫乐图》

第一部分｜饮食文化　81

论在宫内还是民间，都是如此。家具的变改引起了社会生活的许多变化，也直接影响了饮食方式的变化。分餐向会食的转变，没有这场家具变革是不可能完成的。据家具史专家们的研究，古代中国家具发展到唐末五代之际，在品种和类型上已基本齐全，这当然主要指的是高足家具，其中桌和椅是最重要的两个品类。家具的稳定发展，也保证了饮食方式的恒定性。

其实古代的分餐制转变为会食制，并不是一下子就转变成了现代的这个样子，还有一段过渡时期。这过渡时期的饮

图 9 《韩熙载夜宴图》(局部)

食方式,又有一些鲜明的时代特点。在会食成为潮流之后,分餐方式并未完全革除,在某些场合还偶尔出现。例如南唐画家顾闳中的传世名作《韩熙载夜宴图》(图 9),就透露出了有关的信息。据《宣和画谱》说,南唐后主李煜想了解韩熙载夜生活的情况,令顾闳中去现场考察,绘成了这幅《夜宴图》。《夜宴图》为一长卷,夜宴部分绘韩熙载及其他几个贵族子弟,分坐床上和靠背大椅上,欣赏着一位琵琶女的演奏。他们面前摆着几张小桌子,在每人面前都放有完全相同的一份食物,是用 8 个盘盏盛着的果品和佳肴。这里表现的不是围绕大桌面的会食场景，还是古老的分餐制，似乎是贵族们怀古心绪的一种显露。其实这也说明了分餐制的传统制约力还是很强的，在会食出现后它还有一定的影响力。

在晚唐五代之际，表面上场面热烈的会食方式已成潮流，但那只是一种有会食气氛的分餐制。人们虽然围坐在一起了，但食物还是一人一份，还没有出现后来那样的津液交流的事实。这种以会食为名、分餐为实的饮食方式，是古代分餐制向会食制转变过程中的一个必然发展阶段。到宋代以后，真正的会食——即具有现代意义的会食才出现在餐厅里和饭馆里。宋代的会食，由白席人的创设可以看得非常明白。陆游的《老学庵笔记》说北方民间有红白喜事会食时，有专人掌筵席礼仪，谓之"白席"。白席人还有一样职司，即是在喜庆宴饮的场合中，提醒客人送多少礼可以吃多少道菜。陆游以前，白席人已有记述，《东京梦华录》就提到了这种特殊的职业，下请书、安排座次、劝酒劝菜，谓之"白席人"。白席人正是会食制的产物，他的主要职责是统一食客行动、掌握宴饮速度、维持宴会秩序。现代虽然罕见白席人，但每张桌面上总有主席（东道）一人，他的职掌基本上代替了白席人，他要引导食客一起举筷子，一起将筷子伸向同一个盘子。

在传世宋代绘画《清明上河图》上，我们看到汴京餐馆里摆放的都是大桌高椅。（图10）在宋代墓葬的一些壁画上，我们也看到不少夫妇同桌共饮的场景。在17世纪日本画中所描绘的清代船宴中，我们看到官员们围着一张桌子猜拳行令，桌上摆放着美酒佳肴。这都说明会食传统经过千多年发扬光

图10 《清明上河图》(局部)

大,已是根深蒂固了。

当我们现在用力倡导分餐制时,会遇到传统观念的挑战,也会遇到一些具体的问题。会食制在客观上是促进了中国烹调术的进步的,比如一道菜完完整整上桌,色香味形俱佳,如果分得七零八碎,不大容易让人接受。难怪有些美食家非常担心改革了会食制,具有优良传统的烹调术会受到冲击,也许会因此失掉许多优势,毕竟分餐与会食对馔品的要求有很大不同。其实,这也没什么要紧的,丢掉一些传统的东西,意味着有更多的机会创造新的东西。

分餐制是历史的产物,会食制也是历史的产物,那种实质为分餐的会食制也是历史的产物。我们今天正在追求的新的进食方式，看来只需按照唐代的模式，排练出一套仿唐式的进食方式就可以了，不必非要从西方去引进。这种分餐制借了会食制固有的条件，既有热烈的气氛，又讲究饮食卫生，而且弘扬了优秀的饮食文化传统。

7 | 胡瓶：改变了古中国人的饮酒饮茶姿势

是什么让饮酒"斟酌"成为了记忆、成为了历史？

又是什么改变了传统的饮茶方式？

古代文化东西交流，饮食是首选项，遥远的距离之间，有物种交流，也有器具交流，也有饮食方式上的交流。你东来的有麦子，我西去的有小米。我运去晶莹光洁的瓷器，你运来明光晃晃的金银玻璃器。

古代中国制器，强调传统风格的继承，器物形制变化比较缓慢。一旦与外域产生交流，偶尔也会青睐舶来品，也会对传统带来明显冲击。例如酒具中的酒壶，由先秦经汉晋，我们有一二种比较固定的器形，也有固定的饮酒方式，可因为由域外传进的一种"胡瓶"，这个传统就被打破了，盛酒器具改变之时，也是饮酒姿势改变之时，随之又改变了传统的饮茶方式。

我们知道，汉唐时期统称西域人为"胡人"，西域商人曰"胡商"，所用之物常冠以"胡"字。由于丝绸之路的开通，中西文化交流频繁，新奇的域外文化带来极大的冲击力，汉唐人特别是帝王与上层贵族，崇尚胡俗、胡妆、胡服、胡器、胡食、胡乐、胡舞，胡风流行朝野。

随着胡风传入的就有一种胡瓶。所谓胡瓶，是指由外域传入中国的一种贮酒器具，它最初的材质为金银制，传入本土后用陶瓷等工艺仿制改制。因它来自西方，又多为胡人使用，故称胡瓶。当然胡地产制的瓶，在胡地不会叫作胡瓶。

胡瓶的传入，引起那个或那几个时期贵族们的高度关注。当然又因它由地下不断重现于世，也引起现代学者的高度关注。

胡瓶的研究，受到许多历史、考古与文化学者的关注。一般认为胡瓶形制主要分两类，即萨珊式和粟特式，造型与装饰风格有一定区别，但大体形制是一样的。胡瓶的最初制作与使用地是波斯、粟特及东罗马帝国，胡瓶随着外国使节和商人的到来传入东方。

胡瓶传入本土的较早记录，出现在《前凉录》中："张轨时，西胡致金胡瓶，皆拂菻作，奇状，并人高，二枚。"这是晋愍帝建兴元年（公元313年）之事。更早的说法又见于《西域记》所载："疏勒王致魏文帝金胡瓶二枚，银胡瓶二枚。"说明魏晋时期，产于域外被称为"金胡瓶"和"银胡瓶"的金银质酒器已经在东方出现。魏文帝喜爱收藏珍奇之物，海内海外兼收并蓄，也算是一个少有的收藏家吧。

虽然古代文献中偶尔也能读到胡瓶，但它究竟是什么样子，并不容易确认。将胡瓶的用途定为酒器，也是在逐渐的研究中取得的共识。学术界以前在考古报告或简报中，对胡瓶没有一致的定名，有的称为带把壶、单柄壶、水注、执壶，现在的研究者应当有了比较一致的认知。

我们知道日本奈良正仓院保存有一件银平脱的器物,在书于天平胜宝八年(公元756年)的《东大寺献物帐》上称之为"漆胡瓶",这为确定胡瓶的基本形制提供了标准。胡瓶,就是一种带柄带嘴的壶形器。(图1)

图1 漆胡瓶,日本正仓院藏

考古中发现,早在公元前西方就已经出现了这种带柄、椭圆形腹的高体壶。在罗马帝国时代,中亚、西亚地区已经广泛使用它们作为生活用具,直到伊斯兰时代,这种壶仍旧可以经常见到,它使用广泛,时间跨度很长。它可以用不同的质料制作,形状有变化,用途也有改变。(图2、图3)

魏晋传入的胡瓶是什么样子,在本土的考古中还没有见到。已经发现的胡瓶与相关资料,最早可以上溯到北朝的北周时期。

1983年在宁夏固原深沟村发掘了一座大型墓葬,它是北周柱国大将军大都督李贤夫妇合葬墓,墓中出土一件鎏金银壶,被看作是在中国境内出土年代最早的胡瓶实物。这是通过丝绸之路传入的具有萨珊风格的金银器,瓶表面鎏金,环

第一部分 | 饮食文化　89

图2 7世纪带翼骆驼纹银胡瓶,俄罗斯艾尔米塔什博物馆藏

图3 7世纪晚期或8世纪神鸟神兽纹嵌绿松石金胡瓶,美国芝加哥普利兹克基金会藏

形单柄,柄上方铸一高鼻深目人头形,瓶口为鸭嘴状。颈上小下大,颈腹相连处有13个圆珠组成的联珠纹一周。瓶座与瓶身连接处又有10个圆珠组成的联珠纹一周。高圈足底座边缘又有20个凸起的圆珠组成的联珠纹一周。引人注目的是,瓶体中部有6个半浮雕人物图像,研究者考证认为,6个人物展现的故事源于古希腊神话传说,即"帕里斯裁判"和"特洛伊战争"。(图4、图5)

这一件胡瓶,由工艺、纹饰题材和装饰风格判断,无疑是一件舶来品,而且不是一般人所能拥有的贵重用品。

考古中除了见到胡瓶实物,也见到一些相关的图像资料,可以对胡瓶的用途用法得到直观的认识。

图 4　李贤墓胡瓶纹样手绘图

图 5　鎏金银胡瓶侧面图，宁夏固原北周李贤墓出土

第一部分 | 饮食文化　91

陕西西安北郊发掘的北周安伽墓，墓中围屏石榻雕刻图像中频繁出现胡瓶，有侍者手执的胡瓶，有置于地面上的胡瓶。（图6、图7、图8）

安伽墓东北方位发掘的北周史君墓，墓中石椁浮雕上也雕刻有胡瓶数件。（图9、图10）

唐李晦墓石椁线刻侍女图，侍女左手托盘，右手提着胡瓶。（图11）

甘肃天水市石马坪发现墓葬一座，墓中出土屏风式石棺床雕刻有胡瓶。（图12）

在山西太原发掘的隋代虞弘墓，宴饮图石雕上出现有硕大的胡瓶。墓中出土有1件男侍石俑，怀中捧有胡瓶。（图13、图14、图15）

研究者统计唐以前的胡瓶资料，认为北周以来出土有胡瓶或雕刻有胡瓶图像的墓葬，一般都是胡人墓葬，说明唐以前胡瓶多在胡人范围使用。

隋代时这种情况有了改变，胡瓶成了朝廷重要的赏赐之物。据《隋书·杨素传》记载，开皇年间，文帝因大臣杨素有功，于是"拜素子玄奖为仪同，赐黄金四十斤，加银瓶，实以金钱；缣三千段，马二百匹，羊二千口；公田百顷，宅一区"。其中赏赐的银瓶，应当就是银胡瓶。

研究者以为胡瓶传入虽然较早，但到唐代胡瓶的使用才开始流行起来。唐代文献中也能寻到胡瓶的记载，中宗李显的《赐突厥书》说："可汗好心，远申委曲，深知厚意，今附银胡瓶盘，及杂彩七十匹，至可领取。"又据唐人姚汝能《安

图 6　北周石围屏雕刻，陕西西安安伽墓出土

图 7　北周石椁浮雕图，陕西西安安伽墓出土

图 8　北周石围屏石刻线描图，陕西西安安伽墓

第一部分 | 饮食文化

图9 北周石椁浮雕图,陕西西安北周史君墓出土

图10 北周石椁浮雕图,陕西西安北周史君墓出土

图11 石椁线刻侍女图,陕西西安唐李晦墓出土

图12 石围屏雕刻画面线描图,甘肃天水石马坪墓

图 13　隋代石雕，山西太原虞弘墓出土

图 14　隋代捧胡瓶俑线描图，山西太原虞弘墓

图 15　隋代捧胡瓶俑，山西太原虞弘墓出土

第一部分 | 饮食文化　95

禄山事迹》记载：天宝九年（公元750年）唐玄宗赐安禄山"金鞍花大银胡饼四"，安禄山则献"金窑细胡瓶二"。上赐下献，安邦睦邻，胡瓶都被看作是必备选用的宝物。

唐代时胡瓶之名明确见于正史文字记述。如《旧唐书·吐蕃传》记载：开元十七年（公元729年），吐蕃赞普向唐廷上表求和，"谨奉金胡瓶一、金盘一、金碗一、马脑杯一、零羊衫段一，谨充微国之礼"。吐蕃送来的礼物中有金胡瓶一，而且在上表中还列在首要位置。

又见《新唐书·李大亮传》说："太宗报书曰：有臣如此，朕何忧！古人以一言之重订千金，今赐胡瓶一，虽亡千镒，乃朕所自御。"唐太宗用过胡瓶，当然也是特别喜欢这异域的物件，他将自己常用的一件胡瓶赐给了李大亮，也算是一个很高的奖赏了。

李大亮是大唐开国功臣，在任凉州都督时，太宗遣台使往凉州，李大亮有一只名鹰，台使让他献给皇帝。李大亮上奏太宗直言，说陛下很久不打猎了，使者要我献猎鹰，如果不是皇上的意思，这使者就太不够意思了。唐太宗回书称赞了李大亮，并送去了一个胡瓶表示赞赏之意。

在通往西域的途中，胡瓶不会是稀罕之物，西域商人要用，官员要用，军士也要用。读一读唐王昌龄的《从军行》，我们看到了军旅中的胡瓶：

胡瓶落膊紫薄汗，碎叶城西秋月团。
明敕星驰封宝剑，辞君一夜取楼兰。

骑着战马，挎着宝剑，胳膊上还挂有一个胡瓶。壮士一瓶酒，星夜取楼兰。朋友饯行，酒是不会少劝的，那胡瓶也是少不得的道具，所以卢纶的《送张郎中还蜀歌》说：

垂杨不动雨纷纷，锦帐胡瓶争送君。
须臾醉起箫笳发，空见红旌入白云。

又有顾况《李供奉弹箜篌歌》这样写道："银器胡瓶马上驮，瑞锦轻罗满车送。"一个地位极高的宫廷乐师，天天见天子，连王侯将相都要下马相迎，弹奏之后得到的谢礼有满车的丝绸锦绣，马背驮走的自然也少不得有银器胡瓶。

考古中发现的唐代胡瓶有多例，如内蒙古敖汉旗李家营子出土鎏金银胡瓶1件，鸟嘴式口，底边有一匝联珠纹，柄的上端和口缘相接处有一胡人半身像。（图16）河北宽城县大野峪村出土银胡瓶1件，细颈小口有流。陕西临潼庆山寺舍利塔地宫中出土凤头人面胡瓶1件，凤首龙柄，腹部有六个高浮雕人头像。（图17）

上述金银质胡瓶，多数应当是由西域传入。还出土一些唐代仿制的陶瓷同类瓶，它们与金银质胡瓶在形制上相似，只是一般没有直接称之为胡瓶。可以列举的发现有陕西西安东郊韩森寨唐墓出土白釉荷叶形口执壶1件，西安东郊郭家滩唐墓出土黑釉荷叶形口执壶1件，西安东郊长乐坡唐墓出土唐三彩荷叶形执壶1件，又有河南陕县（今陕州区）刘家

图 16　银胡瓶，内蒙古敖汉旗李家营子出土

图 17　人面胡瓶及线描图，陕西临潼庆山寺舍利塔地宫出土

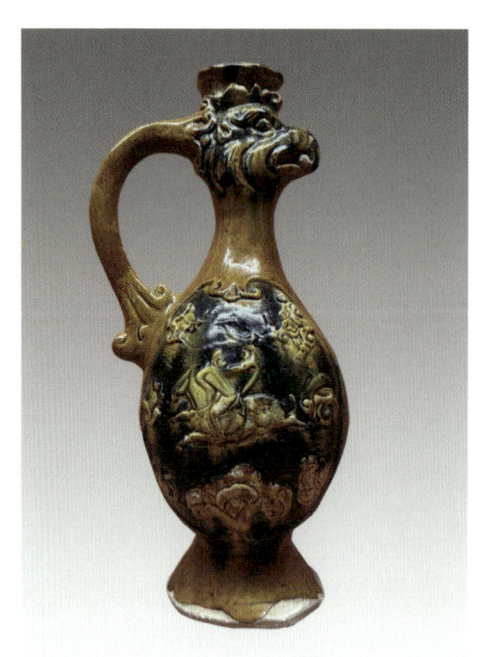

图 18　三彩狩猎纹凤首壶及局部，陕西唐三彩艺术博物馆藏

渠唐墓出土蓝灰釉霜斑壶1件，河南郑州西郊伏牛南路唐墓出土注子1件，河北临城中羊泉唐墓出土单柄壶1件，河北蔚县榆涧唐墓出土凤首壶1件。

值得注意的是，考古发现的胡瓶几乎全部为北方地区出土，出土地主要有陕西、河南、河北、新疆、内蒙古、青海、宁夏、山西，出土量最多的是陕西与河南两地，这是胡瓶及其仿制品的主要流行区域。（图18）

国内外博物馆藏品中，也见有一些传世胡瓶，有金属器，更多的是陶瓷器，也不乏精品。（图19、图20、图21、图22）

除出土有金银质和陶瓷质胡瓶实物外，唐墓壁画上，陶俑手中所持物件、驼马俑驮载之器物都出现有胡瓶。

发现绘有或雕饰有胡瓶图像的墓葬有新城长公主墓、李震墓、燕德妃墓、房陵大长公主墓、李凤墓、安元寿墓、永泰公主墓、章怀太子墓、节愍太子墓、薛氏墓等，多属唐皇陪葬墓。壁画一般都是表现侍女手持胡瓶，胡瓶样式并不全同，附加装饰有简有繁。

新城长公主墓壁画侍女图，绘一组侍女四人，三人手中分持团扇、食盒和胡瓶。胡瓶侈口鸭嘴状流、细颈圆鼓腹，柄曲且长，瓶腹饰团花纹饰。（图23）

燕德妃墓壁画提胡瓶男装女侍图，描绘一女侍头戴黑色幞头帽，身着圆领窄袖白袍，黑白条纹波斯裤，左手提着胡瓶，胡瓶样式与纹饰同新城长公主墓壁画所见相似。（图24）

房陵大长公主墓壁画有两幅出现胡瓶的画面，一幅是表现一位仕女右手持大胡瓶，左手兰花指掐着高足玻璃酒杯，似

图 19　唐黑釉胡瓶

图 20　唐黑釉胡瓶

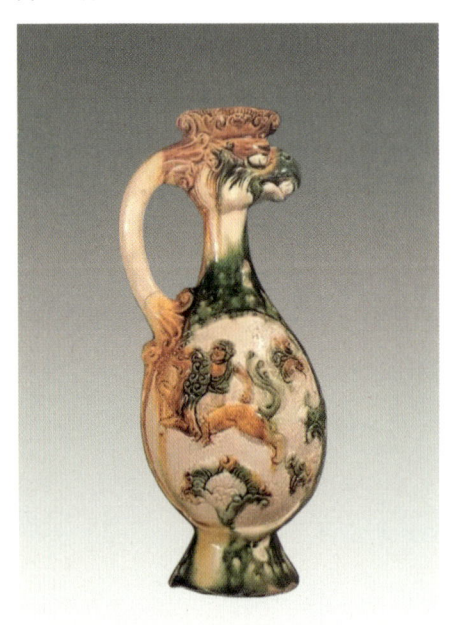

图 21　唐三彩凤首壶，Eskenazi 藏

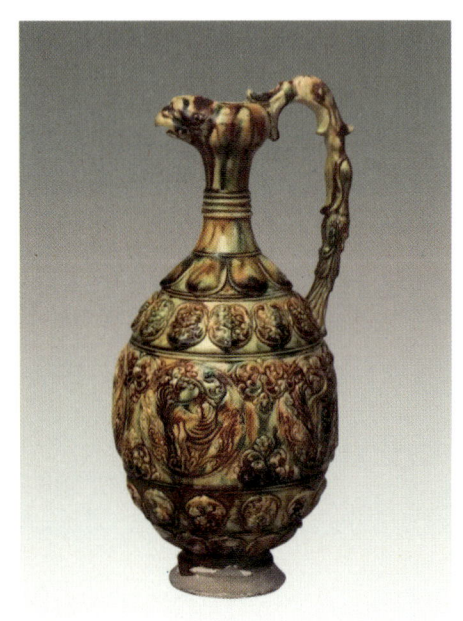

图 22　唐三彩贴塑胡瓶，日本白鹤美术馆藏

图23 侍女图，陕西咸阳新城长公主墓出土　　图24 提壶男装女侍图，陕西咸阳燕德妃墓出土

乎一杯酒刚刚饮尽，满溢着自得其乐的神态，这不由得让人想起"葡萄美酒夜光杯"的诗句来。另一幅表现的是一位胡服侍女，左手托大食盘，右手执胡瓶，款款而行。（图25、图26）

安元寿墓壁画有提胡瓶男装女侍图，女侍戴红色抹额，穿圆领窄袖白袍，左手提一胡瓶。胡瓶不大，鸭嘴状流。（图27）

李震墓壁画托盘执胡瓶侍女图，绘一椎髻侍女，窄袖襦衫红长裙，有帔帛由胸前往身后飘拂，右手托盘，左手提一凤首胡瓶。（图28）

在洛阳安国相王孺人唐氏墓中，墓道西壁绘有胡人牵骆驼图，骆驼载着丝绸，一旁挂着一件胡瓶。在天井东壁绘制有一位侍者，手提长颈胡瓶。（图29）

图25 仕女饮酒图，陕西渭南房陵大长公主墓出土

图26 持胡瓶侍女图，陕西渭南房陵大长公主墓出土

图27 持胡瓶男装女侍图，陕西咸阳安元寿墓出土

图28 托盘执胡瓶侍女图，陕西咸阳李震墓出土

图29 胡人牵骆驼图及持胡瓶侍者图,河南洛阳安国相王孺人唐氏墓出土

其他手持胡瓶的胡人陶俑和载有胡瓶的驼俑的发现,可举例证有:陕西长武县郭村张臣合墓,出土胡俑手提一细颈单耳瓶;西安史君夫人颜氏墓,出土1件女侍俑,双手胸前抱一胡瓶;河南洛阳关林唐墓出土有挂胡瓶三彩骆驼俑;西安南郊唐墓出土有挂胡瓶卧驼俑。这些都是胡瓶随商队走过丝绸之路的见证。(图30、图31)

图30 挂胡瓶三彩骆驼俑,河南洛阳关林唐墓出土

图31 挂胡瓶卧驼俑手绘图,陕西西安南郊唐墓M31

第一部分 | 饮食文化　103

河南洛阳出土 1 件胡商俑，手提胡瓶背负货囊弓腰行走的造型，让人体会到了商路上的艰辛。（图 32）

还要提到的是，敦煌绢画中也偶尔见到胡瓶的画面，一般也都是手持胡瓶，有的就是观音的胡瓶手。佛教中的千手观音，有一持胡瓶的手，观音的胡瓶手在很多造像上可以见到。

图 32　胡商俑，河南洛阳出土

胡瓶进入本土后，工匠很快开始进行仿制，唐代的凤首壶就是以波斯胡瓶为依据的创新产品，此瓶的口沿、流、盖做成凤首，柄作龙首龙体状，体现了传统装饰风格。出土文物中较重要的有山西长治白瓷胡瓶、河南洛阳塔湾三彩凤首壶、陕西富平李凤墓白瓷胡瓶、河南新安柴湾村唐墓凤首壶、河北蔚县榆涧村唐墓凤首壶。各地博物馆藏品中也有不少这类胡瓶精品，大多也属唐代制作的产品。（图 33）

图 33　唐青釉凤首胡瓶，北京故宫博物院藏

仿制产品除自用外，还远销西亚、北非地区，也有的通过海路外销，"黑石号"沉船就发现有邢窑产的胡瓶（图 34），唐代长沙窑也生产胡瓶（图 35）。大英博物馆收藏产自唐代邢窑和巩县窑的胡瓶，这两件仿制胡瓶，通体施白釉，瓶嘴做成鸟喙形。（图 36、图 37）

胡瓶除了陶瓷产品，也有漆制产品，前述日本正仓院收藏有漆胡瓶就是证明。也见有少量的琉璃产品，正仓院收藏有一件琉璃胡瓶，辽宁朝阳北塔天宫中也发现了一件琉璃胡瓶。（图 38、图 39）

图 34 唐白釉绿彩胡瓶，"黑石号"沉船出水　　图 35 唐代长沙窑胡瓶　　图 36 唐代邢窑胡瓶，大英博物馆藏

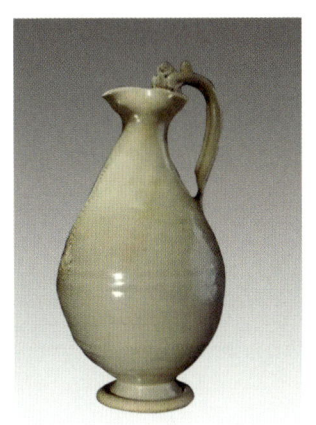

图 37 唐代巩县窑胡瓶，大英博物馆藏　　图 38 白琉璃胡瓶，日本正仓院藏　　图 39 辽琉璃胡瓶，辽宁朝阳北塔天宫出土

　　胡瓶作为外来器物来到中国，它彻底改变了中国古人的饮酒方式。

　　先秦两汉盛酒、挹酒、饮酒，用的是尊、勺、杯一组器具，饮酒比较重要的是中间环节，要用勺子将尊中酒舀进杯中，谓之"斟酌"。胡瓶出现了，它逐渐取代了尊和勺的作用，直接可以将酒注入杯中，它其实就是具有现代意义的酒壶。

到了宋、辽时期，标准的胡瓶已不多见，本土化的酒壶大量出现，也开始改称酒注、酒壶，用法与胡瓶相同。

宋代文献中偶尔也还寻到胡瓶踪影，如宋人陈庚的《谢友人惠犀皮胡瓶》，讲述了胡瓶的制作：

    灵犀鳞甲鸥夷腹，块土能奇诧善埏。
    器似虞陶知不窳，规同庄埴巧成圆。
    雕镂尚喜兼文质，空洞只堪容圣贤。
    于一器中求不器，愿珍嘉惠比韦弦。

又有宋末元初郑思肖的《一旦》诗说：

    一旦蒙尘胡漠行，杜鹃哭破旧冤声。
    金杯暂饮胡瓶酒，玉铉谁调御鼎羹。
    故国夜长天正晦，离宫春尽草初生。
    小臣有誓曾铭骨，不到神州不太平。

及至明代，胡瓶一名在历史中并没有消失。如王恭《宪从事新宁陈氏归隐卷》说：

    识子何太迟，谁家见颜色。
    胡瓶腊酒介轩楼，红烛离堂孔彰席。

朋友在酒楼饯别，使胡瓶饮腊酒，也是一乐事。

又有刘崧《夜宴王召南席上观黑厮旋舞胡瓶歌》，居然描写的是蕃童胡瓶舞：

绮筵烛艳歌停哗，春酒凝香碧霞重。
蕃童旋舞忽当前，头戴银瓶高不动。
银瓶花烂雪色新，俯仰之间如有神。
岂知头容自正直，敧侧愁杀旁观人。
拳毛蒙茸衬瓶底，宛转低佪舒四体。
眼看明月下昆仑，一片黑云飞不起。
使君好客酒漏卮，传令更舞君莫辞。
手中匕箸犹有失，头上银瓶高一尺。

诗中描述的域外胡瓶舞，应当早就随胡瓶一起传到了中土，只是文献疏于记载，或是我们还未及梳理出来而已。不过由北周史君墓门框上以葡萄为背景的伎乐石刻图像观察，其实已经出现了胡瓶舞的画面，被看作是脚踩葡萄酿酒的那位左手举杯、右手持瓶的胡人，他正是舞胡瓶的舞者。左右墓门框上是两组乐舞图，持胡瓶者杂入其中，图像为胡瓶舞无疑，只是没有将胡瓶顶立在头上。（图40、图41）

胡瓶的传入，改变了传统的饮酒方式，其实它的意义还不只是如此，它同时改变的还有我们的饮茶方式。

唐代后期饮茶出现一种新方法，将茶末放入茶盏，用一种带嘴的茶瓶在炭火上将生水煮沸，向盏中冲注，这方法被称为"点茶法"。煮茶用鍑，点茶用瓶，又叫汤瓶。据研究茶瓶最早实物是西安出土的唐太和三年（公元829年）王明哲墓中的那一件，茶瓶肩腹伸出短嘴，以做茶汤的出水口。

唐末至宋，茶瓶的嘴开始逐渐加长，宋徽宗在《大观茶论》中专论茶瓶形制，说"瓶宜金银，小大之制，惟所裁给。注汤害利，独瓶之口嘴而已。嘴之口

图40 史君墓东门框（右）、西门框（左）乐舞图线描图，陕西西安史君墓

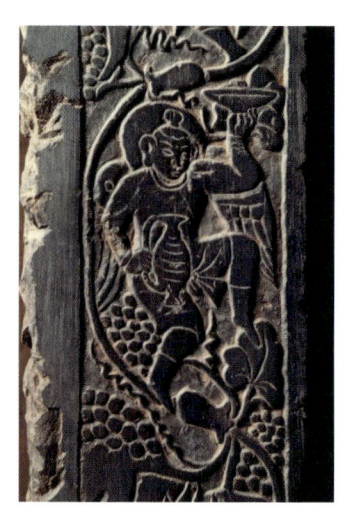

图41 史君墓门石雕胡瓶舞图，陕西西安史君墓出土

108　古物说——文物里的古人日常

欲大而宛直，则注汤力紧而不散；嘴之末欲圆小而峻削，则用汤有节而不滴沥。盖汤力紧，则发速有节，不滴沥则茶面不破"，特别强调茶瓶制作嘴形的作用，它是能否注出好茶汤的关键。中国国家博物馆收藏的北宋厨娘画像砖上，表现有用茶壶煮茶汤的厨娘，候汤的厨娘用火箸拨炭，炭炉中煨着一只长嘴的茶壶。（图42）

图42　宋代画像砖拓本，中国国家博物馆藏

唐代这样的茶瓶茶壶，其实与酒壶并不易区别，但可以想象茶瓶是借用了酒瓶（壶）的样式，饮茶方式的变化应当是受到饮酒方式的启发，茶瓶也是模仿胡式酒瓶的样式改制而成。

这样说来，胡瓶的传入，不仅彻底改变了古中国的饮酒姿势，让"斟酌"这样的词汇只存在于记忆之中，还顺带着造成一个意想不到的变革，革新了古中国的饮茶方式。不用说，这饮茶方式又反射回去影响到了域外，促进了茶文化的传播。

8 | 斟酌的由来
　　——说旋说樽

　　汉代人好酒，在历史上留下许多故事，酒徒辈出。多年前我写成小文《汉代的酒与酒徒》，说汉代人并不以"酒徒"一名为耻，当时自称酒徒者不乏其人。如有以"酒狂"自诩的司隶校尉盖宽饶，还有自称"高阳酒徒"的郦食其，连开国皇帝刘邦也曾经是一介酒色之徒，他早年就常常醉卧于酒馆中。东汉著名文学家蔡邕，曾因醉卧途中，被人称为"醉龙"。

　　当然这篇文字也实在是太短小，虽然说到酒人，也提到酒名，却没有说到酒具。现在准备要说的，正是汉代的一种酒具，这可不是我们能想象出来的那些酒具中的某一种。标题是"说旋说樽"，说的只是一种酒具，旋即是樽，只是这樽并非想象的酒杯，究竟是怎么一回事，且待下文细细说来。

　　事情的缘起，是此前本人应邀参与《丝路之魂——天府之国与丝绸之路》的图录出版筹划，负责审定文物说明文字。当接到文字初稿时，看到的第一件器物是西汉时期的"鎏金铜斛"，所附图片和部分文字说明是这样的：

鎏金铜斛

北京故宫博物院藏

通高 41cm，高 33cm，口径 33.5cm，盘径 57.5cm

器分上斛下盘两部分，通体鎏金。斛有盖，盖中央饰四瓣叶纹，外围饰两周宽带纹，其内圈宽带纹上原饰有三只鸟，现已残失。斛身饰四周宽带纹，两侧有对称铺首衔环。斛和承盘下各具三熊足，上嵌杂色宝石，现多数已失。承盘口沿下铸铭文1行62字：建武廿一年，蜀郡西工造乘舆一斛承旋，雕蹲熊足，青碧闵瑰饰。铜承旋，径二尺二寸。铜涂工崇、雕工业、涷工康、造工业造，护工卒史恽、长氾、丞荫、掾巡、令史郧主。在东汉光武帝建武二十一年（公元45年），四川成都一带的铜工制造机构西工为皇帝作了一个带承盘的量器——斛，以雕刻的蹲熊为足，上面有青碧和玫瑰色的装饰物。铜承盘直径为二尺二寸。……斛为量器，铜量最早出现在战国时期，目前所知以战国、秦、汉器物为多。此器的上半部分，以前有学者称为奁，认为已失去了量谷物的本义。其实这种桶形的斛，在新莽时就已出现。东汉光武帝的建武年与王莽政权几乎相衔接（中隔"更始"两年），从器型发展的连贯性来看，建武廿一年仍采用桶形斛，实不足为奇。

看到器物图片，读到"斛"之名，觉得生疏，直觉感知它不应当是这件器物的名称。在展厅里，本来是看到了原器，因为觉得很熟悉,所以并没有在意说明牌上写了什么。现在想来展厅的说明牌上,也一定是这样写着,这是个错,但不是策展者犯的错,应当是北京故宫博物院提供的资料上出错了。(图1)

关于这件器物的名称,本来是存有争议的,由名称还牵涉到用途,问题还不小。

为了编著展览图录,我将此器的说明修改成了这样:

鎏金铜承旋

东汉建武二十一年(45年)

通高41厘米

北京故宫博物院藏

汉代常用盛酒器,由上旋(樽)、下承旋两部分组成,通体鎏金。旋为三足直筒形,带盖,高32.5厘米,口径35.5厘米。直腹上饰四道凸起宽带,腹中部有两个铺首

图1 汉代鎏金铜承旋酒樽,北京故宫博物院藏

衔环，底部有三足。承旋作三足平底状，高9.5厘米，直径57.5厘米。旋和承旋的三足均做成蹲熊，熊足皆镶嵌有绿松石和水晶。承旋口沿下方有铭文一行，计62字，铭文为："建武廿一年，蜀郡西工造乘舆一斛承旋，雕蹲熊足，青碧闵瑰饰。铜承旋，径二尺二寸。铜涂工崇、雕工业、涑工康、造工业造，护工卒史恽、长氾、丞萌、掾巡、令史郧主。"铭文详细记录了蜀郡工官为皇室制造铜承旋的时间、形制、装饰、尺寸，以及具体的制作工匠和督造官员，说明当时铜器生产已有明确而精细的分工，也是秦汉时期手工业生产管理"物勒工名"制度的具体反映，对研究汉代蜀郡工官具有重要的意义。

为何将"斛"改称为"承旋"？

虽然这两个名称都见于本器铭文，究竟哪个是器名，当有明断。"蜀郡西工造乘舆一斛承旋"，应当理解为：蜀郡的"西工"工坊，为皇室造了一斛的承旋。汉代成都城东有东工，城西有西工，是官营综合性制造厂，产品销往四方。

乘舆起初当指战车，后专称帝王之车，如贾谊《新书·等齐》所说："天子车曰乘舆，诸侯车曰乘舆，乘舆等也。"乘舆又是天子的代称，如蔡邕《独断·卷上》所言："天子至尊，不敢渫渎言之，故托之于乘舆……或谓之车驾。"也是这样的缘故，乘舆也用于泛指帝王所用的器物，《独断·卷上》又说：天子之"车马、衣服、器械、百物曰乘舆"。

明白了乘舆，知道这次造出的一批物件，就是皇家的订货。

既然是订货，断然不会只有一件，应当还有同时造出的产品。当然这里的"一斛"有些费解，斛确实是汉时的一个容积单位，十升为一斗，十斗为一斛。可是我们面对的这件器物，果真是量器？量器带三足，而且还附有一个三足托盘，显然名不副实。铭文说"一斛"，应当指的是器具的大小，指的是一斛那么大。

斛的大小，有已知的甘肃古浪出土建武十一年大司农平斛、上海博物馆藏东汉光和大司农铜斛和台北故宫博物院藏新莽嘉量斛比照，三者容积都在2万毫升以上，以东汉1升约200毫升计，这一斛差不多就是100升，也就是10斗，正合汉制。（图2、图3）北京故宫博物院的承旋，似乎容积稍大一些，也许要多出2斗左右。

这样看来，"一斛承旋"，就应是一斛大小的承旋。

不过，这其实是一种两件套器物，一件筒形器在上，一件盘形器在下，都带有同样的三足，是一套器物。承旋是什么？按铭文中说的"铜承旋，径二尺二寸"比对，盘径合57.5厘米，两者大体吻合。铭文也恰是刻在盘上，所以承旋就是这三足盘无疑。只是东汉尺度不大恒定，应当是大尺，长于西汉尺度，这一点就不多论了。

明确为承旋后，由这个名称很容易推导出它所承之"旋"，上面的筒形三足器当名为"旋"。

那这旋又是什么？这个旋，应当是镟。镟，《说文》曰"圜炉也"，圆形的炉子。以后来的文献理解，这镟与酒有关，用于温酒。如南宋文字学家戴侗《六书故》说，镟为"温器也，旋之汤中以温酒。或曰今之铜锡盘曰镟，取旋转为用也"。虽

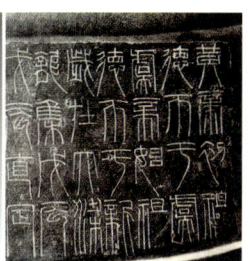

图2　大司农铜斛，上海博物馆藏　　图3　带铭新莽嘉量及铭文，台北故宫博物院藏

是温酒，却并非用炭火，而是用热水。

读《水浒传》说："武大挑了担儿，引着郓哥，到一个小酒店里，歇下担儿，拿了几个炊饼，买了些肉，讨了一旋酒，请郓哥吃。"这旋酒，正是鐎温之酒。

又有元杂剧《同乐院燕青博鱼》里，店小二有词说："自家是这同乐院前卖酒的，我烧的这鐎锅儿热，看有甚么人来。"鐎锅儿，就是酒鐎。

更多的人，倾向于将此器称为"樽"。樽的形制在汉时常见。此樽为圆筒形，外有双衔环便于提取，下附三熊足。樽下有承盘，承盘较浅，也附有三熊足，自名"承旋"。此器既可盛酒，又能温酒，如何来温，后文再论。

说到樽，人们都会提及1962年在山西右玉大川村出土的一件汉代铜樽，因有铭文"铜温酒樽"，将此器名称与用途说得明明白白。此器与北京故宫博物院器同款，反证承旋即是温酒器无疑。（图4）

其他地点的发现，还有河南南阳石桥东汉墓出土的鎏金铜樽，也非常精致，只是没有铭文，也没有承旋。（图5）

第一部分｜饮食文化　115

筒形樽在战国时期已经出现，有漆器，也有铜器和玉器，一般认为是贵族日常实用酒器。引人注意的是，湖北荆门包山2号楚墓出土2件同式铜樽，制作精致，樽内髹朱漆，出土时却盛着鸡骨和其他禽骨，似属卤菜类佳肴。（图6）这类器具显然最初未必是固定饮酒用，就像耳杯可以饮酒也可以盛菜一样，有多种用途。

湖南长沙颜家岭35号楚墓出土的狩猎纹漆樽，生动刻画了猎人勇斗野牛、老者牵狗、猎犬追鹿、凤鸟飞奔和两鹤啄食等画面，是战国时期漆器艺术的杰作。（图7）

图4　汉代胡傅铜温酒樽，山西右玉县大川村出土　　图5　汉代铜樽，河南南阳出土　　图6　战国铜樽，湖北荆门出土

图7　战国彩绘狩猎纹漆樽及展开图，湖南长沙颜家岭35号墓出土

116　古物说——文物里的古人日常

河南洛阳金村发现过战国玉樽，以金扣为饰，最是奢华。（图8）

汉代沿用酒樽，因为出土资料丰富，让我们对酒樽的使用方法有了全面了解，知道是当时贵族饮酒的一种姿势，也是一种派头。酒一般盛在酒瓮、酒榼或酒壶中，开饮时将酒倾入樽中，再用勺酌入耳杯进饮。（图9）

湖南长沙马王堆2号墓出土的嵌玉铜樽，以铜条为骨架，玉片镶嵌于铜条之中，结合紧密，上刻云纹、柿蒂纹、凤纹、谷粒纹等，里外打磨光亮，制作精致美观。（图10）长沙五里牌M1出土的筒形铜樽，圆筒形，带盖。器身饰三道凸弦纹，并附对称兽首衔环，三扁熊状立足。盖面中心有一环纽，环纽周围刻有四条蜿蜒翻腾的龙纹，凸弦纹上均匀分布三只跪兽。（图11）

汉代的酒樽多为筒形，有铜器、漆器、玉器和陶瓷器，出土所见部分无釉陶器可能是冥器。酒樽共有的特点是，腹部有两个对称的铺首衔环耳，下有三足，一般都带托盘即承旋。

最值得关注的是河北邯郸张庄桥M2出土的"大爵酒樽"（图12），形制与北京故宫博物院藏品全同，读铭文最让人提起精神：

> 建武廿三年，蜀郡西工造乘舆大爵酒樽，内者室、铜工堂、金银涂章、文工循、造工业，护工卒史恽、长汜、守丞汎、掾习、令史悟主。

图 8　战国玉樽，河南洛阳金村出土

图 9　汉代玳瑁樽，湖南长沙马王堆出土

图 10　汉代嵌玉铜樽，湖南长沙马王堆出土

图 11　汉代铜樽，湖南长沙五里牌 M1 出土

图12 汉代大爵酒樽，河北邯郸张庄桥出土

这透露了什么信息，与北京故宫博物院那件承旋相比较，此件制作更加精致，铭文明确昭示这是酒樽，同样是蜀郡西工制作，时间晚出2年，但工官与工匠却多为前两年的旧人，工匠真的是名传千古，一传再传。

汉代时有三爵之说，大爵自然是容量大的爵，比试酒量时当然是以大爵最为威武。

出土的酒樽实物不少，不过酒樽的用法，还得由汉画上的描绘寻找线索。河南洛阳一座东汉墓发现壁画夫妇宴饮图，

图13 东汉壁画夫妇宴饮图，河南洛阳朱村东汉墓出土

第一部分｜饮食文化　119

图14 东汉壁画夫妇宴饮图，河南洛阳朱村东汉墓出土

在几案前摆着一件带承旋的酒樽，里面还有酌酒用的酒勺。（图13、图14）

河南密县打虎亭画像石上的酿造图，厨人正准备酒肴，在许多酒壶的旁边，刻画有一大一小两件酒樽。（图15）

山东金乡朱鲔墓所见宴饮图画像石，宴饮的人群一旁有一些酒壶，酒壶边就有一套酒樽，酒樽带承旋，樽中有勺。在朱鲔墓的另一宴饮图画像石上，宴饮者席地而坐，面前许多酒具中有两套带承旋的酒樽，有一仆人手拿勺子，正将酒樽里的酒酌入耳杯。（图16）

江苏徐州汉代墓葬出土画像石中也有不少宴饮图像，酒樽时不时会出现在画面上。（图17）其中有一幅绘有博戏赌酒的画面，两人中间是酒樽，酒樽旁边有两只耳杯，那个承旋

图 15　汉代酿造图画像石手绘图，河南密县

图 16　汉代宴饮图画像石，山东金乡朱鲔墓出土

图17　汉代画像石拓片，江苏徐州

显得比较大。

河南南阳汉画像石也有表现宴饮的图像，带有承旋的酒樽也常常有表现，而且一般不会忘记刻画出酒勺来。（图18）

汉代人赌酒，也有前代时流行的投壶方式，画像石上这两人正在投壶，壶边放着酒樽。（图19）

有时简单的线条，就能将二人对饮的场景勾画出来，中间的酒樽是不能少的物件。（图20）

陕北出土的画像石，二人对饮，也是用的酒樽。（图21）

汉画上见到许多乐舞图像，快乐的伎乐者其实也离不了酒的刺激，在乐舞场上也有酒樽出现。河南南阳发现的这类汉画特别多，画面非常生动。（图22）

也许很多的酒樽都是蜀地制造的，交付皇家订货后，更多的产品会投放市场，蜀地的富豪也有机会得享同类款式的酒樽，所以在成都出土的汉画像砖上就出现了这样的场面，宴乐场上有大樽，也有小樽。（图23、图24）

图 18　汉代画像石拓片，河南南阳

图 19　汉代画像石投壶图拓片，河南南阳

图 20　汉代画像石拓片，河南淅川

图 21　汉代画像石拓片，陕西绥德

图 22　汉代画像石拓片，河南南阳新野

第一部分｜饮食文化　123

图23　汉代画像砖，四川成都出土

图24　汉代画像砖，四川大邑出土

图25　汉代画像石杂技图拓片，河南南阳

汉画上最奇特的场面，是这种轻功表演。伎人倒立酒樽上，做出各种动作，居然还拿着酒杯饮酒，玩得煞是尽兴。这些表演画面画像石，都是从南阳出土的，那里许是汉代的一个杂技之乡呢。（图25）

表现这类场景的，还有雕塑。洛阳博物馆藏品中有一件彩绘三人樽上倒立杂技俑，酒樽上人叠人。这得用多结实的酒樽，未必是专用的道具？（图26）

如此饮酒姿势，和神娱肠，也诱惑了神仙，西王母也来凑热闹。四川出土汉画有不少表现西王母，有一砖画见到西王母坐定龙虎座上，面前摆着酒樽，承旋与酒樽分离，一左一右。（图27）

图26　彩绘三人樽上倒立杂技俑，洛阳博物馆藏

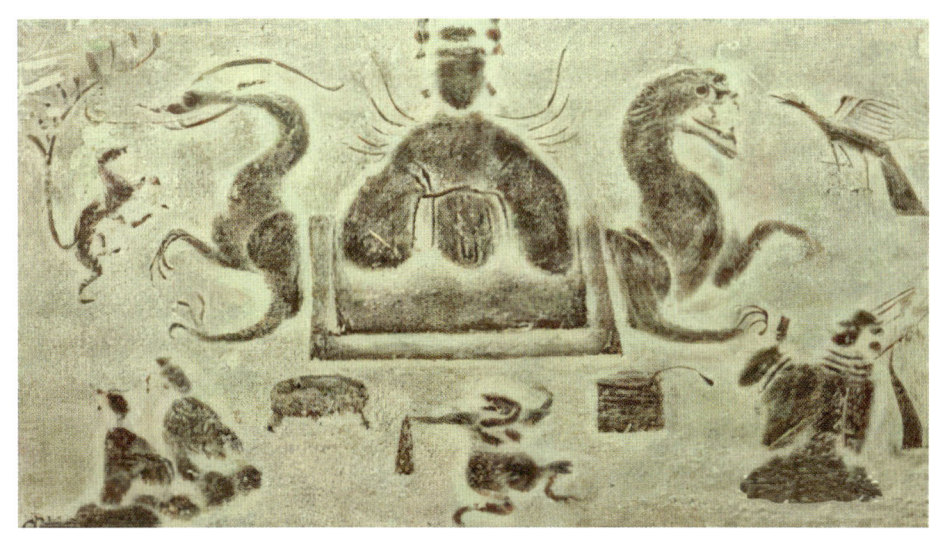

图 27　汉代砖画西王母图，四川新都出土

  汉代以后，这类用酒樽盛酒进饮的风尚还在流行。甘肃嘉峪关魏晋墓出土砖画中，表现宴饮的场景里常常见到酒樽的影子。画中送食的仆人捧着食具和食物，有一人捧的是酒樽，樽中有长柄勺。（图 28）

  有画面表现两位女子相向而坐，中间是一个红色大酒樽，应当是漆樽，漆樽置于承旋之上，承旋两边各有一只耳杯。纤纤女子，这酒量可能也不是说着玩的。（图 29）

  还有一个画面表现的也许是夫妇对饮，带承旋的酒樽个头也不小，酒勺浮在酒面上，宴饮似乎刚刚开始。（图 30）

  西北方向的河西走廊，酒樽传过去在此时已是非常时兴。再往南看，湖南安乡黄山头林场南禅湾西晋镇南将军刘弘墓出土一件玉樽，制作非常精美，但究其形制与纹饰，却是汉代的风格，这当是汉代制作的成品。虽是前代之器，但晋人

图 28　魏晋砖画送食图，甘肃嘉峪关出土

图 29　魏晋砖画宴饮图，甘肃嘉峪关出土

图 30　魏晋砖画宴饮图，甘肃嘉峪关出土

图 31　西晋玉酒樽，湖南安乡刘弘墓出土　　图 32　西晋陶樽，江苏宜兴出土

使用酒樽，却是不容置疑的。（图 31）

其他地点如江苏宜兴出土过西晋陶酒樽，带承旋带勺，也是汉代的形制。（图 32）

再往东南看看，晋墓中发现的七贤拼镶砖画上，也看到了酒樽。酒樽依然带着承旋，不过樽形变了，变作一只大碗，樽里也放置有酌酒的勺子。其实这种如碗似盆的大口樽，在汉代时已经有制作使用，只是不如筒形樽流行而已。（图 33）

读汉乐府《陇西行》有云："清白各异樽，酒上正华疏。酌酒持与客，客言主人持。"不同的酒盛在不同的酒樽里，仆人酌好酒送到客人面前，酒樽的用法记得非常明白。汉末应场诗说："列坐荫华榱，金樽盈清醑。"也提及酒樽的使用。晋代陶渊明的《归去来兮辞》说："携幼入室，有酒盈樽。"也说到酒樽。晋人的酒具，承袭了汉代的传统。

南北朝时期，用酒樽饮酒的方式还有保留，如山西大同北魏墓壁画见到的宴饮图，食案上摆着好大的酒樽，樽中有勺，有两人在一旁饮酒。汉风强劲地吹到了北方民族那里，酒客变得更

图33 东晋砖画七贤图拓片，江苏南京

图34 北魏墓葬壁画宴饮图，山西大同出土

加豪爽，将酒樽放在食案上，汉代人似乎没这么干过。（图34）

两晋以后至隋唐，文献中常读到酒樽，却已经见不到先前那样的器形了。许是酒法变了，酒品变了，饮法变了，酒具也变了吧。

宋代制作瓷器，造出许多仿古代青铜器具。宋哥窑三足炉，显然是仿自汉代的酒樽，筒形，三足。宋汝窑三足炉，也是酒樽的模样。一件形似酒樽的元代瓷器，名称就叫旋炉，让我们想到承旋上的旋来。清代筒式三足炉，也应当是取自酒樽的本形。（图35）

两晋以后筒形酒樽不用了，人们对它的名称和用法早已模糊。即使是资深学问家，在资料有限的时候，也有强解曲解的错讹。有人坚持称"斝"，不少学者摒弃以"斝"定名的做法，虽然赞同北京故宫博物院之器为酒樽，却并不认可是温酒器，说在汉代"温"与"酝"两字可通假，唐兰先生就说"温就是酝字"。汉代有温酒、助酒、米酒、白酒等酒类。"酝，酘酒也"，"酘，重酝也"，所谓酝酒就是反复酿多次的酒。唐兰先生说酝酒是用连续投料法重酿而成的酒，酿造过程时间

图35 清代筒式三足炉

128　古物说——文物里的古人日常

较长，淀粉的糖化和酒化较充分，所以酒液清醇，酒味酽冽，是当时的美酒。由于此酒为烈性酒，因此一般为冷饮。还援引《经学通论》："酒新酿冷饮。"所以认为筒形樽盛的是冷的酝酒，并不必加热，加热温酒是人们的误解。

孙机先生赞可唐兰先生，也不认为樽为温酒器。那曹刘煮酒论英雄、关羽温酒斩华雄，似乎就很难理解了。当然你也可以说，他们饮的是另外的酒，那是要温一温才能饮的。

强解"温酒樽"为酿酒樽，其实不必细析这结论的不准确，只要看过上面引论的那些宴饮图像，就可以判断酿酒之说极不可靠，也极不可信。既然是酿酒，要托上一个承旋干什么呢？其实这承旋就是一个盛热水的盘子，将酒樽（旋）放在上面，为的是保持酒的温度。这样的温酒，是水温，而非直接火温，所以铜、漆、玉、瓷之樽，都是可以承受的。

"人生得意须尽欢，莫使金樽空对月。"说到酒樽，想起李白的《将进酒》。

"人生如梦，一尊还酹江月。"也想起苏轼的《赤壁怀古》。

不过，李白与苏轼说的唐宋之樽，已非战汉原型。

人世如此无常，酒事也如此慌张，一转身可能就忘了前世，忘了祖上。

酒樽，樽酒，承旋，历史就这样一去不回头。

9 | 一个"茶"字的几般来由

汉字中的绝大多数创写过程都比较清晰，字体演变的时代脉络也都比较完整。但也有一些字的来历较为特别，这种特别性表现在它存在了以千年数的时光，我们却不易探讨清楚它的变化轨迹。我们在此要说道的"茶"，正是这样一个特别的字，虽然从古至今有许多人进行过讨论，但也不能说就完全研究明白了是怎样一回事。

作为一种事物，一个具体的物象，汉字本来很早就应当为它造出一个字形，可是对于茶，却不是这样。茶之名与字，经历了诸多变改，这是一个非常漫长的过程。南宋魏了翁在《邛州先茶记》中说："茶之始，其字为荼……惟自陆羽《茶经》、卢仝《茶歌》、赵赞《茶禁》以后，则遂易荼为茶。"明代杨慎在《丹铅总录》中认可此说，他也说"茶，即古荼字也。周《诗》记荼苦，《春秋》书齐荼，《汉志》书荼陵。颜师古、陆德明虽已转入茶音，而未易字文也。至陆羽《茶经》、玉川《茶歌》、赵赞《茶禁》以后，遂以茶易荼"。清代训诂学家郝懿行在《尔雅义疏》中也说"茶"字在古时作"荼"，"至唐陆羽著《茶经》，始减一画作'茶'"。这都是说"茶"字的使用，最早出自中唐"茶圣"陆羽的《茶经》。

《九经》无茶字，或疑古时无茶，不知《九经》亦无灯字，古用烛以为灯。于是无茶字，非真无茶，乃用荼以为茶也。这个"荼"，初音同都切，读若徒，诗所谓"谁谓荼苦"是也。东汉以下，音宅加切，读若磋；六朝梁以下，始变读音。唐陆羽著《茶经》，虽用茶字，然唐岱岳观王圆题名碑，犹两见荼字，足见唐人尚未全用茶字（清席世昌《席氏读说文记》卷一）。清代学者顾炎武考证后认为，茶字的形、音、义的确立，应在中唐以后。他在《唐韵正》中写道："愚游泰山岱岳，观览唐碑题名，见大历十四年（公元779年）刻荼药字，贞元十四年（公元798年）刻荼宴字，皆作荼……其时字体尚未变。至会昌元年（公元841年）柳公权书《玄秘塔碑铭》、大中九年（公元855年）裴休书《圭峰禅师碑》茶毗字，俱减此一画，则此字变于中唐以下也。"其他又如浙江长兴顾渚山摩崖石刻，有唐湖州刺史袁高题字："大唐州刺史臣袁高，奉诏修茶贡讫，至□山最高堂，赋茶山诗，兴元甲子岁三春十日。"（图1）两

图1 浙江长兴顾渚山摩崖

书"荼"为"茶",可看作是前唐遗风,时间虽正当陆羽著《茶经》之后,但正处《茶经》未大行之时,这也可以理解。而顾渚山摩崖其余多处石刻都出现"茶"字,也正是《茶经》风行的结果。

现代茶学家陈椽先生也注意到了这一点,他说唐代宗李豫前至德宗李适年间,所有写在唐碑上的茶字都写为"荼"。如天宝九年(公元750年)圣善寺沙门某写灵运禅师碑上的"荼槐",建中二年(公元781年)徐浩写不空和尚碑的"荼毗",贞元二十一年(公元805年)吴通微写楚金禅师碑上的"荼毗"等,都是写荼字。至文宗李昂(公元826年至840年)、武宗李炎(公元841年至846年)、宣宗李忱(公元847年至859年)时所立的唐碑上,荼字都变为茶字。如会昌元年(公元841年)柳公权玄秘塔碑,大中九年(公元855年)裴休写的《圭峰定慧禅师碑》(图2),以及令狐楚撰文、郑纲写的《百岩太师怀晖碑》的"茶毗",都是改变的显著明证。改"荼"为"茶"的原因,则与陆羽《茶经》、卢仝《茶歌》的影响有关。"中唐以后,所有茶字意义的荼字都变为茶字。"(陈椽:《从茶到六大茶类的起源研究》)这可能有些绝对,变化是明显的,但远非百分之百。

真实的情况是,文字从"荼"变到"茶",似乎变得并没有想象中的那么彻底。由一些新搜集的资料看,唐代的茶字,除了"荼"与"茶"这二体,也还有另外若干种写法。虽然在经过了几个朝代漫长时间的借名借字之后,到唐代才由茶圣陆羽在《茶经》的倡导下固定了"茶"字的形体,从此一个"茶"字就写到了如今,不过就算是在唐代,这个"茶"

字也有多种写法，字形即使在陆羽之后也出现过一些异写。

古代物名大约先是定音，再有造字。无合适造字，则要借字，这是假借之法。尤其是一些晚出的事物，造字可能反

图 2 《圭峰定慧禅师碑》（局部拓本），公元 855 年立，唐代裴休撰并书，柳公权篆额，碑现存陕西西安草堂寺

不如假借便利，所以借旧字作新物名就是很自然的事了。茶之为物，普及饮用显然是在汉字使用非常成熟以后，但没有现成的字，新造字又恐有流行不畅的问题，所以就有了借字的故事。按照陆羽的梳理，茶在有了音名基调后，先后借过的字形有若干个，如槚、蔎、荈之字，都是因音近而由现存的物名借用的字。那个"荼"字，大致也是这样借用为茶的，所不同的是，这个字借用时不仅变了义，同时还变了音而读作"茶"了。

网络上查到一篇文字，讨论"茶"字流变，比较细致地论述了茶的借字过程。唐以前茶用过荼、槚、茗、荈、蔎五个字，以荼字用得最普遍，流传最广。由于多为借字，很容易引起误解，所以又造出一"搽"字，从木，荼声，以代替原先的槚、荼字。同时荼字仍用，注读"加诧"音。陆德明《经典释文》说："荼，《埤苍》作搽。"《埤苍》是三国魏张揖所著文字训诂书，这个新字至迟应当出现在三国初年。依据隋陆法言《切韵》已经分论荼字与茶字之形音义，推测"茶"音荼和"荼"减写作"茶"均大致起始于陈隋之际。《茶经》注说："从草，当作茶，其字出《开元文字音义》。"《茶经》原注说"茶"字见于唐前期的《开元文字音义》，可能是当时"茶"字使用未广，仍以"搽"字写入正式文本。初唐苏敬等编撰的《唐本草》和盛唐陈藏器撰的《本草拾遗》，也都是用的"搽"字。直到陆羽《茶经》问世之后，由"荼"省一画的"茶"字，才真正流传并作为固定的书写字形（《"茶"字流变史：荼、槚、蔎、茗、荈》）。

这样看来，陆羽并未提及的字，可能是在唐前期有一定使用频率的茶字字形，在有些范围内仍在用"荼"这个代用字。自陆羽的时代开始，唐代正式开启了由"荼"变化而成的新"茶"字的书写历史。这个字虽非陆羽创写，却是因他的提倡而被社会认可，成为一个成功的新字形。不过还要提及的是，早于唐出现的这个"樣"字，除去木这个偏旁部首，剩下的是"茶"而不是"荼"，可能透露了一个重要信息，那就是"茶"字的出现应当不很晚，这个问题我们留待后文再叙。《广韵》释茶，说是"茶，春藏叶，可以为饮"。《韵会》释茶，说是"茗也，本作荼，或作樣，今作茶"。这个字确曾是使用过的，与此相关的还有一个"樣"字，《唐韵》宅加切，《集韵》直加切。《唐韵》说"此即今茶荈之茶"，这是"茶"加木旁造出的一个新字。《广韵》也说"茶荈也，今作茶，俗字不可从"。《广韵》并引述唐权德舆撰《陆贽〈翰苑集〉序》中的"领新樣一串"，其中的茶正是写作"樣"。这个字使用显然并不广泛，"茶"与"樣"可以作一体看待，只是"樣"还有另外的意义，并不专指茶名。

关于唐代茶字的真实书写情状，考古与文物也提供了一些实证。唐代长沙窑茶具上，常具书器物名称，出现茶字的不同写法。长沙窑的茶碗上，见到写作"茶埦"的标本（图3），这是以"茶"言"茶"的例证。考古发掘陕西西安西明寺遗址曾发现石质大茶碾，碾面

图3 唐代长沙窑"茶埦"铭文碗

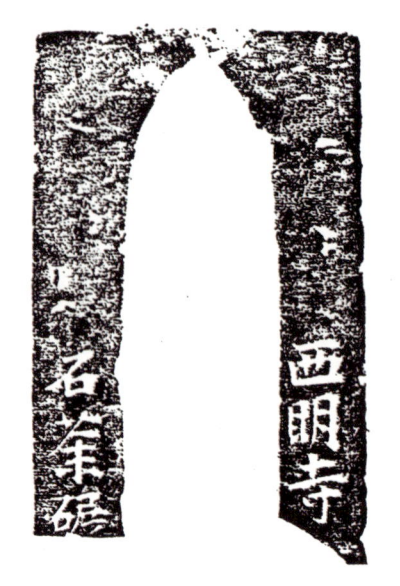

图 4　唐代西明寺茶碾及刻文拓本，陕西西安出土

铭刻有"西明寺石茶碾"字样（图 4），也是以"荼"言"茶"。西明寺是唐代前期长安重要的皇家寺院，铭文"茶"写为"荼"自然属正写。当然也要注意的是，这个"荼"字也许因为书体的原因，将"人"字下的"禾"字写作了"末"字，这种异写或可略而不计，依然认作"荼"字。

　　关于古代茶字的直接的书写资料，还可以找到一些例证。唐代寺院中盛行俗讲，是一种说唱体的表演形式，俗讲的话本即为变文，变文也在民间广为流行。俗讲有说有唱，表演生动，多取材于佛经，也包括民间传说和历史故事。有一篇出自敦煌石室的《茶酒论》变文，虽非佛经故事，亦非经史子集类古籍，却是非常重要的饮食史料，很值得品味（图 5、

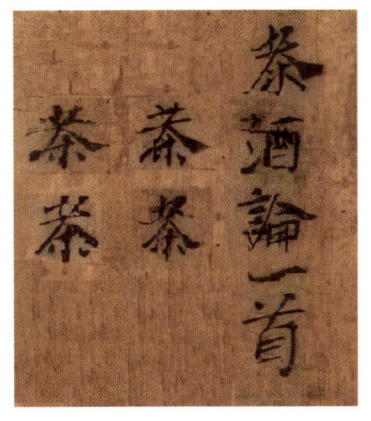

图 5　敦煌写本变文《茶酒论》中的茶字 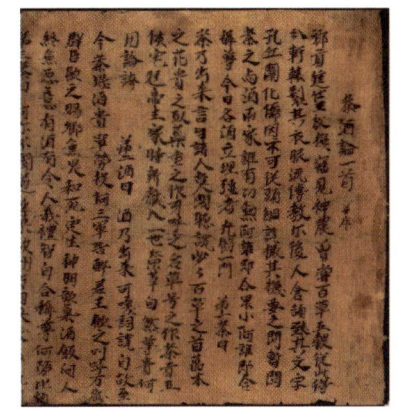　　　　图 6　敦煌写本变文《茶酒论》（局部）

图6）。《茶酒论》通篇千余字，撰人题为"乡贡进仕（士）王敷"，抄写者为阎海真，二人事迹不详。抄写时间为"开宝三年壬申岁正月十四日"，开宝为宋太祖第三个年号，壬申岁当为开宝五年，而不是开宝三年。抄本为北宋初年，写作的时代可以推定在唐代或稍晚。全篇以拟人化手法，写茶酒互相争功比高下，较为真切地反映了唐宋之际人们的茶酒观。值得注意的是，茶、酒两字在变文中反复出现，这个茶字，并没有写作《茶经》所倡书体的"茶"，也没有写作前唐流行的"荼"与其他字形，却写成了"莍"，这个字显然是在"茶"之"艹"下加了一画。《茶酒论》文中所书"花""草""蕊"等带"艹"部首之字，均作明确的"艹"，下面并不加一横画，表明这个莍字的写法并不是部首普遍变异的结果，而是有专门的设计。

这《茶酒论》抄本，可以看作是民间的写本，所书文字自然是民间比较流行的写法，"茶"字写成"莍"，推测在唐

第一部分 | 饮食文化　137

图7 唐代长沙窑"许家绝上一升茶瓶好"铭文壶　　图8 唐代长沙窑"镇国茶瓶"铭文壶

图9 唐代长沙窑"张家茶坊三文壹平"铭文壶　　图10 唐代长沙窑"大茶合"铭文盒

宋之际并不是个例。我们还可以举出考古证据来说明。湖南长沙窑的茶具,有的在碗心、瓶腹等处题有文字,有直书标准茶字的"许家绝上一升荼瓶好""镇国荼瓶"(图7、图8),也有书作"张家荼坊三文壹平""大荼合"(图9、图10),与敦煌写本的书体相同。由此看来,"荼"这样的写法在唐宋民间可能比较流行,而且南方北方都流行。这样流行的一个字,却并没有收录到任何字书里。

法门寺的考古发现,也为我们考察唐代茶字书写提供了实证。塔基发现的"献物帐"石碑,上面刻有多个茶字,有茶罗、茶碗、茶碾,均写作"茶"(图11、图12)。考证石碑书刻于懿宗僖宗之时,正是在陆羽著《茶经》之后,碑上的"茶"字可以视作皇家规范标准字体。不过法门寺地宫还出土了一些银质茶具,烹煮茶汤用的风炉、鍑、火筴、茶匙、则、熟盂,有点茶用的汤瓶、调达子,有碾茶罗茶用的茶碾和碾轴、茶罗,有贮茶用的盒,还有贮盐用的簋、盐台,有烘茶用的笼子。其中有一件精致的银茶罗,是罗茶末用的。茶罗上有工匠錾成的多字铭刻,其中有自铭"罗"字样,标示有"咸通十年"(公元869年)具体制作年份(图13、图14)。另外同时出土的银茶碾上也有錾文自铭"荼碾子",并标示有"咸通十年"年份(图15)。两件茶具都是由"文思院"承制,工匠是同一人,名姓"邵元"。茶字都錾为"荼",这不仅可以看作是工匠的习惯,也应当是民间还在流行的写法。錾文中还出现了"号"这样的简体字,也是民间文字书写别有形体的一个佐证。

"荼"字可以视作民间俗体,"茶"字则是官方正体,并

图 11 法门寺"献物帐"石碑拓本（局部）

图 12 法门寺"献物帐"石碑拓本（局部）

图 13　银茶罗，陕西宝鸡法门寺地宫出土

图 14　银茶罗錾文，陕西宝鸡法门寺地宫出土

图 15　银茶碾及其錾文，陕西宝鸡法门寺地宫出土

行于唐代后期,而且可以同时见于皇家寺庙。对比敦煌写本《茶酒论》来看,我们可以再次认定"荼"这个字一定使用过较长时间。

同样见于长沙窑的茶具,茶字又写作"荼"。印尼"黑石号"出水大量唐代瓷器,其中就有一件茶碗上写有"荼盏子"字样(图16),字迹略显潦草。同出长沙窑瓷碗上带有唐代宝历二年(公元826年)题铭,结合其他器物考证,沉船的年代被确认为9世纪上半叶。这是茶字之民间俗体又一写法,保留了"荼"字原形,也在"艹"下加了一画,这个写法可能流行并不广。

图16 长沙窑"荼盏子"铭文盏,"黑石号"出水

荼、榢、搽、茶、茶，我们讨论了唐代茶字的这五种写法，初步了解到不同字形流行的范围与时段，也了解到了唐以前茶的写法，但是并不能说将古代茶字的演变说得明白无误。因为资料可能远没有搜罗到无遗的程度，尤其是考古资料，新出的资料甚至有可能颠覆过去的认识。事实正是如此，这里就有一个人们关注不够的新线索，又为我们打开了一些新的讨论空间。

前面提到，早于唐出现的"榢"字，除去木这个偏旁部首，剩下的是"茶"而不是"荼"，可能透露了一个重要信息，那就是"茶"字的出现应当更早。早到什么时候？有人由汉印中见到的类似"茶"字，推测它的出现不晚于汉。不过《说文》录有"茗""荼"二字却无"茶"字，至少说明汉时"茶"可能不属通行正体字。我们也注意到，湖南长沙马王堆汉墓出土帛书上也出现了茶字，写作"茶"，是一个非常形象的会意字，表现的是一只手采摘着树上的叶子。这样看来，"茶"这个字形也许产生于汉代以前，甚至产生于文字初创的年代。也可能正是因为不流行，所以未被字书收录。

由此看来，这个"茶"字的来源还真是有些特别的过程。从荼，到榢，到搽，到茶，唐代茶人经历了移位、增减一画的抉择，最终还是服从了减省笔画的原则。陆羽选定了"茶"作为专字表述茶饮，是极有见地的，最终"茶"字得以行世千年，茶圣功不可没。

第二部分

穿戴文化

史书上的故事让人相信有一枚带钩改写了历史,或者说是带钩写定了一段历史。这一枚带钩也许左右的不仅是齐国发达的进程,它还挽救了一位霸主的性命,或者还可以说它决定了春秋历史前行的方向。如果不是那一枚小小的带钩,你能想象出齐国乃至于春秋的历史该会如何演进吗?

1 一枚带钩写定了一段春秋史

公元前7世纪末开始,齐国发生了一系列大事件。先是在位33年的齐僖公驾崩,太子诸儿继位,是为齐襄公。齐襄公有些荒唐,他喜欢自己的妹妹文姜,后来他将文姜嫁给了鲁桓公,可却派公子彭生杀死了来访的鲁桓公。

鲁国处在弱势,对于鲁桓公在齐国意外死亡也是莫奈何,不过还是要求齐国处死杀人嫌犯彭生。齐襄公不得已当众处死了彭生,不过却惊吓了襄公自己的两个兄弟,为着躲避可能的殃害,他们情急中想到了避难他国。

这两个兄弟一是公子纠,一是公子小白。他们各自都有一了不得的人物辅佐,纠有管仲,小白有鲍叔牙。管仲名夷吾,颍上(颍水之滨)人,祖先为姬姓后代,与周王室同宗。父亲管庄是齐国大夫,到管仲时家道中衰,管仲不得不以经商谋生。管仲与好友鲍叔牙,是经商中认识的,情深意笃。管仲和鲍叔牙后来各归其主,离开商路开始一展政治才华。他们预感到齐国大乱来临,也都想到了避难一法。公子纠之母是鲁君的女儿,管仲保护公子纠逃到了鲁国。公子小白之母是卫君的女儿,卫国太远,所以鲍叔牙带着公子小白逃到南邻的莒国。

昏庸荒唐的襄公在位12年，被他的叔伯兄弟公孙无知杀死，无知自立为国君。无知在位不过一年多，又被齐国贵族渠丘大夫杀死。一时齐国没有了君上，举国哗然，情急中贵族大臣们作出了一个决定，请公子纠或小白归国，先到国都者为君。

两公子喜出望外，立即日夜兼程往齐都行进。管仲为了让公子纠先到即位，他先行亲率30乘兵车半路上去截击公子小白。过即墨不远遇见公子小白的车马，管仲弯弓搭箭瞄准公子小白射去，只见小白中箭倒下。管仲以为小白已死，回马护卫他的主子去了。

不承想这小白并没有被射死，管仲那一箭射中了他腰间的带钩。毫发未损的小白秀了一回佯死，待管仲离去，又火速上路，终于提前到达齐都，坐上了王位，是为齐桓公。

齐桓公很快发兵攻鲁，欲杀管仲，要报一箭之仇。鲍叔牙不仅不赞成这样做，还向桓公推荐管仲，说"欲霸王，非管夷吾不可"。鲍叔牙举了许多理由说服桓公，桓公虽然有所动心，可是那一箭之仇怎么办？这个管夷吾拿箭射我，要不是带钩挡箭，我的命就没了，现在要起用这杀身的仇人怎么行？鲍叔牙说管仲也是为了自己的主子才这样做的，如果赦免了他，他回来同样会为新主效力的。

为着这王位之争，齐鲁交战于乾时，鲁军大败。齐国大军压境，鲁庄公不得不杀死公子纠，并将管仲送还齐国。鲍叔牙带着囚车里的管仲返齐，到了堂阜为管仲行消灾仪礼，郑重将他推荐给桓公。桓公厚礼相遇，以管仲为大夫，尊为仲父，任为国相。

管仲为相，行富国强兵之策，齐国国力大增，成为诸侯中的霸主，而且是春秋第一霸。公元前651年齐桓公在葵丘（今河南兰考）大会诸侯，已无力号令天下诸侯的周天子也派官员列席了盟会。司马迁在《史记·管晏列传》中说，"齐桓公以霸，九合诸侯，一匡天下，管仲之谋也"。《论语·宪问》记孔子语也说，"桓公九合诸侯，不以兵车，管仲之力也"。孔子甚至还说，自己如果能够为相，也会像管仲一样，三年之内让鲁国称霸，可见他是非常佩服管子的。

管仲之谋，当初射出的那一箭虽是失误，这失误却带给了他更大的成功，带来了齐国的霸业。这一段历史的定局，在一定意义上说也许要归功于桓公腰间的那枚带钩。管仲射桓公，并非子虚乌有，许多古籍都当大事记述：

《左传·僖公二十四年》：齐桓公置射钩而使管仲相。

《国语·齐语》：夫管夷吾射寡人中钩。

《史记·齐太公世家》：使管仲别将兵遮莒道，射中小白带钩。……桓公之中钩，佯死以误管仲。

《史记·晋世家》：管仲射钩，桓公以霸。

《列子·力命》：齐无君，二公子争入。管夷吾与小白战于莒道，射中小白带钩。

刘向《新序》：管仲射小白，中其带钩，小白佯死，遂先入，是为齐桓公。

《越绝书》：管仲张弓射桓公，中其带钩，桓公受之，赦其大罪，立为齐相。

我们知道，古代带钩多为条形，它怎么能正巧抵挡住飞射的利箭呢？其实春秋带钩的样式以宽体者为多，不似后来较细的圆棒形，如陕西宝鸡和河南固始侯古堆出土过春秋金钩、玉钩（图1、图2、图3），山东蓬莱村里集也有春秋铜带钩出土。春秋铜带钩在河南洛阳中州路西工段、河南淅川下寺、湖南湘乡韶山灌区和北京怀柔等地均有出土。金钩与玉钩一般都采用镶嵌雕刻工艺，装饰华丽。钩体多为方体形，长宽在2—3厘米之间。如陕西宝鸡益门村2号墓出土的一件蛇首方牌形玉带钩（图4），整体为长方的空筒形，蛇首形钩，两面饰浮雕螭虺纹，有固定革带的铆孔，长2.8厘米。益门村出土金带钩大体也是方牌形，工艺极精致。战国时期也见到类似春秋一样精致的玉带钩，如江苏无锡越国贵族墓和山东曲

图1　春秋金带钩，陕西宝鸡益门村出土　　图2　春秋晚期羊脂玉带钩，河南固始侯古堆出土

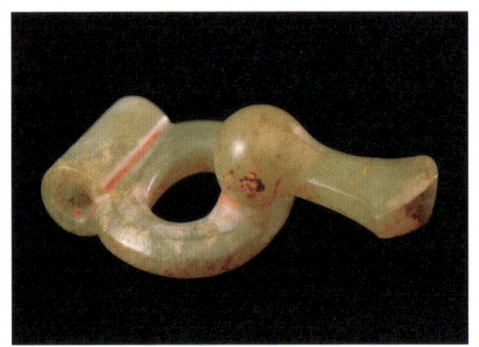

图3　春秋鸭首形玉带钩,陕西宝鸡益门村出土　　　　图4　春秋蛇首形玉带钩,陕西宝鸡益门村出土

阜鲁国故城出土的牌形玉钩（图5），都采用了镂雕工艺，为诸侯王一级所拥有的名贵带钩。

春秋王者之钩，或金或玉，理当体略大工更精。重要的是它是扁平的方体形状，即便公子小白束带用的是玉带钩，相信它也是可以挡住利箭的。如果是金钩或铜钩，虽然不一定有很大的形体，阻挡飞箭更是不会有问题了。小白当时所服带钩，当为春秋流行样式，只可惜春秋齐王的带钩现在还没有发现。

史书上的故事让人相信有一枚带钩改写了历史，或者说是带钩写定了一段历史。这一枚带钩也许左右的不仅是齐国发达的进程，它还挽救了一位霸主的性命，或者还可以说它决定了春秋历史前行的方向。如果不是那一枚小小的带钩，你能想象出齐国乃至于春秋的历史该会如何演进吗？

图 5　战国玉带钩，山东曲阜鲁国故城出土

2 宫廷悲剧中的钩弋夫人

古代带钩一般为男子所佩，不过有一个与带钩相关的故事，却发生在一位少女身上，而且故事还非常悲情，这悲情也写就了一段重要的历史篇章。

这一段历史与汉武帝有关。武帝驾崩前一年，他预感到自己来日已经不多，于是命画工画了"周公负成王朝诸侯图"，将这图画送给了霍光，希望霍光等一帮大臣辅佐他最小的儿子刘弗陵当皇帝。因太子刘据在"巫蛊之祸"中身亡，太子位虚悬未定，武帝在三个儿子中选定只有七岁的小儿子弗陵为太子，这也是很无奈的决策。可是那局面是"子幼母壮"，为着防备太子不过20多岁的年轻母亲钩弋夫人重演祖上吕后称制的历史，武帝找借口狠下心处死了这未来的皇太后。

就在这血腥的摧残下，小小的太子刘弗陵继承了皇位，成为西汉第八位皇帝，就是汉昭帝。

昭帝的母亲钩弋夫人，本为河间人氏，赵姓。当年武帝巡狩经过河间，有望气者说此地有奇女子。武帝急令寻找，使者带来一个美貌非凡却一手握拳的二八女子。女子这收起的拳头从来就不曾打开过，武帝并未费力就为她展开了指掌，女子由是得幸，号曰"拳夫人"。

又传说女子拳开后掌中握有一枚玉带钩，因此又称"钩弋夫人"。拳夫人入宫进为婕妤，称赵婕妤，居钩弋宫，大受武帝宠爱。大约是因拳夫人也称为钩弋夫人，所以就有了钩弋宫这个怪异的宫名。

太始三年钩弋夫人生皇子刘弗陵，又号"钩弋子"，说是怀孕足有十四个月。武帝说古时尧帝也是十四个月才出生，钩弋子同尧帝一样，于是决意将钩弋宫的宫门改名为"尧母门"。这后世的"尧母"钩弋夫人，因子而贵，那会儿一定是风光无限。

一次意外的相遇，几年专情的宠爱，可是在生死抉择关头一切都烟消云散。拳夫人掌中的带钩，给她带来了"钩弋夫人"的名号，带来了堂皇的钩弋宫，也给她带来了皇儿钩弋子，还带来了这意想不到的悲情结局。

钩弋夫人死于云阳宫，传说"殡之而尸香一日"，在夜色中被草草安葬。武帝虽是作出了这残忍的决定，心中却依然思念钩弋夫人，还为她在甘泉宫修筑了一座通灵台。有一只青鸟常常往来台上，人说是钩弋夫人来看望她的小儿来了。

小小的刘弗陵即皇位后，追尊生母钩弋夫人为皇太后，发卒二万人为太后修云陵重葬，并拨三千户守护陵墓。唐人张祜有诗说："惆怅云陵事不回，万金重更筑仙台。莫言天上无消息，犹是夫人作鸟来。"所咏史实，正是被追尊为皇太后的钩弋夫人的遭际。

《史记·外戚世家》和《汉书·外戚传》对这一段历史都

第二部分 | 穿戴文化 153

有记载，不过详略不一。在《列仙传》中明言钩弋夫人是因武帝"发手得一玉钩，故号焉"，钩弋之称，一定是因为手中那枚玉带钩的缘故，只是正史中没有明文记载。《括地志》提及因钩弋夫人命名的钩弋宫，说"钩弋宫在长安城中，门名尧母门也"。

在《括地志》中也提及钩弋陵，说"云阳陵，汉钩弋夫人陵也，在云阳县西北五十八里。孝武帝钩弋赵婕妤，昭帝之母，齐人，姓赵。少好清静，六年卧病，右手卷，饮食少。望气者云东北有贵人，推而得之。召到，姿色甚佳。武帝持其手伸之，得玉钩，后生昭帝。武帝末年杀夫人，殡之而尸香一日。昭帝更葬之，棺但存丝履也"。这是比较全面的记述，特别提到了钩弋夫人手中的玉带钩。

对于钩弋夫人来说，真的是荣辱系于一钩。是拳中的那枚带钩，使她获得武帝的宠爱，也使她过早地走上了不归路。爱恨交加，一个莫名的"子幼母壮"的理由，就褫夺了她年轻的生命，有谁能理解她那一刻的复杂心境？

依《列仙传》和《括地志》所述，钩弋夫人拳中所握的是一枚玉带钩。西汉时代通用的带钩，依然是以铜制为多，也有不少是玉钩。（图1、图2、图3）两汉玉带钩的使用地域比战国时已有明显扩大，除黄河与长江中下游地区外，华北、西北和岭南地区也都有出土。

西汉玉带钩出土数量较多，形体变化多样，制作工艺也比较精致。除了数量不少的明显体现战国传统的方体形和琵琶形带钩（图4）外，也有一些类同战国及秦时的曲棒形钩。

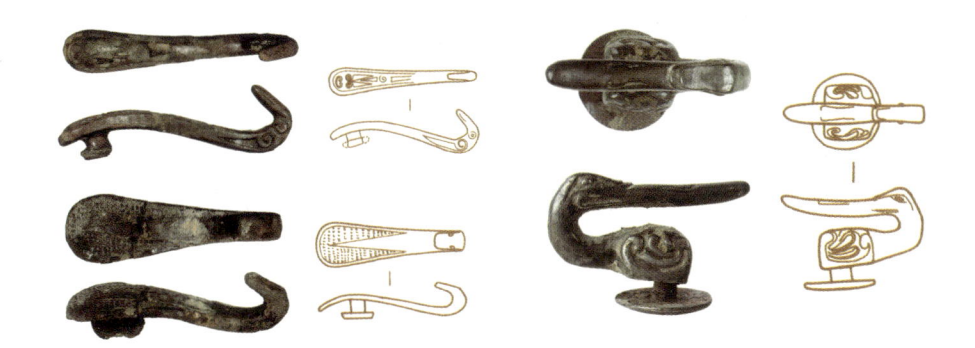

图1 西汉铜带钩，湖南长沙马王堆汉墓出土

图2 西汉银带钩，湖南长沙马王堆汉墓出土

图3 带钩穿戴示意图

  还有相当多的异形钩，钩体变化多端，附加雕饰非常精美。

  汉代玉带钩的钩首较之战国多数大且长，也是以龙首和禽首为主。钩体装饰除阴刻几何纹饰，开始出现浅浮雕与透雕蟠螭和凤鸟等纹饰。在广州南越王墓和河北满城汉墓这样的王级墓葬中，都发现多件精致的玉带钩，都是汉代玉钩中的上品。（图5、图6、图7）

  东汉时玉带钩发现不多，曲棒形和琵琶形钩与西汉时期没有明显区别，精致的带钩极少见到。

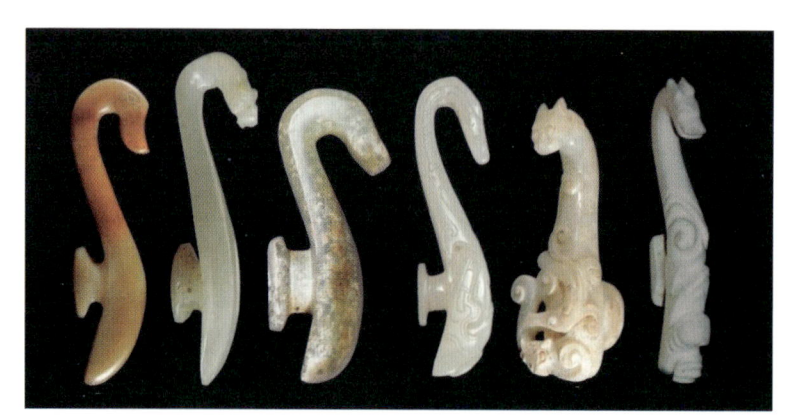

图4 琵琶形玉带钩

　　玉带钩中有一种体方有棱,有四棱形,也有少数为多棱形,多数为方纽,归为方体形钩。这类带钩工艺相对较为简省,一般不加琢其他纹饰。方体形玉钩从战国早期开始见到,战国至两汉多见。战国时期的方体形玉钩,在河南、湖北和浙江都有发现,形体较小,一般长度在4—6厘米之间。汉代的方体形玉钩,造型与战国相去不远。安徽巢湖放王岗墓葬出土多棱形青白玉钩,龙首,钩体窄长。广东肇庆松山出土四棱方体形灰白玉钩,鸭首,极似战国同类玉钩风格,长仅4.4厘米。

　　战国早期已有素体琵琶形玉钩,两汉琵琶形素钩各地均有发现。属于西汉时期的有出自江苏铜山小龟山的青白玉质鹅首形钩,出自陕西西安杜陵陪葬墓的青白玉质龙首形钩。琵琶形玉带钩形制仿自铜带钩,也是汉代玉钩中见到的较多的一类。

　　玉带钩有时与玉环配套使用,有时考古能见到与带钩同时出土的玉环,我们称之为"钩环配"。

图5 西汉龙虎并体玉带钩，广东广州南越王墓出土

图6 西汉玉带钩，广东广州南越王墓出土

图7 西汉铁芯玉带钩，广东广州南越王墓出土

玉带钩中的琵琶形钩一般形体不大，钩弋夫人所在拳中的带钩，也一定是较小的那种，也许超不过5厘米。

仔细想一想，没有钩弋夫人，没有那一枚带钩，还会有那一段流血的宫廷史吗？没有钩弋夫人没有昭帝，武帝之后的那一段汉史又会怎么写成呢？

3 | 藏钩、藏驱与藏阄
——看古人不舍昼夜玩的什么游戏

十多年前曾经数次进入青藏高原考察，许多的事情在记忆中慢慢模糊了，可有一件小事却还没有忘怀。这件事小到如花生瓜子一般，还真就是与瓜子有关。

那一次是参加一个藏族传统节日庆典，大家在野外的帐篷里聚会，酒酣之时，偶尔赌起酒来。赌酒的方法很简单，一只手抓起盘子中的瓜子，你要猜不中有多少颗，就要罚酒。我虽不善酒，却对这个玩酒的法子很感兴趣，居然乐意参与其中。

有一位藏族朋友手里握好瓜子让我猜，我随口说有两颗，张开手掌一看，真的就是两颗瓜子！当然，鬼使神差，这是碰巧猜中了。

就是这两颗瓜子，让我久久不能忘怀。我知道这种游戏一定有着古老的渊源，甚至猜想它还可能是由中原传到了高原，而且这传播早在唐代应当就完成了。

其实这就是古时藏钩之戏的翻版，唐代时似乎非常流行。唐代这个游戏称为"藏钩"，或者又称为"意驱（kōu）"，就是在手掌中藏钩竞猜，这个"钩"可以是传说中的带钩，也

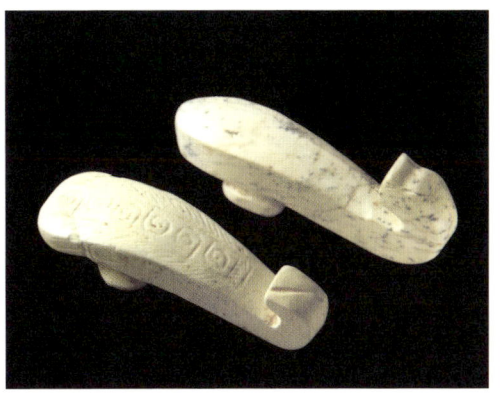

图1 小小带钩可以藏而不露　　图2 战国小玉带钩,浙江长兴出土

可以是其他什么小物件如指环之类,那个"驱",就是驱环,是指环之类。而且唐代时并不用带钩了,所以藏钩只是一个更早时代传下来的说法,一般并不会真有带钩握在手中来猜。(图1、图2)

唐段成式在《酉阳杂俎·艺绝》中,记录有一位特善此术之人,说"举人高映善意驱。成式尝于荆州藏钩,每曹五十余人,十中其九"。这个高映,确实是高人,要在五十余人中猜出握钩之人,虽不能百猜百中,十中其九那也是很了不得的了。

藏钩之戏在古代,侑酒亦侑食,《太平广记》引《三水小牍》说:"王氏归其家,居洛阳敦化里第,……夜聚诸子侄藏钩,食煎饼。"夜里一面食煎饼,一面玩游戏,古人的夜生活也是十分"乐活"。

唐代这种藏钩之戏在民间时兴,在宫中也很流行。李白《宫中行乐词》说:"今日明光里,还须结伴游。春风开紫殿,天

第二部分｜穿戴文化　159

乐下珠楼。艳舞全知巧，娇歌半欲羞。更怜花月夜，宫女笑藏钩。"吟的就是玄宗时后宫月夜以藏钩为乐事一桩。

又有张说《赠崔二安平公乐世词》说："十五红妆侍绮楼，朝承握槊夜藏钩。"藏钩与握槊，都是流行于宫中的游戏。

文人雅聚，酒酣之时这样的游戏也是不能少的。如李商隐那首著名的《无题》，就写到了藏钩，"昨夜星辰昨夜风，画楼西畔桂堂东。身无彩凤双飞翼，心有灵犀一点通。隔座送钩春酒暖，分曹射覆蜡灯红。嗟余听鼓应官去，走马兰台类转蓬。"后来我们只是记住了"心有灵犀"的佳句，却不大明白"隔座送钩"的意思了。

又有白居易诗《放言五首·其二》说："世途倚伏都无定，尘网牵缠卒未休。祸福回还车转毂，荣枯反覆手藏钩。"将飘忽不定的仕途与捉摸不定的藏钩之戏相比，也是莫奈何的事，说明藏钩在当时确是很平常的游戏。

唐时在边关也以藏钩取乐，如岑参的《敦煌太守后庭歌》中就有这样的诗句："醉坐藏钩红烛前，不知钩在若个边。"说的是敦煌太守宴请岑参行藏钩之戏。

在敦煌出土文书中，也发现了敦煌之地行藏钩之戏的相关线索。

北图藏敦煌遗书京河字12号《父母恩重经讲经文》就有"几度亲情命看花，数遍藏钩夜欢笑"的文字，说到夜晚的藏钩之戏。遗书《唐七言词》还有"欲得藏钩语少多，嫔妃宫女任相和。每朋一百人为定，遣赌三千匹彩罗"及"两朋高语任争筹，夜半君王与打钩。恐欲天明催促漏，赢朋先起舞缠头"（又见《宫词丛钞》）。

可以看出藏钩在民间和宫中都很盛行，规模也很大，参与者众多，不只是赌酒，还赌丝帛。不舍昼夜地玩这游戏，君王也参与其中，一定有它的迷人之处吧。

又见敦煌遗书《释门杂文》中说到敦煌藏钩之戏的场面，还描述了参与者的心情："公等投名两扇，列位分朋。看上下以探筹，睹争胜负。或长行而远眺，望绝迹以无踪，远近劳藏，或度貌而难测。钩母怕情而战战，把钩者胆碎以兢兢。恐意度心，直擒断行。或因言而□（失）马，或因笑以输筹，或含笑而命钩，或腼腆而落节。连翩九胜，踯躅十强，叫动天崩，声遥海沸，定强弱于两朋，建清斋于一会。"瞧这阵势，天崩海沸，热闹非凡。参与者察言观色，还弄得战战兢兢的，好不紧张。

这藏钩之戏，并非唐代的发明，两晋南北朝时，就已经形成风气。

据南朝梁宗懔的《荆楚岁时记》说，"岁前又为藏弧之戏。按周处《风土记》曰：醇以告蜡，竭恭敬于明祀，乃有藏弧。腊日之后，叟妪各随其侪为藏弧，分二曹以校胜负。辛氏《三秦记》以为钩弋夫人所起"。说岁前指的应当是除夕，而腊日则指腊月初八日，也算是岁前。这里说的是藏弧，并不是藏钩。

不过又推测此风起于汉时，与钩弋夫人有关，那就与带钩有关了。《汉武故事》说汉昭帝母钩弋夫人少时手拳，入宫时汉武帝展其手，得一带钩，后人因作藏钩之戏。我们权且相信藏钩之戏真的与钩弋夫人有关，即使不愿接受这个说法，也一定是与带钩有关的。

《风土记》说的弢即是弢环，或说是扳指，是射手戴在拇指上钩弦的工具，古代正名为韘。（图3、图4、图5）弢环其实也是指环之类，藏弢便是以指环为道具。《西京杂记·卷一》说："戚姬以百炼金为弢环，照见指骨。上恶之，以赐侍儿鸣玉、耀光等各四枚。"戚姬是汉高帝刘邦的宠妃，弢环造得太奇巧，刘邦不喜欢，转赐给了宫人。

不过周处的《风土记》，所言为"藏钩"而非"藏弢"，藏钩应当是汉代时的说法。

周处说："义阳腊日饮祭之后，叟妪儿童为藏钩之戏。分为二曹以较胜负。……一钩藏在数手中，曹人当射知所在。"起初这是腊日老人孩童玩的游戏，也算是文雅之戏。周处的话应当是引自三国魏人邯郸淳的《艺经·藏钩》，说"叟妪儿童为藏钩之戏"，更证实藏钩之说创自带钩普遍使用的汉时。

出土的汉代带钩有许多形体较小，握在掌中不露形迹，用于藏钩之戏也是很自然的事。晋以后的南北朝时期，带钩已经被带扣取代，而且带扣又不易从革带上取下来，可是游戏还是得继续，因此改用指环取而代之，于是这游戏就有了"藏弢"的新名号。

晋代人玩藏钩的情态，读当时的诗人庾阐写的《藏钩赋》，便可一目了然：

叹近夜之藏钩，复一时之戏望。
以道生为元帅，以子仁为佐相。

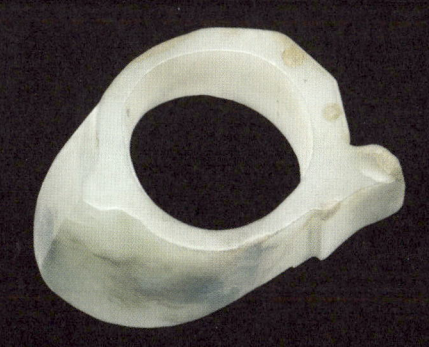

图 3　春秋玉扳指，河北平山中山王墓出土 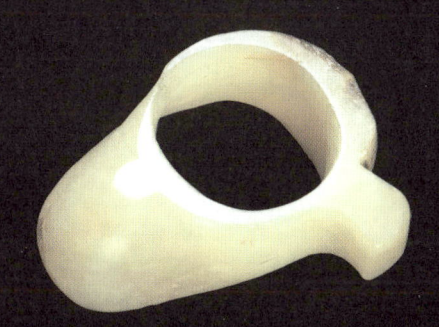　　　　　图 4　战国玉扳指，湖北随州曾侯乙墓出土

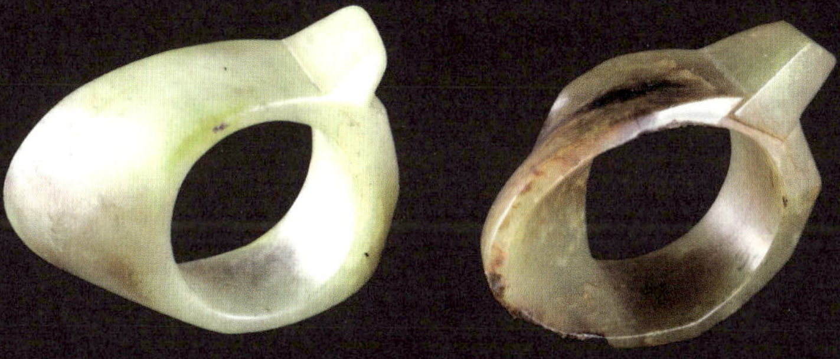

图 5　春秋玉扳指，山西太原赵卿墓出土

第二部分 | 穿戴文化　163

思蒙笼而不启，目炯冷而不畅。

多取决于公长，乃不咨于大匠。

钩运掌而潜流，手乘虚而密放。

示微迹而可嫌，露疑似之情状。

辄争材以先叩，各锐志于所向。

意有往而必乖，策靡陈而不丧。

退怨叹于独见，慨相顾于惆怅。

夜景焕烂，流光西驿。

同明悔其夙退，对者催其连射。

攘袂以发奇，探意外而求迹。

奇未发而妙待，意愈求而累僻。

疑空拳之可取，手含珍而不摘。

督猛炬而增明，从因朗而心隔。

壮颜变成衰容，神材比为愚策。

　　瞧这架势，这心情，这神态，这已经不只是限于老少们的游戏了。

　　唐代以后，藏钩之戏还在继续玩着。读花蕊夫人的《宫词》说："管弦声急满龙池，宫女藏钩夜宴时。好是圣人亲捉得，便将浓墨扫双眉。"后宫筵宴玩藏钩，倒不是为罚酒，而是用黑墨画上大花脸。

　　从藏钩到藏驱，这变化似乎很自然，藏什么并不重要，重要的是要猜得着。

　　唐代又出来新词叫"藏阄"。李商隐《拟意》诗云："楚妃交荐枕，汉后共藏阄。"从此藏阄与藏弆、藏钩就共存于诗言中，如宋司马光《残句》其三诗有"藏阄新度腊，习舞竞裁衣"，又有《残句》其四说"不知藏在何人手，却向尊前斗弄拳"。《说文解字》中"阄，斗取也。"《说文解字注》解这个"阄"，说是"旧作斗，今正。《广韵》作阄取，按力取是此字本义。今人以为拈阄字，殆古藏弆之讹"。似乎在说这个字是弄错了的，不过"抓阄"如今也还在说还在用，藏钩写作藏阄也不是什么大错吧。其实钩、弆、阄三字同韵，口传与书写出现不同，也是可以理解的。

宋代时，藏钩之戏仍列为重要的岁时节目。陈元靓《岁时广记》说"藏弆"为腊日活动之一，这与晋代时相同。而且司马光诗"藏阄新度腊"、梅尧臣《和腊前》"土人熏肉经春美，宫女藏钩旧戏存"这样的诗句，也证实了腊日藏钩的事实。

辽代宫中亦行藏钩之戏，实际已为藏阄之戏，多在宴饮时行酒用。游戏时，朝臣着常服入朝，契丹人面向南，汉官面向北，分列成两队行阄。如果皇帝意外得阄，臣下会向皇帝敬酒，皇帝与众人共饮。《辽宫词》就有这样的描写："君臣团坐笑藏阄，宴上分朋共几筹。目过金铺茶酒罢，天祥宝殿瑞烟浮。"这是一场欢乐会，藏阄之戏平添了许多热闹的气氛。

明清时期，藏钩之戏仍在继续，在文人们的诗词中常有说道。

明代贝琼有诗曰："秋风千户竹，宿露半池荷。席赌藏钩令，亭邀窃药娥。"朱多炡有诗曰："未妨关法急，来就使君期。胜

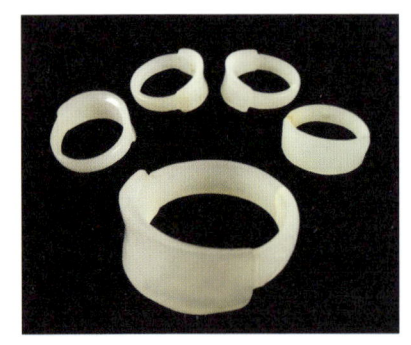

图 6　明代玉指环，福建龙岩出土 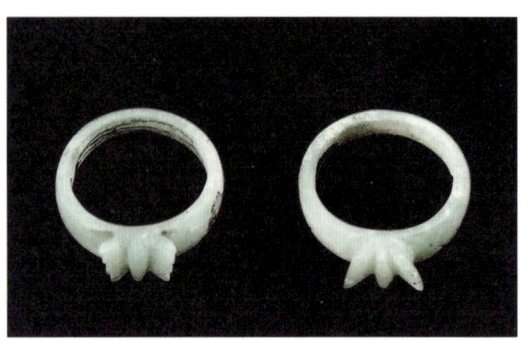　　　　　图 7　明代玉指环，江西南城出土

算藏弶戏，遍师刻烛诗。"又有王世贞诗曰："手谈意弶尽奇品，高歌激尘飞绕梁。"宴饮游玩，都是可以玩藏钩的。（图 6、图 7）

清人周星誉的《洞仙歌》曰："深深笑语，腻湘桃花影。削哺金泥护春暝。看珠灯出玖、锦匣藏弶，却难得，随意猜来都准。"锦匣藏弶，与掌中藏钩又有不同，但都是要猜的，都不是那么容易猜得准的。（图 8）

末了，还要提及清人傅山书写的《王公昨夜》诗："王公昨夜得霜裘，又与灵妃赌带钩。戏得紫壶三酝酒，一时飞上九重楼。"赌带钩正是说的藏钩之戏，这似乎说的是孟尝君故事，果如是，那是将藏钩之戏的出现推导到了战国时代，未必不是如此呢。（图 9、图 10）

腊八不仅要啜粥，还要戏戏藏钩，在品味之时，也可以体会一下这千年的情趣。不用带钩，也可不用指环，抓几粒瓜子当阄，也可以快活一回。

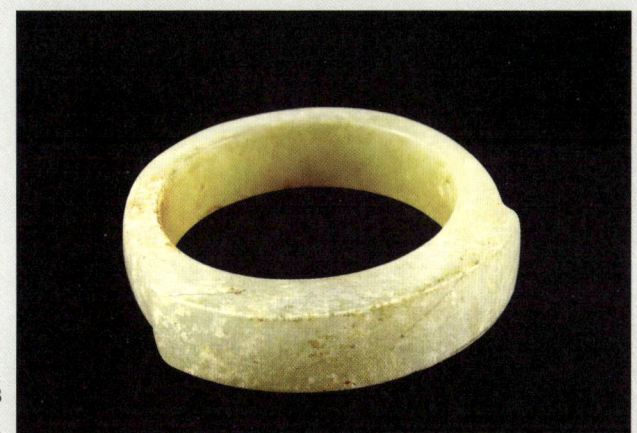

图 8
清代指环，江西南昌出土

图 9
清代玉扳指，上海出土

图 10
清代翡翠指环，云南昆明出土

第二部分 | 穿戴文化

4 | 窃国者侯，窃钩者诛

窃玉盗钩，在古时是用于表述梁上君子的作为的。以现代词替换，则是小偷小摸之谓也。不过这样的小偷确实只是小打小闹，原本有一个寻常勾当，就是盗窃带钩。带钩在那会儿是寻常之物，虽然是细小之物，却是有用之物，行窃时当然不会放过。

其实这窃玉盗钩，词源是出在庄子的著作中。我们一般并不知道，古时又有称盗窃为"胠箧儿"的，箧是一类小箱子，所谓大曰箱，小曰箧，胠箧就是撬开箱子，而且还是从旁边打开，是为之胠。庄子的大作中，专有一篇谈论盗窃的文字，篇名便是《胠箧》，列入《庄子·外篇》。

一般人不大去通读这篇《胠箧》，不过其中有一句"窃钩者诛，窃国者为诸侯"的话，倒是并不怎么陌生。这话已经演变成了一个成语，就是"窃钩者诛，窃国者侯"，窃玉盗钩的词义正是这成语半意的表达。全意的省略说法，则是"窃钩盗国"。我们常常以为庄子要表达的意思，是说他那个时代那些小偷小摸的人要按律治罪，严重的甚至要处以极刑；可是那些窃国大盗却并不会被认为有罪，反而还有可能成为诸侯称霸一方。这似乎体现了社会法制的一种不公平，其实庄子的本意并不在于此。

庄子的"窃钩者诛，窃国者为诸侯"，将带钩与国家并提，让我们感到其中所包含的道理，也许不一定是通常理解的那样。庄子原文的大意是这样的：圣人不死，大盗就不会中止。重用圣人治理天下，结果也是让盗跖得益。圣人制定度量衡计量物品，结果度量衡被盗用了；制定符玺取信于人，符玺被盗用了；制定仁义规范道德行为，仁义也会被盗用。那些偷窃带钩之类的人受到刑诛，而窃夺了国家的人却成为诸侯。这样的诸侯之门，也还存有盗窃来的仁义。

庄子说，为了防备胠箧、探囊、发匮之盗，人们要上封加锁，可要是大盗来了，他连你的箱子袋子全都拿走了，还怕你锁得不结实呢。你觉得自己做得聪明，其实不是在为大盗积累财宝吗？包括仁义与智巧，都可能为大盗所用。所以庄子主张摒弃智慧，大盗就能中止；抛弃玉器珠宝，小的盗贼就会消失。社会不需要圣人，人人都以本色出现，就不会有大小盗窃，也不会出现纷争。庄子的"至德之世"是没有贵贱尊卑的隔阂，没有仁义礼乐的束缚，没有功名利禄的争逐，人人过着无忧无虑、安闲自在的平等生活，身心自由舒展。

庄子这样的说法，在我们今天看来明显有些偏激，不过他列举的例证却又是确凿无疑。他所谓"窃国者为诸侯"，那是讲的"田氏代齐"的故事。

田成子名恒，汉代时为避讳汉文帝刘恒，改称为田常。他原本是齐国田氏家族的第八任首领，祖先是逃亡的陈国公子。田成子唆使齐国大夫鲍息弑杀齐悼公，立了简公。他自己任了齐相，几年之后又发动政变，杀了简公，立简公之弟为国君，是为平公。田恒独揽齐国大权，尽诛鲍、晏诸族。田成子的封邑，竟比齐平公能管辖的地区还要大。田成子通过"修公行赏"等亲民政策，使齐王变成了傀儡。后来田氏将齐康公放逐到海上，只留一城之地作为其食邑。不久周室居然册命相国田和为齐侯，正式将他列为诸侯，史称"田氏代齐"。

好端端的齐国被田氏窃到了手，而田氏所窃的，不只是齐国，还有齐国几百年来实践的治国方略。田成子是窃国大盗，田氏被正式封了齐侯，这便是庄子慨叹的"窃国者为诸侯"。庄子于是还这样发问：那些治国有道的圣人们，不就是在为窃国大盗创造条件吗？

说罢窃国者为诸侯，才知庄子的意思是以带钩之小衬托国家之大，并不是为了大盗无罪小偷遭殃鸣不平。

田氏代齐，发生的时间是在春秋末季至战国之初。庄子所处的时代，也正当战国之际。庄子要以带钩作比喻，是因为带钩在当时已是常用常见之物。战国时代的带钩，据《淮南子·说林训》，是"满堂之坐，视钩各异"。在战国时代的艺术品上，我们也发现一些佩有带钩的雕像，其中有一件出自河南三门峡上村岭战国墓的跽坐人形灯，擎灯人的腰间佩有带钩。（图1）庄子之所以用带钩与国家相提并论，大约他是很注重这类小物件的。

图1 战国跽坐佩钩人形灯，河南三门峡上村岭出土

春秋战国之际带钩以小型为主，水禽形、曲棒形和琵琶形带钩较多，多素体无纹。如湖北随州曾侯乙墓出土金质和铜质带钩，多数都是素朴的水禽形。（图2）战国中晚期，琵琶形带钩最多，出现了一种长牌形带钩，还有一些造型特别的带钩。带钩的长度有了明显变化，一般都在10厘米以上，少数长过20厘米。带钩有了精美的装饰，金银宝石镶嵌技术也应用到了带钩的装饰上。（图3）

　　战国时期的带钩，合乎那个时代的精神，也是百花齐放。带钩材质各异，有金、银、铜、铁和玉石，工艺精美，制作考究。精品有河南辉县固围村5号战国墓出土一件鎏金嵌玉银带钩，长18.4厘米，琵琶形钩体，鎏金兽首，禽首玉钩，钩身嵌玉玦与琉璃珠，纹饰华美异常。（图4）山东曲阜鲁国故城出土猿形银带钩，长16.7厘米，猿作振臂回首跳跃状，眼中嵌蓝色料珠，通体贴金，是少见的象生形带钩。（图5）能够确定的王者之钩，则有河北平山战国中山王墓出土的鎏金牌式钩，

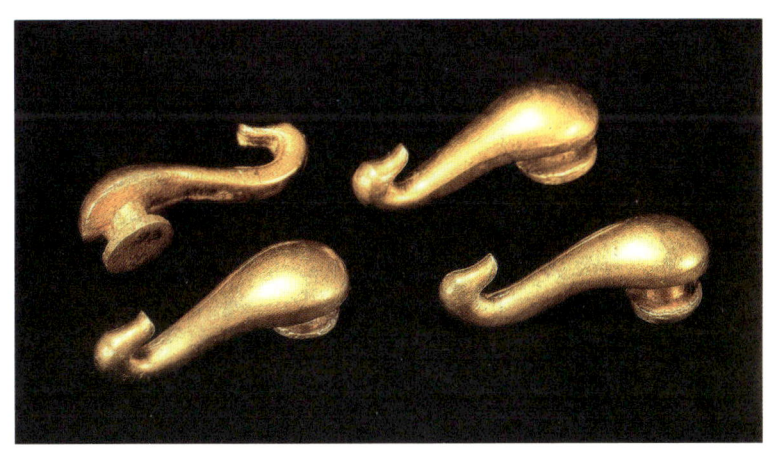

图2　战国曾侯乙金钩，湖北随州出土

图 3　战国错金嵌玉铁带钩，河南信阳长台关 1 号墓出土

图 4　战国鎏金嵌玉银带钩，河南辉县固围村出土

图 5　战国贴金猿形银带钩，山东曲阜鲁国故城出土

通体浮雕云龙纹，气韵生动。(图6)

　　带钩虽小，不过那些精美的带钩价值也许并不低。更重要的是，排除地位与财富的因素以外，战国时的带钩对使用者而言是各有所爱，所以它的造型与装饰才会有那样多的花色，所以满堂之主宾的带钩才会各不相同。带钩对于所有者而言应当是非常重要的，窃玉盗钩比起窃国来自然是小罪，但窃钩者被逮住后却要遭诛杀，可见这罪过并不算小。

　　再回头想一想，庄子那会儿将窃玉盗钩比喻小偷小摸的行径，也是有一定道理的。常见与常用，精巧的带钩与玉件招人喜爱。说不定那时的旧货市场上就有不少带钩与玉器，如果没有这样的市场，小盗们的钩与玉就不大容易出手了。

图6　战国中山王鎏金钩，河北平山出土

5 | 古老时尚里的靴子和手套

近些年常往西北行走,有一物偶尔会在眼前晃荡——一只靴子,陶靴,是古物。它摆在展览橱窗里,看起来是一个很有故事的物件。(图1)

这靴子为何是这般模样?是谁人穿过这样的靴子?他或她又走过了怎样的人生?一次,两次,见到的次数多了,问题就跟着来了。看着面前这一张靴子图片,觉得它是那么熟识,这哪里是古物,它分明就是现实生活中女子们脚下的时尚风情,这不就是雪地靴吗?

论说这雪地靴,其实并不能说是一样美物,模样并不俊俏,甚至感觉还有点笨笨的,可它似乎突然间成了女子们的冬日时尚,不论有雪无雪,都一样是可以装备在脚上,都一样感觉到特有的派头。

辛店文化的靴子,它像不像是雪地靴?真是像极了,可它却是3000多年前行走在西北大地的靴子。它曾行走在寒冷的大西北,是史前先民的装备。它又像极

图1 辛店文化陶靴,青海乐都柳湾遗址出土

了现在流行的时尚雪地靴，我想起应当查一下雪地靴的来历。现代雪地靴可是一种舶来品，这是不争的事实，可这又是一个让人放心不下的事实，应当如何来看待呢？

靴子有许多种，现代与从前，都可以分出许多靴子的类型，现在我们只说雪地靴类型。其构造并不复杂，靴底、靴盖加靴筒，靴筒并不高。皮毛或仿皮毛料，追求温暖，穿脱便利。

一直以为，名为雪地靴，应当与雪天防寒有关。事实是，它与寒冷有关，却与雪无缘，这是多么的名不副实，它的发明居然与雪无关。

这种靴子最初的名字，叫 Ugly Boots，意思是丑陋的靴子，模样确实不美。说它与雪无关，是因为它初问世的地点是在澳大利亚。这靴子诞生的过程，居然演绎出了一个爱情故事。一个姑娘深爱着一位飞行员，每当返航落地，姑娘都要用双手去揉搓恋人冻僵的双脚。飞行员有一次执行紧急任务，姑娘扯下自己的羊皮帽子和大衣领为他包裹双脚，这双丑陋的鞋子就这样飞上了蓝天。

这温暖的感觉非常不错，其他飞行员也都学着用羊皮包裹双脚，他们在空战中有了更好的表现。战争结束后，澳大利亚人由这空战爱情受到启发，制造出名为"Ugly Boots"的羊皮靴，后来澳大利亚人昵称之为"UGG"，想不到它后来成了全世界潮人推崇的"UGG"雪地靴。一战结束后，澳大利亚有人创立了鞋业公司，开始制作"AuHers"雪地靴，于是就有了后来风靡世界的这一款靴子。

虽然这作为一个爱情故事的背景来得有些突兀，但澳大利亚用雪地靴装备空军，大约是可信的。雪地靴里面是羊毛，外边是轻软的羊皮，圆头圆脑的样子。所以雪地靴又称为 FUGG，也就是 Flying Ugly Boots，航空雪地靴。其实称雪地靴是一个误会，叫作"飞天靴"更加名副其实。

这个靴子由军用转到民用，经历了近百年的时间才登上了时尚宝座。澳大利亚的 UGG 靴子最先被带到美国，它的样子并不受赏识，只是到 1995 年，Deckers（德克斯）户外运动公司接手经营，让好莱坞明星穿上雪地靴而一举走红美国，而后迅速在许多国家获得认可。

1996 年开始多个品牌雪地靴陆续登陆中国，经过十多年的尝试，2009 年雪地靴销量暴涨，澳大利亚雪地靴本土品牌也跟着进军中国，掀起一股不小的雪地靴风。当然国内厂家也不甘落后，咱也仿着造吧，山寨的靴子似乎品质也不差。

其实在中国历史上，早就出现过靴子，形形色色，不可尽言。一般来说，那都是男子的装备，更多的是军士们的行头。（图 2）不过稍稍寻觅，也还是可以发现女子的足上，出现过那温暖柔软的靴子。

李白诗《对酒》，说那吴姬十五"青黛画眉红锦靴，道字不正娇唱歌"。

杜牧诗《留赠》，是写给舞女的，"舞靴应任闲人看，笑脸还须待我开"。

黄庭坚词《西江月》，也是写的舞女，"转盼惊翻长袖，低徊细踏红靴"。

图 2 元代皮质靴，青海藏文化博物院藏

176 古物说——文物里的古人日常

唐宋时代的女靴，就这样悄悄隐形在诗人们的眼里。古代中国的女人靴，自然也不仅只风行唐宋。因为汉唐女子多着长裙，在图画与雕塑上不易发现女靴影踪。倒是在楼兰出土的干尸，我们看到了女子双脚蹬着的皮靴，那模样与现代雪地靴，也没有什么明显不同。

战国的情形，可以洛阳金村出土的驯鸟铜像为例，一个小女子双手各执一棒，棒头立鸟，她的脚上穿的正是矮筒靴子。（图3）

其实这靴子的出现，还可以追溯到史前。前面提到陈列在展柜里的陶靴，靴面与靴筒上还有彩绘，属于辛店文化，

图3 战国驯鸟铜像，河南洛阳金村出土

青海乐都柳湾遗址出土，是史前遗物。

在甘肃玉门的火烧沟遗址，还见到一件彩陶单耳罐，陶罐的底部做成穿着靴子的双脚模样，属四坝文化。火烧沟遗址还见到一件陶人像，人像双手掐腰，脚上是一双大靴子，这样夸张表现靴子，匠心独运。（图4、图5）

年代更早的发现，还有属于齐家文化的双脚形陶罐，那脚上显然也是穿着靴子。

齐家文化、四坝文化和辛店文化的靴子，应当是真正的雪地靴吧。

西北寒季较长，风雪也大，靴子的发明与流行也很自然。那年代游牧业发达，羊皮也来得容易，做一双皮毛靴子，不会那么困难。

让人惊诧的是，这些史前的靴子，与现代雪地靴如出一辙，它们竟然是如此雷同。千年的时尚，在此重现，让人好生慨叹。时尚有时就是突然刮起的复古风，你以

图4　四坝文化靴形陶器，甘肃玉门出土　　图5　四坝文化人形陶器，甘肃玉门出土

为很新潮，其实是古风回潮呢。试想潮男潮女脚上出现的是齐家靴或是辛店靴，多了一种几千年的沧桑感觉，一定更好，一定会感受到来自古老年代的气派与风潮。

古代藏脚有靴子，是御寒一宝。有了靴子，脚的问题解决了，手的问题怎么办，手往哪儿藏呢？它在大冬天也受不了那个冷呀。

其实，在有靴子后，至迟周汉时期又有了袜子，又称足衣（《说文》）。（图6、图7）与这袜子同时出现的就有手套，将手藏入手套，手的御寒问题跟着也就解决了。

那个年代真有手套吗？中国古代对手套的称呼又是什么？

在百度上一搜，知道曾经有人说手套是舶来品，最早出现于公元前8世纪的《荷马史诗》，中国古代貌似没有出现过手套，我们古代的衣服袖子都很长，手都藏在袖子中。清朝末年，外强入侵，带来了手套，民国时期就流行开来了并得到广泛的应用，那时就叫手套。西方手套的用途，或说手抓饭要用，女性作装饰要用，宗教仪式要用，骑士要用，都与

图6　西汉绢袜，湖南长沙马王堆汉墓出土

御寒无关，而这些恰恰可能全是手套衍生的后起用法。或又说手套是猎人的发明，后来才被当作御寒的工具。推论也比较武断，将手套的发明权判给鹰猎者不能让人信服。手套起源也许有多个途径，但御寒一定不会是次生用途，它应当是成就这项发明的一个原生动机。

图7 唐代对鸟纹织锦袜，青海藏文化博物院藏

瞧这一番道理，讲得还很充分，结论很武断，它与正宗的考证无关。还见有人撰文谈手套传入史，称手套"传入中国，仿而制之，至多300年"。以为中国古无手套，一个重要理由是文献上没有记载。可手套在古代未必就是用的这个称呼。那在文献上怎么能查出来呢？

不过，还有其他人注意到中国古代手套的起源探索，结论没有上面的说法这样悲观。

考古发现证实，古代中国在战国时代就有手套，湖北江陵藤店1号楚墓发掘出土有"越王朱勾自作用剑"的鸟书铭文越王剑，同时还发现有一双皮手套。（图8）皮手套长28.5厘米，五指分开，套口稍长，与现代手套的通常样式非常接近。这当然是那会儿贵族们所用的好东西，平民们也许还没有可能用它，至少是没有皮手套。

古代还有丝绢绫罗缝制的手套，长沙马王堆汉墓就有出土。墓中随葬的一件九子漆奁里，就装着三副手套。其中一副"朱色菱纹罗手套"，长26.5厘米，直筒露指头形，大拇指套分缝，掌面为朱红色菱纹罗，掌部上下两侧饰"千金绦"，

图8 战国皮手套，湖北江陵藤店1号楚墓出土

绦上有篆书白文"千金"字样。(图9)

在新疆地区也曾出土东汉至晋代的织锦手套，如民丰尼雅1号墓地3号墓出土一副手套上还织有"世毋极锦宜二亲传子孙"字样，长35.5厘米。它的形状与马王堆汉墓所见相似，四指合并，大拇指歧出，露出指头。(图10)

在马王堆汉墓中，由于墓中所有的随葬品都登记在简册上，所以我们才有机会知道汉代人称手套为"尉"。尉，按《通俗文》说，"火斗曰尉"。火斗就是熨斗，这个尉就是熨，看到这个字就已经有温暖的感觉了。手套取名为"尉"，与这个火斗关联很大。

手套的名称，显然是晚近出现的。现代南方人俗称手套为"手笼"或"手笼子"，"手笼"这个名字清代就有，甚至明代也有。今贵州安顺屯堡明代移民后裔仍用手笼，这是600年前的风尚。手笼又指称一种筒状护手，或称手筒、暖手筒，

图9 汉代丝织品手套，湖南长沙马王堆汉墓出土

第二部分 | 穿戴文化　181

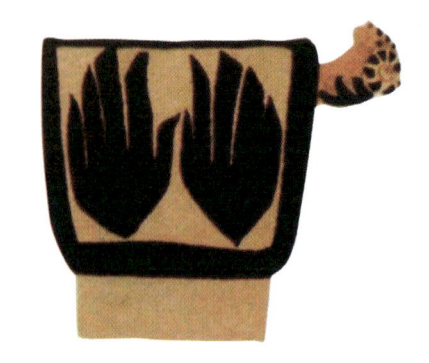

图10 汉晋织锦手套，新疆出土　　图11 彩陶上的手形纹饰，甘肃玉门火烧沟出土

双手对合筒中，可保暖，但不如手套那样便于执事。

现代使用的手套，有合指和分指式样的不同，也有露指与不露指的区别，这些式样都有不短于2000年的历史传统。

当然，手套的历史并不会只有这2000年或3000年，今后应当还能发现更早的证据。在甘肃玉门火烧沟出土的彩陶上，见到彩绘的手形，也许表现的就是手套。（图11）在寒冷的大西北，手套的发明年代不会太晚。

足靴与手套，保护的不仅是肢体，它们也温暖着人们的心。几千年过去，古老的时尚文化似乎还没有过时，它们还在温暖着我们的身心。

6 登堂入室的脱鞋之礼

饮食和衣着，如赴宴怎样执筷，上朝怎样着装，在古代都有规范礼仪，这是文明的范式。这里要说的脱鞋之后再登堂入室，也是古礼，而且是极严格的古礼，君臣士人，都不得造次。

读"三礼"可知，周人登堂入室有脱鞋之礼，尤其在正式的礼仪场合，有一些非常具体的规定。

《仪礼·士相见礼》说："若君赐之爵，则下席再拜稽首。受爵升席祭，卒爵，而俟君卒爵。然后授虚爵，退，坐取屦，隐辟而后屦。"是说陪君王饮酒，待君王干杯（卒爵）后，你下席时要跪下取你的屦，还要寻一隐僻之处穿上它。在登堂侍饮之先，要脱屦于堂下，退席就要跪取双屦，再悄悄穿上。

那会儿将一般的麻鞋称为屦，与履同义，麻屦丝履，称作鞋子是很晚近的事。（图1）

图1 东晋绛地丝履，新疆阿斯塔那出土

这个穿鞋的方法也有些讲究，在《礼

记·玉藻》中是这样说的："礼已三爵而油油以退，退则坐取屦，隐辟而后屦，坐左纳右，坐右纳左。"找到隐蔽之处，你得左膝跪着穿右屦，右膝跪着穿左屦，可不敢半立弯腰或是站立着纳屦。

《礼记·曲礼上》也有类似的说法："侍坐于长者，屦不上于堂，解屦不敢当阶，就屦跪而举之，屏于侧。"穿鞋也要跪着，还要隐匿着穿。

不穿鞋古人谓之"跣"，赤脚之谓也。《说文》曰："跣，足亲地也。"段玉裁注曰："古者坐必脱屦，燕坐必褫袜，皆谓之跣。"两足直接落地，坐时一般是要脱鞋，如果是宴饮，连袜子也得脱掉。坐时不脱鞋袜是犯忌的，许多人都因此"青史留名"，可见真的是不能含糊。

读《左传·宣公十四年》记述说，楚穆王与陈、郑、蔡三国合攻宋国，宋昭公投降，楚穆王指使宋昭公做这做那，积怨很深。楚穆王死后庄王即位，派大夫申舟向宋国借道去齐国，结果宋人却杀了申舟，"楚子闻之，投袂而起，屦及于窒皇。"楚庄王听到报告气得浑身发抖，大袖子一甩就奔出门去，要集结军队攻打宋国，结果不及穿鞋，宫人提着鞋追着给他穿上了。一国之君，在室内也是赤足不穿鞋的，那会儿是规矩也是习惯。

古时脱鞋规矩之严肃，还有一些例子可以说明。春秋时的晋平公召见师旷，师旷上堂没脱屦，平公非常生气地指责道："人臣为何不脱屦就上堂？"说着就要问罪。

《吕氏春秋·至忠》还记载了一个很悲壮的故事，说战国时的齐闵王患了忧郁症，请宋国名医文挚来诊治。文挚用激怒的方法疗治，他先是故意三次不在约好的诊期到场，齐王甚感恼怒。后来文挚突然出现，鞋也不脱，就直接上了齐王的病床，踩着齐王的衣服，又用更重的言辞激怒齐王，齐王气得大吼一声，坐起来病就好了。病是好了，那可是气好的，穿鞋登堂，这气也太大了，气得齐王用鼎生烹了文挚。"爨之三日三夜，颜色不变"。不脱鞋见君，真的可以算是死罪一条。

脱了鞋不脱袜，也是死罪。据《左传·哀公二十五年》记述说，一次卫出公与大夫们饮酒作乐，大夫褚师声子穿着袜子登席，卫出公大怒，褚师声子解释说："臣有脚疾，异于常人。若是脱袜让君王见之，也是大不敬，故此不敢脱袜。"卫出公听了更是生气，褚师声子只好起身退出，卫出公一把抓住褚师声子的手说："我要斩断你的脚！"听到要砍脚，褚师声子就与司寇（古代主管刑狱的官名）亥乘说："今日君王先乐，以后再处死我吧！"卫出公愤愤地削了褚师声子的南氏邑，撤掉亥乘的司寇之职，还让人把他们的车都推到池子里毁坏了。瞧这一番闹腾，不脱袜子也写成了一段历史。

在《庄子·寓言》中提及杨朱见老子，描述为"脱屦户外，膝行而前"，《列子·黄帝》中也有相同的文字，表现出极尊重的样子。《庄子·列御寇》中说到列御寇得人心时，是"户外之屦满矣"，门口满是鞋子，说明宾客之众。

东周时期的出土文物，见到一些跣足人形造像，是脱鞋之礼存在的实证。如洛阳金村出土银武士俑，就是跣足直立的姿势。（图2）有的跪姿擎灯铜人，也作跣足状。

其实再往前追溯，商代时也有类同的发现，殷墟妇好墓中出土的跪坐玉人，也是光着双脚，脚趾刻画很清晰。（图3、图4）这说明周代的脱鞋之礼，应当是承自商代，或者说商与先周都有这样的礼俗。另外，三星堆出土青铜大立人像，堂堂皇皇一位蜀王或大巫师，华冠衮服，却光着双脚，说明特定的脱鞋跣足之礼，不因身份高贵而改变。（图5）

秦汉之时，前代脱鞋入室的传统得到承袭。据刘向《新序》说：秦王以酒飨群臣，群臣要脱鞋上殿，年幼的二世胡亥下阶"视群臣陈履状善者，因行践败而去"。他察看群臣脱下的鞋子，发现那些好看的都要踩上几脚，踩得不成样子才住脚。这二世应当还不仅仅是淘气而已，是德行使然。

汉代时的例子，读《史记·滑稽列传》可以见到，所谓"日暮酒阑，合尊促坐，男女同席，履舄交错，杯盘狼藉"，可以男女同席，也可以杯盘狼藉，但鞋子还是要先脱掉的。

因为脱了鞋，赶上急速之事也容易手忙脚乱。《后汉书·王符传》："规素闻符名，乃惊遽而起，衣不及带，屣履出迎，援符

图2　战国银俑，河南洛阳金村出土

图3　商代跪坐玉人，河南殷墟妇好墓出土

186　古物说——文物里的古人日常

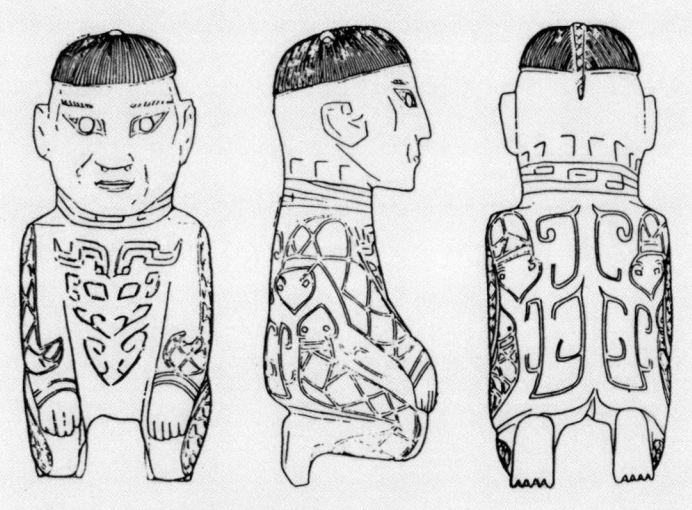

图 4　跪坐玉雕人像线描图，河南殷墟妇好墓

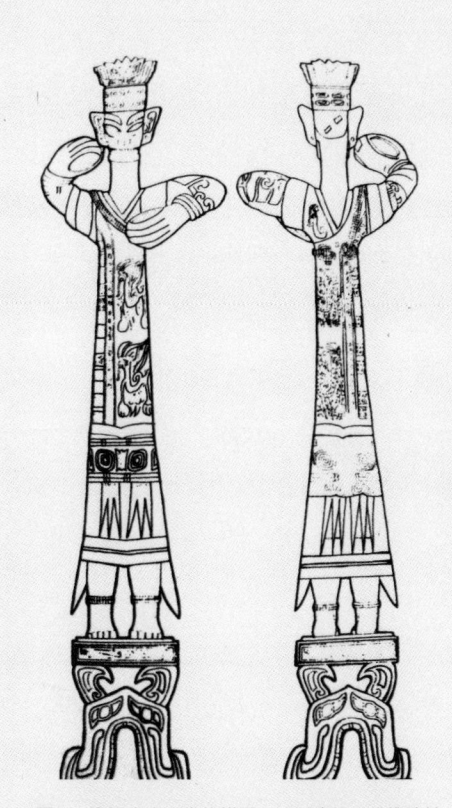

图 5　青铜大立人像线描图，四川德阳三星堆遗址

手而还，与同坐，极欢。"屣履，就是来不及时拖着鞋子走路，趿拉着鞋古时也称之为"蹑履"。蹑履迎客，也是热情的表示。又有《乐府诗集·古诗为焦仲卿妻作》说："新妇识马声，蹑履相逢迎。"来不及穿好鞋，表达的是一种急切的心情。

汉代发现的跣足实证更多，一些雕塑和石刻画像都能找到相关影像。如著名的满城汉墓长信宫灯，我们不大注意跪坐擎灯宫女的背影，从后面看去，可以发现她赤着双足，应当是连袜子也没有穿。（图6）还有另外的一些擎灯俑，也有光着双脚的。（图7）

又有成都出土的那些汉代说唱俑，全都光脚在那儿乐，也是极生动的写照。（图8）更重要的是，在河南南阳发现过几幅汉画，画面上跪坐演奏的乐师们应当也是光着双脚，因为在他们的侧面或后边，摆着一双鞋子。（图9）这样的画面生动再现了入室脱鞋的礼俗，也纠正了有些研究者仅从文献出发认为汉代已经改变了脱鞋上堂规矩的说法。

三国至魏晋，入室时这鞋还得脱，脱了因着急也会来不及穿上。《三国志·魏书·武帝纪》裴松之注引《曹瞒传》说，曹操和许攸是故旧，建安五年（公元200年）许攸弃袁绍而投曹操时，欢喜得曹操"闻攸来，跣出迎之，抚掌笑曰：'子远，卿来，吾事济矣。'"，欢喜地奔出门去迎接，鞋子也是顾不得穿上了。

正是由于采纳了许攸的计谋，曹操才火烧了乌巢，取得官渡之战的胜利。曹操没穿鞋子光着脚的热情，一定是深深打动了老友。这个曹孟德也是放得下架子，或者是很会表演，

图 6-1 西汉长信宫灯，河北博物院藏

图 6-2 长信宫灯侧面

图 6-3 长信宫灯背面

图 7 西汉陶俑座灯，广东广州大宝岗 M5 出土

第二部分 | 穿戴文化

图 8　东汉说唱俑，中国国家博物馆藏

图 9-1 汉代砖画拓片，河南新野

图 9-2 汉代砖画拓片，河南新野

图 9-3 汉代砖画拓片，河南新野

第二部分 | 穿戴文化　191

光着脚出门纳贤的事不止这一件。《邴原别传》说曹操正盼着邴原，"言讫未久，而原先至。门下通谒，太祖大喜，揽履而起，远出迎原"。这次他可是光脚提着鞋子迎客，确实是很能打动人的。

因为有脱鞋之礼，历史上还留下一些特别的故事。如《晋书·王献之传》说，王献之"尝与徽之共在一室，忽然火发，徽之遽走，不遑取履。献之神色恬然，徐呼左右扶出"。突然发生火灾，慌忙中的王徽之来不及穿上鞋就奔出去了，兄弟们在室内都是先脱了鞋子的。

脱鞋是礼，也会有特别的待遇可以不脱鞋，算是一种礼遇。

如《南齐书·蔡约传》说蔡约在齐明帝时"为录尚书辅政，百僚屣履到席，约蹑履不改"。蔡约入席不脱鞋，而且还爱穿那种很不正式的屐，齐明帝没有怪罪他，反而说"蔡氏故是礼度之门，故自可悦"。两汉至三国，萧何、霍光、董卓、曹操、诸葛亮等，都曾享有"剑履上殿、入朝不趋"的礼遇，是他们因功权所获得的礼遇。（图10、图11）

到了盛唐时代，入室脱鞋之礼已悄悄变改。之所以有了改变，是因为高桌大椅出现了，不再席地而坐了，鞋袜自然就可以不脱了。李肇《唐国史补》说："韦陟有疾，房太尉使子弟问之。延入卧内，行步悉藉茵毯。房氏子弟袜而后登，侍婢皆笑。举朝以韦氏贵盛、房氏清俭，俱为美谈。"房氏子弟脱鞋入室，让奴婢们嘲笑起来，说明那会儿脱鞋已经不时兴了，遇到守旧礼法的人反倒觉得不正常了。

脱鞋的古礼到宋代也还间有遗留，如《宋史·陆九渊传》

图10　西汉丝履，湖南长沙马王堆汉墓出土　　　　图11　东晋丝履，新疆阿斯塔那出土

说："还乡，学者辐凑，每开讲席，户外屦满，耆老扶杖观听。"

元明时代也还有类似故事，如《元史·韩性传》说："四方学者，受业其门，户外之履，至无所容。"《明史·隐逸传》说："性喜奖掖士类，屦常满户外。"鞋子还是脱在门外，仍照古礼行事，只是并不那么时兴了。

我们知道，唐代以后脱鞋之礼虽然大改，但一些边远民族至今仍然奉行着此俗，这是古风的留存。还有邻近的日本和朝鲜半岛，依然古风不变，固守着入室前脱鞋的规矩，而这恰是当初遣唐使们学得的未及改变的传统礼俗。

第二部分｜穿戴文化　193

7 "绸缪"与"束修":一个待解的结与一个存疑的词

"绸缪"这个词,有点怪怪的,历来的解释有束缚和缠绕之意。《诗·唐风·绸缪》曰:"绸缪束薪,三星在天。"《毛传》说:"绸缪,犹缠绵也。"孔颖达疏作了进一步解释:"毛以为绸缪犹缠绵束薪之貌,言薪在田野之中,必缠绵束之,乃得成为家用。"《诗·豳风·鸱鸮》也将"绸缪"入诗:"迨天之未阴雨,彻彼桑土,绸缪牖户。"注疏以为是鸱鸮在阴雨之前,取桑根缠绵牖户筑巢。两诗中的"绸缪",发生在人筑室鸟筑巢时,都有缠束之义。

由于《诗经》里这两个"绸缪"都是先雨而行,后来又演变成"未雨绸缪"一词,词意是很容易让人接受的,用时也觉得很自然,只是未必都知晓"绸缪"原本的意思了。

《诗经》里的"绸缪"自然说的都是束薪,而在后世,这"绸缪"又转用到了人身。《汉书·张敞传》云:"礼,君母出门则乘辎軿,下堂则从傅母,进退则鸣玉佩,内饰则结绸缪。"颜师古注"绸缪"为"组纽之属,所以自结固也",显然指的是束带之饰。

明代杨慎《丹铅续录》说到作为带饰的绸缪,说是"古者妇人长带,结者名曰绸缪,垂者名曰襂缡。结而可解曰纽,结而不可解曰缔"。可以解开的是活纽结,不可解的就是死结了。这绸缪就是束带之一种,与上引《汉书》所说的女饰绸缪,应当是一回事吧。(图1、图2)

后来这绸缪意义更有引申,缠绵有了情感色彩,实在有些牵强,不过也是约定俗成了,也没什么可挑剔的。汉古诗《别诗》"独有盈觞酒,与子结绸缪",诗关李陵,似乎还只是涉及友情。到了再晚一些的时候,这里的"结绸缪"就成了男女之情的代称了,如:

唐韦应物《寄令狐侍郎》诗:"始自风尘交,中结绸缪姻。"

唐郭元振《子夜四时歌六首·秋歌二首》说:"与子结绸缪,丹心此何有。"

宋代张耒《读太白感兴拟作二首》诗说:"乃复结绸缪,伫车心伤悲。"

元曲《赵盼儿风月救风尘》:"似这般燕侣莺俦,畅好是容易恩爱结

图1 西周束腰玉人,山西曲沃晋侯墓 M8 出土

图2 战国束腰玉舞人,美国弗利尔美术馆藏

第二部分 | 穿戴文化　195

绸缪。"

清纳兰性德《沁园春》说："欲结绸缪，翻惊摇落，减尽荀衣昨日香。"

这一次次的"结绸缪"，显然说的是男女之情了。结的就是红丝带，情深意浓。回头再读读《诗经》里的句子，那里的"绸缪"可是一点儿情爱的影子也没有的。

"束修"，这个原本是现代人应当很生疏的词，却因曾经很轰轰烈烈的"批孔"，而变得非常熟识了，这可是孔夫子享受到的学费啊。"束修"，或写成"束脩"，一束什么？一般以为是干肉，或是腊肉，或具体到"十条腊肉"。孔子爱吃腊肉吗？

"束脩"出自《论语·述而》，子曰"自行束脩以上，吾未尝无诲焉"。就说是十条腊肉吧，经学家们以为这是孔子规定的拜师礼，朱熹认为"束脩，其至薄者"，说这点腊肉不算什么厚礼。《朱子语类》还说，束脩最不值钱，羔雁则比较贵重。

也有人产生了疑问，孔子所谓"自行束脩以上，吾未尝无诲焉"这话真是指课徒收费吗？考虑到《十三经》没有任何一处是以"自行……以上"作表达，反而看到"自……以上"句法出现两次，都是在《周礼·秋官司寇》里，原文是"自／生齿／以上"，即自长出牙齿（约1岁）以上的小孩，才可以登录在户口上，在此明指的是年龄，那孔子的话里可能是另外的意思了。孔子的意思可能是"自／行束脩／以上"了。古代男子十五岁入学，要行束修之礼，男子的年龄可用"行束脩"代称之。也正因为如此，汉郑玄为"束脩"下的注语即是"谓年十五以上"。这束脩之礼是什么，觉得应当是系腰带礼，与及笄礼和冠礼意义相似。

据俞志慧先生《〈论语·述而〉"自行束脩以上，吾未尝无诲焉"章笺证》的研究，古来对"束脩"一词的解释，有年十五束带修饰和拜师礼物两种主要观点。西汉孔安国《论语注》说："束脩，束带脩节。"三国何晏《论语集解》引孔安国语也说："言人能奉礼，自行束脩以上，则皆教诲之。"汉郑玄《论语注》："束脩，谓年十五以上也。"孔颖达释《尚书·秦誓》"如有束脩一介臣"时，也引述了孔注《论语》以"束脩"为"束带脩节"之说。这样看来，"束脩"当腊肉解，显得多少有些滑稽。

俞志慧以为，"弟子行拜师礼之时，自然恭敬有加，必要束带修饰而后可，日久相沿成习，'束脩'遂成为人生特定年龄段的一种仪式或着装，而后又反过来用这种特定年龄段的仪式或着装来指代这个年龄段，汉语中'及笄''弱冠'皆此类也"。这样解读"束脩"，文理自是通畅多了。俞志慧还重释了孔子语中的"诲"字，以为是"悔"的借字，说孔子整句话的意思是"自从十五岁毕恭毕敬地行了拜师礼之后，我还不曾有过没有遗憾的日子呢"。这是颠覆性改变前人的全新解释，这些是题外话了，在此不再多论。

孔子收学费的公案，算是有了一个新的了断，不过这里又提出了一个我们感兴趣的新问题，就是"束带"之礼的问题。

一般来说，束带礼是冠礼的一个内容，古代的惯例是男子二十而冠，适时会冠带相加。《礼记·冠义》说："成人之者，将责成人礼焉也。责成人礼焉者，将责为人子、为人弟、为人臣、为人少者之礼行焉。将责四者之行于人，其礼可不重与？"通过行冠礼，一个男子从此转变为社会中的成年人，提醒他要成为合格的儿子、弟弟、臣下和晚辈，如此才可以称得上是人了，冠礼是以成人之礼来要求人的礼仪。《礼记·内则》说，六岁教以数目与四方之名，八岁教以礼让示以廉耻，九岁教以朔望和六十甲子，十五岁称为"成童"，开始习射和御车。《礼记·曲礼》说"男子二十冠而字"，行成年礼。

当然，冠礼的执行年龄有时是可以变通的，有时是根据需要而定，在此并不准备讨论这个问题。不过年十五的束带礼，却并没有单独进入古礼的文献记述，或者它并不是什么规定的仪礼，只是一种象征性的比喻。（图3、图4）

汉桓宽《盐铁论·贫富》说："余结发束修，年十三，幸得宿卫，给事辇毂之下。"桑弘羊经历的束修之礼，是十三岁。《后汉书·延笃传》说："且吾自束修以来，为人臣不陷于不忠，为人子不陷于不孝。"李贤注："束修，谓束带修饰。"《晋书·列

图3　战国佩带钩玉人线描图　　图4　战国佩带钩木俑，湖北江陵武昌义地楚墓出土

女传·王凝之妻谢氏》说:"束修整带造于别榻。"这些话都是直接将束带指为束修,义理明晰。(图5)

束腰的这个"带",有时还是个象征,而且不是一般的象征,它是可以与"冠"齐称并提的,所谓"冠带……"即是。有时甚至可以用"带"代"冠",作为官位的象征。如:

《论语·公冶长》说:"束带立于朝,可使与宾客言也。"

图5 西汉佩带钩玉舞人,广东广州南越王墓出土

《汉书·武五子传》说:"寡人束带听朝三十余年,曾无闻焉。"

唐韦应物《休暇东斋》诗云:"由来束带士,请谒无朝暮。"

又《始除尚书郎别善福精舍》诗云:"除书忽到门,冠带便拘束。"

宋司马光《病中子骏见招不往兼呈楚正叔尧夫》诗云:"虽无束带苦,实惮把酒并。"

不论上朝还是面官,有官位者是一定要顶冠束带的,正如清程大中《四书逸笺》卷一云:"古人无事则缓带,有事则束带。"所谓有事,即公干或比较正式的场合,那是一定要束带的。那个陶渊明就不愿受这样的拘束,办公事还要人提醒束带,"郡遣督邮至县,吏白应束带见之"(《晋书·陶潜传》)。又见《南史·刘瓛传》说,"(瓛)方轨正直,……兄璲夜隔壁呼瓛,瓛不答,方下床著衣立,然后应。璲怪其久,瓛曰:'向束带未竟。'其立操如此"。兄弟间夜里见面说话,都要整衣束带。又据欧阳修《归田录》所述,宋太祖夜召陶穀,陶穀见帝而立却不肯进见,太祖意识到这是因为自己没有束带的缘故，令左右取袍带匆匆束之，陶穀见帝束带之后才进见。

不仅束带作为官位的象征，连那长出一截的带头，也可以代指官本位。《论语·卫灵公》有一语说："子张书诸绅。"宋邢昺注云："以带束腰，垂其余以为饰，谓之绅。"垂下的绅可书写记事，但未必是常态。官员上朝记事有专用的手板"笏"，不用时插在腰间，这也是后来将仕宦称为"搢绅"的缘由，"搢"就是插的意思。《晋书·舆服志》说："其有事则搢之于腰带，所谓搢绅之士者，搢笏而垂绅带也。"乡绅和绅士之类，一定也是因为这束带的样子而得名。

王逸注《楚辞·离骚》有"善自约束"一语，由钩带的约束，后人将束带引申为品行操守的约束。所谓束修自好，就成为君子处世的一个准则了。至迟从汉代时起，束带开始引申为道德修养，象征操守。如范晔《后汉书·卓茂传》说，光武帝"乃下诏曰：前密令卓茂，束身自修，执节淳固，诚能为人所不能为"。又《后汉书·胡广传》说："广才略深茂，堪能拨烦，愿以参选，纪纲颓俗，使束修守善，有所劝仰。"三国时的曹操在《谢袭费亭侯表》中，也说到这个词："臣束修无称，统御无绩。"又如《晋书·虞喜》说："伏见前贤良虞喜天挺贞素，高尚遗世，束修立德，皓首不倦。"还有《晋书·夏侯湛传》说："惟我兄弟姊妹，束修慎行，用不辱于冠带。"这些束修之说，都是道德操守。所以康有为《大同书》己部第二章就说："若后汉之俗，束修激厉，志士相望，亦近于化行俗美矣。"（图6）

束修自好，在晚近的时代依然是有志者的警语。元代吴澄评时人滕安上，称安上"乃有学有行而有文者，盖亦束修

图6　汉画束带造像拓片

自好之士也"(《吴文正集》)。《郑板桥集·范县署中寄舍弟墨第四书》中也有这样的话:"夫束修自好者,岂无其人,经济自期,抗怀千古者,亦所在多有。"在孙中山先生颁布的一系列民主法令中,也有这样的说教,"保国存家,匹夫有责,束修自好,百姓与能"(《孙中山全集》)。现今流行的"自我约束"一语,其实就是"束修自好"的翻版。

　　回过头再读孔子的话,"自行束脩以上",似乎闻不到有干肉腊肉的味道了。"自行束脩"与"束修自好",两词的源头,都汇在人的腰间之带上了。

　　说到束带,也要说说和它相关的带钩带扣。是钩扣为束带提供了方便,而带又为钩扣的创制提供了前提。看来这带里的说头,也还真有些名堂。钩扣虽小,却曾经进入到古代社会的政治生活中;腰带很轻,却也是不能忽略的行头。

8 | 北朝军伍 | 左弓右箭自行其便

——从壁画看见定格在历史天空的左手与右手

去年的一个秋日，我应邀往长沙作讲座，间隙走马观花参观了博物馆的文物陈列。当时看到一尊屈原雕像，感觉神态与姿态都非常动人，但只有佩剑的方向让我心生疑惑，这是一尊右体佩剑雕像。（图1）右体佩剑，应当是左手持剑，屈原难道是个左撇子吗？

瘦削的屈原，不论是雕像和画像，他都是这般模样，不过这丝毫不影响他留在我们印象中的率直与坚毅。不是所有的屈原像都佩有长剑，有的地方见到的屈原雕像也有左体佩剑的，如秭归的屈原祠所见。（图2）佩剑是左是右，似乎又不必过于较真。

其实右体佩剑的屈原像，在明代陈洪绶《屈子行吟图》（图3）中就能看到。虽然雕像与画像都会让我想到屈原《九章·涉江》中的诗句，"带长铗之陆离兮，冠切云之崔嵬"，但我还是对右佩剑姿势有点耿耿于怀。难道屈原真的是用左手持剑？

这个发问也许并没有什么实际意义，我们当然没有文献作讨论的依据，而且古代中国对左利手似乎比较忌

图1 长沙博物馆屈原塑像

图2 秭归屈原祠屈原雕像

图3　明陈洪绶《屈子行吟图》(局部)

讳，没有什么历史名人因此而被记入史册，不似国外不乏左利手历史名人记录。

依主流人群为右利手的常识出发判断，在佩剑风尚流行的战汉时代，一般人应当是右手持剑而采取左体佩剑的姿势。我们从出土战国时期的文物图像上看到，长短剑大多会是左体佩姿，如战国铜镜纹饰上搏虎图中的骑手，和曾侯乙墓出土钟架青铜武士雕像，便都是左体佩剑姿势。（图4、图5）

当然，那个时代是用剑璏将长短剑挂在腰间，由于穿挂的鼻状剑璏是可以移动位置的，佩剑的位置可以临时改变，左右前后的位置移动都是可以的，但是左体佩剑应当是常态。战国时期文物图像上的佩剑位置也常见不确定的现象，左右的分别有的也并不很明确。甚至还见到全一式的右体佩剑军士图像，其实那并非严格写实的表现，不可作为我们讨论的

图4 战国铜镜纹饰骑手搏虎图手绘图,河南洛阳

图5 战国青铜武士雕像手绘图,湖北随州曾侯乙墓

依据。(图6)

说到佩剑姿势,这又让人想起荆轲刺秦王事件中的一个细节。荆轲手捧地图献给秦王,地图展开,包裹着的匕首露出,荆轲持匕首刺向秦王,秦王转身就逃,他想拔出腰间佩剑却不能,几次都没拔出剑来,《战国策·燕策三》的记述是"秦王惊,自引而起,绝袖。拔剑,剑长,摻其室。时怨急,剑坚,故不可立拔",此时左右人等提醒秦王:"王负剑!王负剑!"

图6 战国铜器刻纹图像拓片

204　古物说——文物里的古人日常

图7 汉画佩剑人像拓片，河南唐河

图8 汉画佩剑人像拓片，河南洛阳

秦王这才将剑转由背后拔出，先击断荆轲左股，再复击八剑置之于死地。

秦王慌乱之中拔不出剑来，当然与剑身太长有关，秦兵马俑坑中出土过一柄长达90厘米的铜剑，比起一般的二尺剑，当然是长剑了。这样长的剑平日要顺利拔出也并不容易，如果挂错了体位就更是没辙了。秦王所佩兴许就是这样的长剑，群臣让秦王由背后拔剑，可以左右手同时并用，力度就更大了。

我们再看汉画中的佩剑体位，发现左体位是常态，说明多是以右手持剑。（图7、图8）我们还看到一些弓箭手的画像，是左弓右箭，也同样是右利手架势，是左手持弓，右手开弦。（图9）

古代社会生活细节的印记，那些真实的历史场景，常常被古

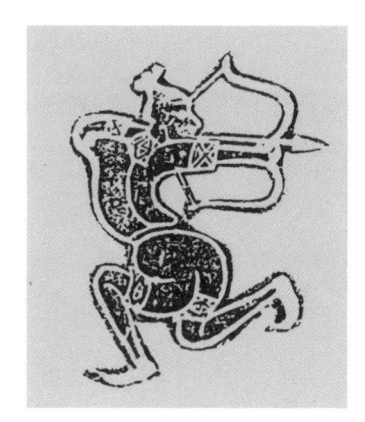

图9 汉画弓箭手拓片，河南洛阳

图10 山西忻州九原岗北朝壁画墓

代的画匠描绘在墓室壁画上。民风民俗,不少都表现在民间艺匠所作的壁画上;而国风国范,则更多表现在宫廷画师的笔尖上。考古中虽然发现了不少墓室壁画,不过宫廷画师的作品却并不多见。这次重点要说道的却是罕有的一次发现,我觉得它正是宫廷画师们的杰作。

这个发现就是山西忻州九原岗的一座北朝壁画墓。虽然墓主是何人并没有确定的证据,但画风、画艺与画面内容标明了墓主的高级别身份。

大幅面的壁画分布在墓葬中墓道东、西两壁,两侧边壁画自上而下都分为四层,第二层绘制的狩猎图是国内发现面积最大的壁画。(图10)生动的人物与动物形象,再现了当年上层社会丰富的狩猎活动。西壁第三层还绘出两个中亚人形象,深陷的眼眶,高挺的鼻梁,浓密的须眉,特别引人注目,当然这也干扰了我们对更多细节的观察。(图11、图12)

壁画第三层为出行仪仗,所绘人物多为行进的武士,他们是身佩弓箭的射手。人物面相与服装各有特色,气势各不相

同。有的是豹服，有的是虎服，更多的是布衣。各穿各的衣，似乎说明当时的军服并没有统一的制式，也不是统一配备的。（图13、图14）

　　东壁第四层壁画因盗洞被毁，西壁第四层所绘为行走的8位壮年武士，腰佩长刀。骏马利兵，虎韔豹韬，这些不是我们重点关注的对象。壁画中人物的双手使用习惯，才是要议论的重点，其他方面略而不论。这一双双细致刻画的手，定格在了历史的天空，这又能为我们提供一些怎样的兴趣点呢？

图11　山西忻州九原岗北朝壁画墓胡人（中）弓箭手

图12　山西忻州九原岗北朝壁画墓胡人（中）弓箭手

图 13　山西忻州九原岗北朝壁画墓西壁壁画行进的弓箭手

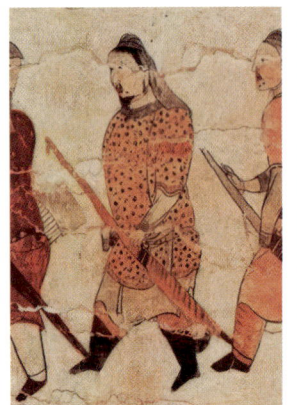

图 14-1　豹服武士　　　　图 14-2　虎服武士　　　　图 14-3　布衣武士

图 14-4　布衣武士

我们在壁画上看到一位有些呆萌的弓箭手，他的手呢？手在袖筒中，似乎天有些寒冷。又看到一位弓箭手左手按弓、右手比划着，是在目测距离吗？还见到前后两人交谈中的手势，表现出有是非争辩。另有一位弓箭手伸出了他的兰花指，这是他持箭拉弦的右手。还看到一位武士左手缩进袖筒，右手指捏着衣领，好像也表现了一种寒冷的感觉。画面上更多见到的是张弓拉弦的骑手，人高马大，威威武武。（图 15）

208　古物说——文物里的古人日常

图 15-1 有些呆萌的弓箭手，他的手呢？

图 15-2 左手按弓、右手比划着，是在目测距离吗？

图 15-3 前后两人交谈中的手势

图 15-4 弓箭手伸出了兰花指

图 15-5 这位武士左手缩进袖筒，右手指捏着衣领

图 15-6 张弓拉弦的骑手

第二部分 | 穿戴文化　209

这也不是我们主要的兴趣点，我们是想由军士们的装备和使用武器的动态，查考他们的用手习惯。

先观察东壁第三层的弓箭手，14 位的武器装备全数是左弓右箭，弓有韬，箭有箙，挂在腰中左右，队列显得比较整齐。

西壁第三层的弓箭手有 17 位，他们的武器装备多数也是左弓右箭，不过左数第五位正相反，绘成了左箭右弓。（图 16）当然这不是画工的疏忽，因为这方向的改变其实是增加了绘画难度，所以一定是有意为之。

再看狩猎图。东壁 11 位猎者除 2 位没有明确绘挂弓持弓外，其他人均是左弓右箭。射击者 2 位都是左手持弓右手挂箭拉弦。（图 17）

图 16　弓箭手中的反挂弓箭者

图 17-1 正待张弓的左弓骑手

图 17-2 左弓射手

图 17-3 持矛的左弓骑手

第二部分 | 穿戴文化

西壁8位猎者大多也是左弓右箭，但左数第四位相反，是左箭右弓，右手持弓左手拉弦正在射击，这是一位左撇子。（图18）

西壁上的8位步行佩剑武士（图19），多数是左体佩剑，左数第一和第四两位是右体佩剑。右体佩剑就意味着他们是左手持剑，是左利手无疑。（图20）

类同的骑射画面，还见于北齐娄叡墓壁画，我们看到的是左弓左剑的佩器体位，表现得非常细致。（图21）

北朝武士们挥舞的左手和右手，还有他们多数人的左弓右箭的装备，都定格在了墓室壁画上。看看他们的左手与右手吧，右利手的人数远多于左利手，55位军士确定有4位为左利手，不足十分之一。

这个比例大约也比较符合实际，说明画工比较客观写实，并不以自己的偏好为表现依据。万一画工是个左利手，也许他绘出的左撇子会多一些，但也未必，这样的北朝壁画具有非常鲜明的写实风格，现实主义左右了他们的创作，相信画面中出现的左撇子大体符合实际比例。

虽然地球上有不少的左行道左行车，也有改右行为左行的大变动，可是左利手却至今没有成为人类的主流行为方式。

图18-1　左弓射手　　　　　　　图18-2　右弓射手

图 19 西壁佩剑武士

图 20 右佩剑武士

虽然左利手真的可能更为聪慧，也有人尝试变作左利手，可右利手仍然是人类的主流行为方式。

左利手不必排斥，北朝军伍不论左右照样录用。当然左利手也不必自弃或自恃，这个世界上本来就给你留着位置。

图 21-1 壁画（左弓），山西太原北齐娄叡墓出土

图 21-2 壁画（左弓左剑），山西太原北齐娄叡墓出土

第二部分｜穿戴文化

第三部分

信仰 文化

龙凤初见在中国文化里，已经是很久远年代的事了。龙飞凤舞，龙凤呈祥，飞翔的凤比来了许多的神话。在国人心里，飞翔的凤比起龙来要亲近许多，凤的柔美艳丽带来许多的精神慰藉。说起凤来，我们虽然没有见过，但对它的印象却很深，因为历代艺术家的创造让我们的心中都驻有一只完美的凤。当然凤并不是一开始就这么完美，这完美经历了漫长的完善过程。于是我们会发问：凤的形象最初是何时何地创造出来的呢？

1 考古发现中国凤

作为一种神物，凤的原形有说是孔雀的，有说是锦鸡或野雉的，也有说是鹤的，更有说是家鸡的。《山海经·南山经》就说，丹穴之山有鸟"其状如鸡，五采而文，名曰凤皇"。《尔雅·释鸟》也说，凤为"鸡头蛇颈，燕颔龟背，鱼尾，五采色"。上古指鸡为凤，或是鸡凤互名，这样的事也是有的。《孝子传》更有这样的说法："舜父夜卧，梦见一凤皇，自名为鸡。"历代艺术描绘的凤的模样，还真肖似长尾的公鸡，长喙高冠，特征最是明显。

见过凤的人，肯定没有。可没听说过凤的人，大约也没有。《说文》说"凤，神鸟也"。而鸡呢，谓之"知时畜也"，《玉篇》称为"司晨鸟"。一为神鸟，一为家禽，形体相近，声名共享，俗语还将凤与鸡相提并论，如"凤凰落架不如鸡""鸡窝里飞出金凤凰"。不过说起凤来，话题更多，我们就来说说凤话，请凤来为鸡年助兴，祈望鸡年吉祥安宁，凤舞九天。

鸡在古代称为"五德之禽"，《韩诗外传》说鸡头上有冠是文德，鸡足有距能斗是武德，鸡在敌前敢拼是勇德，鸡有食物招呼同类是仁德，鸡守时天明报晓是信德。晋代郭璞《山

图1 汉代凤鸟图

海经图赞》说凤是"五德其文",五德其文者,首文曰德,翼文曰顺,背文曰义,腹文曰信,膺文曰仁也。鸡与凤在人们心中,虽有凡世与神界的分别,却同样都是高尚美好的象征。(图1)

龙凤初见在中国文化里,已经是很久远年代的事了。龙飞凤舞,龙凤呈祥,龙凤带来了许多的神话。在国人心里,飞翔的凤比起龙来要亲近许多,凤的柔美艳丽带来许多的精神慰藉。说起凤来,我们虽然没有见到过,但对它的印象却很深,因为历代艺术家的创造让我们的心中都驻有一只完美的凤。当然凤并不是一开始就这么完美,这完美经历了漫长的完善过程。于是我们会发问:凤的形象最初是何时何地创造出来的呢?

人类有祖先崇拜,也有神灵崇拜。一些特别选定的动物被神化后,进入到人类的崇拜范畴,有走兽有飞禽,也有臆想中的龙凤与怪兽。凤作为神鸟,是在史前造神运动中被创造出来的。史前之神是万物有灵观念的结晶。神灵崇拜出现应当很早，但造出可供祭祷的各类神像却可能是六七千年前才开始的艺术活动。这个造神运动经历一千多年的过程，随之发展到一个高峰，在史前中国这是当美玉作为介质被造神运动认可之后的事情。凤，应当就是在这造神运动中出现的，虽然古文字学家在甲骨文中认出了"凤"字，不过凤的模样却并不清晰，最终还是考古揭开了这层面纱。（图2）

图2　甲骨文中的"凤"字

商代王后的千年藏品

在殷墟考古断续进行四十多年之后，1976年5月意外发掘出一座墓葬，编号为M5。墓葬规模在殷墟并不算太大，但随葬品非常丰富，出土4面铜镜，4件铜钺，130件青铜兵器，以一对后母辛大方鼎为主的200余件青铜礼器，156件酒器，各类玉器755件，海贝7000多枚，各色宝石制品47件，以及各种石器、陶器和海螺等。墓中殉葬16人、殉狗6条。大量铜器铭文都指向一个人——"妇好"，表明这是妇好之墓，这位妇好一般认为就是商王武丁的王后妇好。（图3）

妇好随葬玉器类别比较多，有琮、璧、璜等礼器，还有用作仪仗的戈、钺、矛等，装饰品最多，有400多件，饰品中有各种动物形玉饰，包括龙、凤、怪鸟兽，及大

图 3-1　商代"妇好"平底铜盉，河南安阳妇好墓出土

图 3-2　铜器铭文中的"妇好"，河南安阳妇好墓

量野兽、家畜和禽鸟，如虎、熊、象、猴、鹿、马、牛、羊、兔、鹅、鹦鹉等，也有鱼、蛙和昆虫类造型。而那件编号为 M5∶350 的玉凤（图 4），是从未见过的新发现，其精工美形引起广泛关注，当时觉得这是考古所见最完美也是年代最早的凤的造型。

妇好墓出土了玉凤，也出土了玉龙（图 5），玉龙有多件，而玉凤仅此一件。妇好玉凤为双面片雕玉饰，通高 13.6 厘米，厚 0.7 厘米。玉凤造型与商代甲骨文中的"凤"字相似，是一只神气满满的神鸟。遗憾的是，发掘者只用"作侧身回首形，阳纹浅浮雕，相当精细"15 字作了描述。细观玉凤，长喙圜眼，高冠卓然，长尾两歧，短翅半展，隐足亭立。乍观体态秀长，似回首欲飞去；静睹羽色晶莹，觉飘逸之风起。此乃考古发现中第一枚真凤玉件，非一般凡鸟造型。

玉凤一定是妇好心爱之物，不过关于它的来历却颇费猜测。发掘者坚称玉凤为商代玉器，也有人认为属于龙山文化

第三部分｜信仰文化

图4 商代玉凤，河南安阳妇好墓出土　　　　图5 商代玉龙，河南安阳妇好墓出土

遗物。也有几位学者先后提出了怀疑，认为它应当是南方石家河文化的遗物，时代早出殷墟千年上下。

石家河之玉，从遥远的时空进入到妇好的世界，这中间发生过怎样的传承故事呢？

妇好是一位王后，她以率兵打仗的女将军身份进入商代历史。殷墟出土甲骨文记录了她攻克诸多方国的战绩，她前后击败北土方、南夷国、南巴方以及鬼方等二十多个小国，为商王开疆拓土。在商王武丁六十多位"诸妇"中，有三人拥有王后地位，妇好列第一位。妇好可以从商王那儿得到赏赐，可以因战功获得自己的封地，她也会由战事获得自己所欣羡的战利品，那枚玉凤为她所喜欢，有可能由这样一些途径得来。只是在她得到玉凤之前，这心爱之物在世上已经流传了上千年的时光。

凤诞石家河

一位商代王后喜爱的玉凤，来自数百公里之外近千年之前江汉区域的石家河文化，这中间发生的故事早已烟消云散，不过漫长的时光并不能化解我们的好奇，凤最初是由石家河人创造出来的吗？

根据妇好墓发现之后陆续获得的考古证据，特别是比对近年湖北天门石家河遗址新出土玉器资料，综合考订玉凤确非商代制品，而是更早时代长江中游石家河文化器物。以往在湖南澧县孙家岗一座石家河文化墓葬中发现凤形透雕玉饰（图6），在湖北天门石家河罗家柏岭发现团凤玉饰（图7），还有石家河发现的对鸟（双凤）玉佩（图8），表明石家河文化居民对凤怀有特别的情感认同，他们应是神凤最初的缔造者。最初的凤形，应当是诞生于石家河文化，从此凤崇拜也成为一种规范的信仰方式，并且很快汇入史前造神运动的潮流中。

石家河罗家柏岭玉凤形体稍小，团身直径4.7厘米，圜眼，冠羽后卷，长尾两歧。由造型比较，妇好玉凤与罗家柏岭玉凤虽存有一伸一屈的区别，凤首、凤身和凤尾的造型却是完全相同。从制作方法上比对，两凤的工艺也是一样，纹饰都采用减地阳刻，这与妇好墓同出的其他玉器明显不同，妇好墓多数玉器纹饰采用的是两阴夹一阳的工艺，不用减地技法。石家河出土的展翅凤鸟玉佩（图9）和对鸟玉佩，也都是采用这种减地阳刻工艺制作，表现了高超的玉作水平。

第三部分 | 信仰文化　221

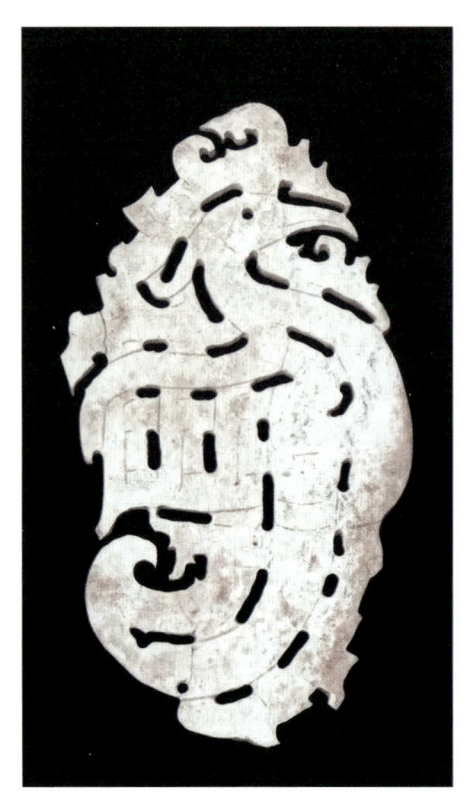

图6 玉凤，湖南澧县孙家岗出土

图7 玉凤，湖北天门石家河出土

图8 对鸟（双凤）玉佩，湖北天门石家河出土

通过对比研究也不难看出，妇好墓所出玉器中还有一些可能是石家河原玉的改制品，有的环璜类饰品都琢有成排的立鸟形扉牙，明显属于石家河文化风格。（图10、图11、图12）

石家河文化不仅有玉团凤，也发现有玉团龙，类似玉团龙在妇好墓也有出土，两者造型及细部特征非常接近，形体也都很小，妇好的玉团龙很可能也来自石家河文化。团龙（C形龙）在东北红山文化和东南崧泽文化中都有发现，而只有

图9 展翅凤鸟玉佩，湖北天门石家河出土

图10 带扉牙玉器，湖北天门石家河出土

在石家河文化中团龙与团凤共存，也许这才是最先将龙凤一起崇拜的部族，这也为后来同地生长的楚文化奇诡的信仰涂上了浓厚的底色。

石家河文化及后石家河文化的玉器制作工艺水准，在史前已经达到巅峰。采用巅峰技术，制作出第一枚精致玉凤，让玉凤一诞生便显出高贵优雅，这是石家河人一个重要的文化贡献。

图11 带扉牙玉器，河南安阳妇好墓出土

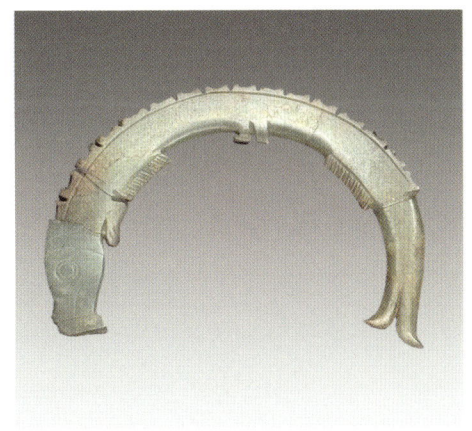

图12 带扉牙玉器，河南安阳妇好墓出土

图13 凤鸟形冠玉神面，湖北天门石家河遗址出土　　图14 石家河文化玉两面神，美国国家博物馆藏

石家河人的玉作除了精致，还有小巧、奇峭、灵动、别致等诸多特点。构形具象与抽象共存，彰显象征内涵，少见纯粹意义的饰品。玉凤，同玉龙、玉虎、玉蝉一样，都是在神话背景下催生出的艺术品，它们都应当具有特别的含义。

依照后世的概念判断，凤为百鸟之王，凤为阳之精，五行属火。石家河新发现的凤鸟纹圆形玉佩，圆润的玉佩中用阳刻工艺刻画出一只展翅的凤鸟，应当是寓意阳鸟负着太阳飞翔，可以看作是石家河人奉行太阳崇拜和阳鸟崇拜的实证。

石家河人不仅制作出单体和双体的凤鸟玉佩，还制作出非常诡谲的凤鸟形冠玉神面，玉神面常常雕刻成两面神，正背是表情不同的神像。（图13、图14）有人认为这可能是太阳神，也与太阳崇拜相关联。

由崇阳到崇凤，这可能是石家河人创造出玉神凤的来由。当然，凤在中华文化中还有另外的担当，对此我们还要细细追踪。

阳鸟与神祖

《说文》说凤为"神鸟也",这是汉代之前的传说。《说文》引天老之言说:"凤之象也,鸿前麟后,蛇颈鱼尾,鹳颡鸳思,龙文虎背,燕颔鸡喙,五色备举。出于东方君子之国,翱翔四海之外,过昆仑,饮砥柱,濯羽弱水,莫宿风穴。见则天下大安宁。"具有多种动物特征的凤,它一出现便天下安宁,这是吉祥神鸟。

凤被认作鸟中之王,应是由多类鸟崇拜并成的集合崇拜,就像多类动物崇拜合成的龙崇拜一样。鸟崇拜的出现,主要是族群认同与太阳崇拜的结果。

成都金沙遗址出土太阳神鸟金箔的外围环飞着四只鸟(图15),让一些学者想到《山海经·大荒东经》中"帝俊生中容,中容人食兽、木实,使四鸟"的传说。金箔表现的是太阳飞速旋转,四只神鸟背负着太阳在天上经过,金箔形象地展示了"金乌负日"古老的神话传说。这乌与鸟,便是阳鸟。

图15 太阳神鸟金箔饰,四川成都金沙遗址出土

太阳在天上由东向西运动,先人不知动力何在。人们很自然地想到了鸟,在他们的视线里,只有鸟才有本领在空中翱翔。人们这样想象,一定是会飞翔的鸟带着太阳越过天空,那太阳一定有神鸟相助,它们是阳鸟。

著名的长沙马王堆汉墓出土的帛画,日中有乌,月中有蟾。在汉画的许多日月图像上，也都可以找到金乌玉蟾的影子。（图16）藏族清代唐卡《太阳图》中，站立着一只公鸡。藏族神话说太阳由七匹骏马拉的大车载入天空，太阳中有一只金鸡，所以在藏语辞藻中称太阳为七骏主和金鸡，这金鸡便是太阳鸟。

原始的太阳崇拜和阳鸟崇拜，在新石器时代就已产生。在史前人留下的太阳图像中，阳鸟是一个惯常表现的主题，阳鸟成了太阳的灵魂。浙江余姚河姆渡遗址发现刻画双鸟朝阳的象牙（图17），良渚文化一些玉器上刻有威严的神灵和飞翔的阳鸟图像。

黄河下游和淮河下游是大汶口文化和龙山文化分布区，是传说中阳夷、于夷、太昊族、少昊族等东夷部族活动的区域。

图16　汉画中的金乌

图17　双鸟朝阳纹牙雕，浙江余姚河姆渡遗址出土

少昊又名少皞，名叫挚，是传说中的帝王。"挚"便是"鸷"，就是鸷鸟。这个部落是由许多鸟氏族组成的联盟，少昊是东夷部族的首领。少昊部族内有 20 多个以鸟为名的部落，如凤鸟氏、玄鸟氏、伯赵氏、青鸟氏、丹鸟氏、祝鸠氏、鸤鸠氏、鹘鸠氏、爽鸠氏等等，其中有凤族 8 个，凤族在少昊部族中地位最为尊贵，掌管天文历法，指导部落农桑。大汶口文化的陶器上，刻画着太阳升起的图像（图 18），在类似的图像中，说不定就有少昊的造像，少昊的名字里就蕴有太阳的光芒。

黄河中游的仰韶文化是一个繁荣的彩陶时代，在红红的

图 18　大汶口文化陶尊刻画太阳图像，山东莒县陵阳河遗址出土

陶器上绘着优美的图案。陶工们将当时的信仰明白地描绘在陶器上，陶器纹饰中就有圆圆的太阳和生动的阳鸟图像。在陕西华县泉护村等遗址，出土了不少阳鸟图案彩陶。（图19）陶盆上绘出的鸟有的展翅飞翔，有的亭亭玉立，它们的背部就有圆圆的太阳图形。背负着太阳的阳鸟，一定是仰韶人丰收的希望。

传说的帝喾是个了不得的人物，他以日神自居。帝喾的元妃姜原生了弃（即后稷），弃是周族的始祖。次妃简狄生了契，契是商族的祖先。次妃庆都生了尧，尧是历史上有名的五帝之一。次妃常仪生了挚，挚继承了喾的帝位，九年后禅让给尧。这几个儿子分居各地，形成更多部族，每个部族都有鸟崇拜的影子。

殷人始祖神话说："天命玄鸟，降而生商。"司马迁将这则神话写进了《史记·殷本纪》，说是帝喾的次妃简狄在野外沐浴时，吃了玄鸟遗落的一只卵，结果怀孕生下了契。玄鸟或说就是燕子，也是太阳鸟。玄鸟也就因此被看成是殷人的祖先，

图19　鸟纹彩陶，陕西华县泉护村遗址出土

或者说殷人自以为就是太阳的子孙。殷墟出土青铜器上常见鸟纹,图案化的立鸟透出一种少见的纤纤之美。更多见到的是一些鸟形玉佩。鸟形玉佩的琢磨十分精细,造型各异,亭亭玉立,透出一种高贵之气,表达了殷人对阳鸟所怀有的特别情感。(图20)

周也是一个崇鸟的部族,周武王伐纣时有"凤鸣岐山"的传说。这是周族兴盛的先兆,也是胜利在望的号角,所以武王兴周灭商,推翻了商王的统治。岐山因境内东北部的箭括岭双峰对峙,山有两歧而得名。《国语·周语》说,周族兴起,有凤凰鸣于岐山。周人崇凤,视之为神鸟。出土西周时代的一些鸟纹玉器,制作一般都比较精细。(图21)周代青铜器上也常见凤鸟纹和拟日纹,日纹似烈焰升腾。这都表达了周人对太阳与阳鸟的崇敬,其中也有对凤鸟特别的崇敬。

当始祖神话与太阳崇拜融会在一起,当众鸟崇拜集合为

图20 商代对尾玉鹦鹉,河南安阳殷墟妇好墓出土

图21 西周对鸟玉佩,河南三门峡虢国墓地出土

凤崇拜，光明与美好都由之呈现出来，这就是先民的世代愿景。

其实不独在我们的国度，太阳鸟在域外也是无处不有的精灵，太阳崇拜在世界各民族中普遍存在，曾经是人类共有的信仰。古埃及的日神霍鲁斯神和拉神，都是雄鹰模样。公元前14世纪太阳神崇拜成了古埃及的"国教"，雄鹰成了太阳的使者。太阳神拉常常与以鹰为形象的霍鲁斯相结合，霍鲁斯被视为太阳神。在一些古埃及的绘画中，霍鲁斯被描绘成一只头佩日轮的鹰，或一个戴有王冠的鹰头人。玛雅人的太阳神庙里，有乌鸦和啄木鸟的身影。美洲其他民族的太阳鸟有鹰、鸮、天鹅、啄木鸟、乌鸦等。在古代波斯帝国，也以鹰鸟作为太阳的象征。鹰隼飞旋，它飞得那么高那么远，它好像就在太阳中飞翔。它被古人当作太阳的使者，传达着太阳的信息。鹰的力量就像太阳一样，征服了古人的灵魂，他们把对鹰的崇拜和太阳的崇拜联系到一起。

在阳光下繁衍生息的人类，他们以最虔诚的心灵，在世界的每一个角落向未知的世界表达纯洁的心声。无垠的宇宙，神秘的苍穹，光明的太阳，孕育人类的生命，造塑人类的灵魂。那翱翔天际的鸟儿们，是最有资格接近太阳的使者，只有它们才能将人类的虔诚与感戴传递给万能的太阳。

凤凰于飞

远古的阳鸟崇拜，到了一统华夏之后，逐渐深化为一统的凤凰崇拜。

我们知道，嬴姓的秦族崛起于西部，秦族同商族一样也以玄鸟即凤凰为始祖神。《史记·秦本纪》记述了这样的传说：秦人始祖女修，是颛顼帝的后裔，她织布时有玄鸟遗卵，被她吞下怀孕生下大业。大业娶少典氏之女生大费，帝舜赐大费姓嬴氏。这个玄鸟，有人认为就是凤鸟。

秦人于凤，确实怀有一种特别的感情。刘向的《列仙传》记有一则秦人的传说，叫作吹箫引凤。说秦穆公时有个名叫萧史的人，善于吹箫，穆公的女儿弄玉也爱吹箫，于是就嫁给了萧史。萧史每日教弄玉吹箫，后来弄玉的箫声竟如凤鸣一般，引来凤凰久久不去。

秦人非常喜爱凤凰，包括千古一帝的秦始皇也大约对凤凰特别喜欢。秦始皇统一称帝，为自己起了一个有别于以往任何君主的名号，称为"皇帝"。把"皇"放在"帝"前，自称"始皇帝"，而且可以简称"秦皇""秦始皇"，宁可省略掉那个"帝"字，也要保留这个"皇"字。《说文》说"皇"即是"大"，大即是天，"始皇者，三皇，大君也"。《尚书大传》说燧人为燧皇，伏羲为羲皇，神农为农皇，了不得的三皇。这"皇"还是凤皇（凰）的皇，如《尚书·益稷》所云："箫韶九成，凤皇来仪。"在《诗经》中，也将"凤凰"写作"凤皇"，如《诗·大雅·卷阿》中有"凤皇于飞，翙翙其羽""凤皇鸣矣，于彼高冈"。

四川发现的汉画像砖，砖上有长尾凤鸟，凤前有"凤皇"两字。河南邓州出土南朝画像砖也见到母子凤凰图，图上也题有"凤皇"两字。（图22）将"凤凰"写作"凤皇"，在秦汉时代应当是常事。

秦代的瓦当、漆器、铜镜上，凤纹是惯常的主题。秦瓦当中的母子凤纹饰和双凤朝阳纹饰，构图古拙而富于情趣。湖北云梦睡虎地出土的秦代漆器中也有多种凤鸟图案，其中既有线条流畅、装饰性很强的云凤纹，也有神采飞扬、富于写实性的凤鸟纹。（图23）秦人如此爱凤，开启了平民崇凤的风潮。

到了汉代以后，龙代表皇帝，凤代表皇后。虽然"皇帝"的"皇"字依然还在使用，但凤凰的女性化趋向却是越来越明确了。后来凤凰便成了女性的代称，一个好女子，就是美丽的凤凰。凤凰头顶美丽羽冠，身披五彩翎毛，是综合了许多鸟兽的特点想象出来的形象，标志着吉祥、太平和政治清明。（图24）

龙飞凤舞，龙凤呈祥，凤鸟崇拜已经融入华夏民族的血脉中。

图22 南朝画像砖母子凤凰图，河南邓州出土

图23　秦代彩绘漆盂，湖北云梦睡虎地出土　　图24　龙凤纹玉佩，广东广州南越王墓出土

四神之凤

　　方位观念是文明的重要表征之一，方位体系的形成是文明成熟的一个标志。现在我们说起东、南、西、北四方，说它与文明相关可能很多人都不相信，多简单的常识呀。是，确实不深奥，不过方位观念的形成，还有与它一起出现的一些文化现象，却并不那么简单。

　　从甲骨文的发现看，四方与四方风观念的形成，不会晚于商代。辨别四方，是个天文学的概念，古代是通过星宿的位置确定准确方位的，并不是简单地观察日出日落而已。这个问题我们暂且不谈论它，需要关注的是古代将四方配以象征性的神化动物形象，甚至绘出它们相聚一起的图形，这个文化现象与神凤有关。

　　我们稍下力涉猎一下，便可了解到这代表四方的四神，即所谓"前朱雀后玄武,左青龙右白虎"。这一套象征体系可以追溯到汉代或汉以前不久,但这并非最早的也不是唯一的四神体系。我们在汉代的瓦当上、玉器上、铜镜上,很容易见到四神装饰,四神在那时已经是一种重要的普遍信仰。

四神,也作四象、四灵,一般而言是指龙、虎、鸟和龟四神。后来道教引入四神观念,四神体系小有变更,普遍认同的是苍龙、白虎、朱雀和玄武体系。

不久前陕西澄城县王庄镇柳泉村九沟一座西周墓出土玉印一枚,印形如器盖,龙纽,椭圆形印面四个印文分列在十字格中,依次为龙、鸟、虎、鹿。(图25)这是一枚四神玉印,应当是属于肖形一类,印文并不能认定就是文字,可称为"四神肖形玉印"。与后来四神体系不同的是,印文本为玄武的位置,却出现了鹿。虽然并不能完全肯定为鹿,但明显不是龟。

图25 四神玉印及拓片,陕西澄城县王庄镇柳泉村九沟西周墓

图26　四神玉印及线描图，河南安阳殷墟妇好墓

这个发现让人想起殷墟妇好墓出土过一件称为器盖的龙纽玉器，它的底面也是以十字格简画出龙、虎、鸟和另一动物之形，这一不明确的动物更像是鹿，可以确认这样的四神体系在商代就已经出现了。（图26）过去在河南三门峡西周墓中发现过龙、鸟、虎、鹿铜镜（图27），说明商周两代的四神体系是相同的，这也是早期的四神体系，到了后来玄武才取代鹿进入到四神体系中。

四神中的朱雀，作为神鸟，它也有称为凤凰的时候。新近发现的海昏侯墓，随葬有一面偌大的铜方镜，附有漆文"衣镜铭"，镜铭提到的四神为"右白虎兮左仓龙，下有玄鹤兮上凤凰"（图28），将通常说的朱雀，直接写成了凤凰。而且玄武变成了玄鹤，这个变化过去我们并不了解。

我们还知道，海昏侯墓出土很多附有鸟图形的文物，这些鸟多作凤形（图29），如玉带钩和铜当卢都见有四神图形，其中的朱雀均作优美的凤鸟之形，所以在衣镜铭中直接将朱雀写成凤凰，也是很自然的事。

说四神中有凤，朱雀就是神凤之体，汉代有人作如是观。

第三部分｜信仰文化　235

图 27　四神铜镜拓片，河南三门峡西周墓

图 28　衣镜铭中的四神漆书，江西南昌海昏侯墓出土

图 29　附有鸟图形的文物，江西南昌海昏侯墓出土

依《说文》所说,雀为"依人小鸟也",将这小鸟列入四神,可能有人心有不平,故此以凤取而代之,或者解释说这朱雀就是凤凰。

后来沈括在《梦溪笔谈》卷七中,也表达了类似疑惑:"四方取象,苍龙、白虎、朱雀、龟蛇。唯朱雀莫知何物,但谓鸟而朱者,羽族赤而翔上,集必附木,此火之象也。或谓之长离……或云鸟即凤也。"不理解也得理解,这四神中的朱鸟,它就是凤,它还有一个别名,特别的别名,叫长离。

《后汉书·张衡传》引《思玄赋》曰:"前长离使拂羽兮,委水衡乎玄冥。"李贤注曰:"长离,即凤也。"司马相如《大人赋》有"前长离而后矞皇",服虔注曰"皆神名也",颜师古注曰"长离,灵鸟也"。长离在《汉书·礼乐志》中写作"长丽",让人想起长丽也许就是长鹂,也即黄鹂。其实"离"在古时也确为鸟名,即仓庚,也即黄莺,黄鹂鸟也。长离,不能就是这黄鹂鸟吧,未必是说长尾巴很像黄鹂的神鸟?

不能理解的是,通行的四神系统为何不直接将朱凤纳入其中,而只是取了个"相当于凤"的鸟儿担当大任,其中的道理还有待深究。

2 | 二里头偶言：绿松石龙虎之辨

我们偶尔会将商周艺术中的虎形认作龙形，这一件也就自然地由虎认作是龙了。

在《考古》杂志 2005 年 7 期，刊登了著名的二里头遗址的一个重要发现，一时间震撼了学术界。首先有一个具有艺术意义的发现，是在一座二里头文化墓葬中随葬的一件用绿松石拼嵌成的艺术品，而且拼嵌出的是一个龙形，这是前所未有的重要发现。

这个发现是 2002 年实施发掘的成果，出土绿松石龙的墓葬判断属于二里头文化第二期。这座编号为 2002VM3 的墓葬，墓穴规模并不大，保存也并不完整。墓主为 30—35 岁之间的男性，头朝北。随葬品比较丰富，有陶器和漆器，颈部缠绕海贝串饰，最重要的是胸腹部摆放一件绿松石拼嵌龙形器，龙形器中部还放置着一件带石铃舌的铜铃。（图 1）

这件绿松石龙，是用 2000 余片精细加工的绿松石片在某类有机质物体表面拼嵌而成，龙体长 64.5 厘米，中部宽 4 厘米，方形大头，直体卷尾。这是考古发现的最大一件绿松石组件，

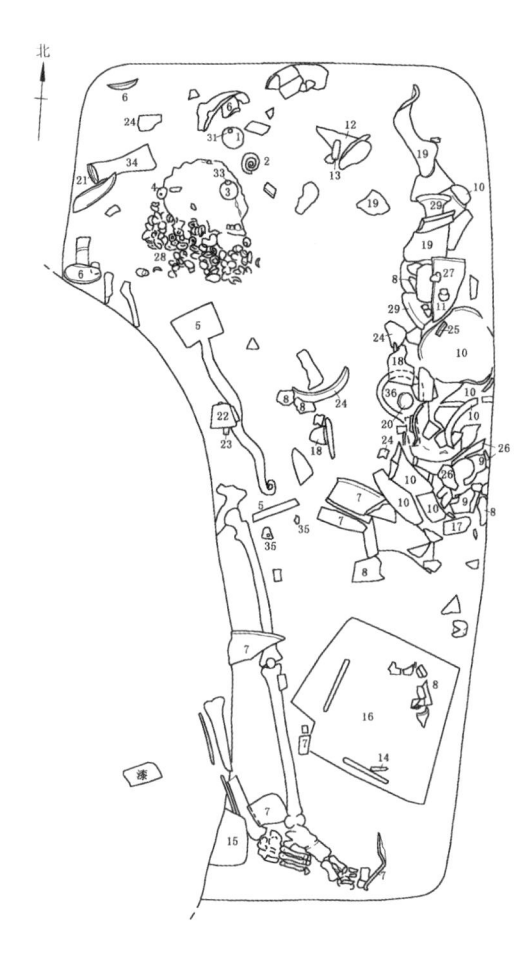

1. 斗笠形器
2. 斗笠形器
3. 斗笠形器
4. 绿松石珠
5. 绿松石龙形器
6. 豆
7. 平底盆
8. 盉
9. 盉
10. 高领尊
11. 螺壳
12. 鼎
13. 玉鸟形器
14. 圆陶片
15. 圆形圈底漆器
16. 漆匣
17. 器盖
18. 高领尊
19. 高领尊
20. 圆陶片
21. 圆陶片
22. 铜铃
23. 铃舌
24. 爵
25. 平底盆
26. 豆
27. 螺壳
28. 海贝串饰
29. 豆
30. 盉
31. 绿松石珠
32. 绿松石珠
33. 绿松石珠
34. 漆觚
35. 绿松石片
36. 漆勺
37. 绿松石珠

图 1-1　二里头 2002VM3 底部平面图

22.铜铃　5.绿松石龙形器　28.海贝串饰

图 1-2　二里头 2002VM3 出土遗物线描图

第三部分 | 信仰文化　239

图2　二里头绿松石器

它的体量，它的神秘，吸引了众多研究者。（图2）

当然发掘者最有发言权。

李志鹏在2017年3月3日的《北京晚报》撰文，回味了他作为发现者的难忘经历。"那时我还是一个二十多岁的考古队员，由队长许宏先生安排，负责出土绿松石龙的贵族墓葬所在区域的考古发掘，当时主要是发掘一座二里头文化早期大型宫殿建筑基址的南部院落。"

就是在这个过程中，在二里头文化早期大型建筑3号基址南院的道路位置，发现一座贵族墓葬。"发掘这个墓的时候，满眼都是惊奇：墓主人脖子上挂着一串海贝（有的还组合成花瓣状），头部放三个斗笠形的白陶器，其顶上还各缀着一颗绿松石珠，腰部放置一个铜铃，脚下和身旁有漆皮色彩仍然鲜红的漆器，大量的陶器打碎了放在墓主人身体周围。墓内出土随葬品相当丰富，总数达上百件，包括铜器、玉器、绿松石器、白陶器、漆器、陶器和海贝等。"

"我们先是在墓主人腰部的铜铃下发现了一些绿松石片

露头,这些绿松石片似乎镶嵌组合在一起,应该属于某个大型器物的局部。以往二里头遗址不少墓葬都发现了绿松石片,但都是散乱的,根据我的观察,这次发现的绿松石片平行成排平放嵌合在一起,可能镶在木头或皮上,可是木头或皮框都已经烂了,清理时稍微不小心绿松石片就会散乱。为了保证绿松石片不散乱,我小心地跪在地上,用细竹签剔掉覆盖在绿松石片上的土,清理时一手轻按,战战兢兢,连气息都不敢大出,快清理到绿松石片露头时,就挤压用于清理照相机镜头的吹筒,轻轻吹掉上面的土。清理时,常常一跪下来就一个小时不挪窝,等自己觉得眼花了腰疼了,准备起来的时候,膝盖一软都快跌倒了,浑身酸疼,可是清理的时候却浑然不觉,兴奋异常。"(图3)

图3 绿松石器头面部位

在这些文字里，读到了发现者的敬业与喜悦，还有对古物油然而生的敬畏。

时任二里头考古队队长的许宏，对这个发现有过专文记述，在他所著《最早的中国》中有一节名为"碧龙惊现'第一都'"，又一次回味了这个发现：

"这是二里头遗址发掘以来首次在宫殿区内发现的成组贵族墓。最令人瞩目的是，其中的一座墓（编为3号墓）中出土了1件大型绿松石器。3号墓的长宽分别超过了2米和1米，也就是说面积2平方米多。不要小看了这墓的规模，如果与后世达官显贵的墓葬相比，它实在是小得可怜，但在二里头时代，它可是属于迄今已发现的最高等级的墓。这座墓又是宫殿院内这些贵族墓中最接近建筑中轴线的一座，它的面积和位置已表明其规格之高。"

"墓主人是一名成年男子，30—35岁，墓内出土了丰富的随葬品，……绿松石龙形器放置于墓主人骨架之上，由肩部至胯骨处。全器由2000余片各种形状的绿松石片组合而成，每片绿松石的大小仅有0.2—0.9厘米，厚度仅0.1厘米左右。绿松石原来应是粘嵌在木、革之类的有机物上，其所依托的有机物已腐朽无存。这件龙形器应是被斜放于墓主人右臂之上，呈拥揽状，一件铜铃置于龙身之上，原应放在墓主人手边或者系于腕上。"（图4）

对这条龙的具体描述是：

"绿松石龙形体长大，巨头蜷尾，龙身曲伏有致，形象生动，色彩绚丽。龙身长约65厘米。龙头置于由绿松石片粘嵌

图4 绿松石器中部的铜铃

而成的近梯形托座上。托座表面由绿松石拼合出有层次的图案，多处有由龙头伸出的弧线，似表现龙须或鬃的形象。

"龙头隆起于托座上，略呈浅浮雕状，扁圆形巨首，吻部略微突出。以三节实心半圆形的青、白玉柱组成额面中脊和鼻梁，绿松石质蒜头状鼻端硕大醒目。两侧弧切出对称的眼眶轮廓，梭形眼，轮廓线富于动感，以顶面弧凸的圆饼形白玉为睛。

"龙身略呈波状曲伏，中部出脊。由绿松石片组成的菱形主纹象征鳞纹，连续分布于全身。龙身近尾部渐变为圆弧隆起，因此更为逼真，尾尖内蜷，若游动状，跃然欲生。

"距绿松石龙尾端3厘米余，还有一件绿松石条形饰，与龙体近于垂直。二者之间有红色漆痕相连，推测与龙身所依附的有机质物体原应为一体。条形饰由几何形和连续的似勾云纹的图案组合而成。由龙首至条形饰总长超过70厘米。"

发现过程与时空背景，绿松石龙的具体描述，这些文字交代得非常仔细了。还有比较重要的一个程序是复原研究，

第三部分 | 信仰文化　243

承担这个课题的是李存信，他在《二里头遗址绿松石龙形器的清理与仿制复原》一文中，谈到了研究与复原设想。

他说，"绿松石龙形器整体结构基本保存完好，图案较为清晰，仅局部部分饰片有所松动、移位，甚至散乱"。他观察到"绿松石龙形器的龙头置于由饰片粘贴镶嵌而成的近梯形托座上，……龙头较托座微微隆起，略呈浅浮雕状，为扁圆形巨首，吻部略突出。以三节实心半圆体形的青、白玉柱组成额面和鼻梁，绿松石质蒜头状鼻端硕大醒目。玉柱和鼻端根部均雕有平行凸弦纹和浅槽装饰。两侧弧切出对称的眼眶轮廓，为梭形眼，轮廓和线条富于动感。眼眶内另有镶嵌的绿松石片，以顶面弧凸的圆饼形白玉为睛。……龙身略呈波状曲伏，其中部有稍微隆起的脊线，左右两侧由里到外略微向下倾斜，外缘边线立面粘嵌着一排绿松石片。由绿松石片组成的菱形纹饰象征着龙的鳞，连续分布于全身，由颈部到尾部至少有12个单元。……龙身接近其尾部时渐渐变为圆弧隆起，龙之尾尖向内曲蜷"。（图5）

当然这样的复原，虽然有很重要的参考价值，但是有关的细节，还有进一步考量的空间。

图 5-1　绿松石器实验室清理　　图 5-2　绿松石器复原展示

这条绿松石龙突如其来的发现，被考古人烹成一道大餐，大家尽情享用，美美地享用，这是一条可能属于夏代的龙带来的欢乐。当然它带来的更多的是震撼，虽然多年过去，大家还顾不上观察它的细部，很自然地众口一词说见到了高贵的夏龙。当然研究也逐渐有所跟进，一些认识开始公之于世。

　　自这个发现刚一公布，冯时将这带有铜铃的绿松石龙一起，认作是古旗旜，即龙旗之谓。这个解释给我们不少启发，只是会觉得这样的龙形镶嵌在旗帜上可能影响它迎风招展。或者它只是直挂的幡，用不着飘扬起来。（图6）

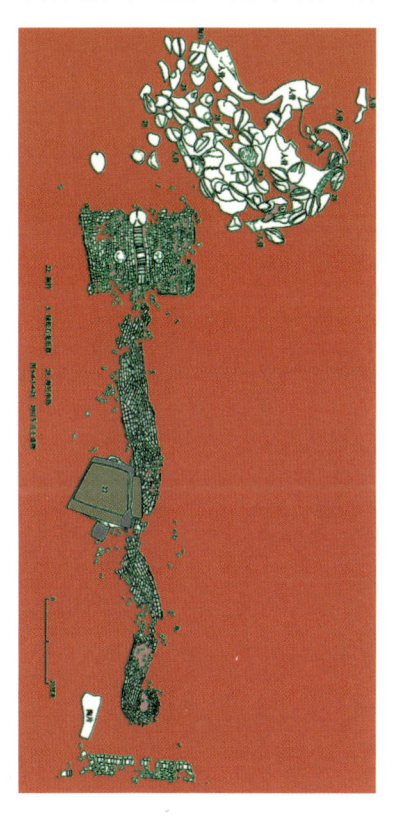

图6 龙旗？

　　日本学者认为绿松石龙形器可能是象征权力的"龙杖"，墓主人不是当时的"王"或王室成员，就是负责主持夏王朝图腾神物祭祀的"御龙氏"。蔡运章说绿松石龙图案颇似蛇，展示的是巨龙升天的图画，应是夏部族图腾崇拜的产物，与夏部族"宗神"禹的名义相合，而墓主则是夏王朝设立专门主管祭祀龙图腾的职官"御龙氏"。朱乃诚也有类似认识，说墓主可能是拥有养"龙"（鳄鱼）特殊技能的贵族，不属于王族，绿松石龙不会是二里头文化的"王权"或王统的表征。

图腾之说，也许觉得有些笼统，可以是崇拜对象，却未见得一定就是图腾之类。有人会说，三代都崇拜龙类，难不成龙会是共有的图腾？

何驽说绿松石龙与夏部族"宗神"禹的名义相合，认为其实绿松石龙本身就同"禹"有着直接的关联。这便明确说明二里头2002VM3出土的绿松石龙形器用手揽在怀中的造型，就是"禹"的象征或形象表征。开创于夏王朝的祭祀大禹的万舞，构成了夏代礼乐文明与制度的核心内涵，其物化的表现就是二里头文化的绿松石龙牌和铜牌。（何驽：《二里头绿松石龙牌、铜牌与夏禹、萬（万）舞的关系》，《中原文化研究》2018年4期）

绿松石龙即大禹这个认知，就更是有具体指证了，虽然论证还有待完善，但这个思路还是很新颖的。不过与图腾说同样不能回避的问题是，商代大量出现的类似龙形该如何定义？它们不是大禹又该是谁？

后来有人或说绿松石龙为传说中的人面蛇身的烛龙，与神话相对照，又是一种思路。

顾万发则认为二里头的绿松石龙可能象征极星神或北斗神，这又是由天文学生发的推论。龙形很多时，大约属性是可以分类的，要区分出极星神和北斗神，还得有更确定的标准。

这是一条龙，而且是夏龙，所有的解释，都是以此为出发点，没有半点疑问。

我一直也觉得，这是确定的龙，除了用龙来命名它，我们无从考虑也没有人考虑过它可能还是别的什么。细细观察，现在觉得可以有一些疑问了，它究竟是龙形，还是别的什么呢？

商周之际的青铜器和玉器上，常见龙虎之形，有单体的雕塑，更多的是器表的装饰纹样。龙虎之形虽很常见，却并不易区分，或者说并不会去细细辨别。尤其似龙似虎之形，形体非常接近，更多的时候是含含糊糊，似乎也不必细分明白。

不作细分的最可能的结果是，相似的形与纹都一概视之为龙，这就致使许多的虎形失却了它本来的面目。二里头遗址出土的这一件绿松石龙，就有可能是还没有明确辨别的似龙非龙之形。

它以龙闻名于世，名声已经非常大了，最近我这里却有了一点怀疑，于是写出这个短文，想求证于发掘者和有兴趣的研究者。我的初步认知是，它可能并不是龙形，而是虎形，它是绿松石虎。

龙虎之别，在前些时所写的《方圆阴阳》一文中，我已经呈示了一个粗浅的认识，大意如下：

商代青铜器和玉器常见到单体龙虎形器物，但更多的龙虎是作为装饰纹样出现在器具上。哪是龙形，哪是虎形，这是需要分别的。虽然分别龙虎之形并不难，但是也常见龙虎混淆的现象。有时也真是容易混淆，毕竟龙虎两形的纹饰构图太相似了，你认作龙，他认作虎，似乎也无大碍。只是这些纹饰原本的形象与意义应当是明确的，又真的不能混淆它们。（图7）

龙虎的构图，原本应当有明确区别，只是我们现在并不

图 7　鱼龙（虎）纹铜盘线描图，河南安阳殷墟妇好墓

容易完全了解，例如首尾、体形、体纹的表现。

商代的铜器、玉器上的龙虎之形，如果主要以殷墟的发现观察，大致可划分出蟠体龙虎、弧体龙虎和卷尾龙虎三种，少见真正的直体龙虎形。（图8）在妇好鸮尊盖上，可以看到一条小卷尾龙，体表的纹饰为典型的方菱纹。

二里头绿松石虎是标准的卷尾虎，与商代常见的卷尾龙虎形风格一致。

商代铜器、玉器上的龙形与虎形，有一个重要的区别是：龙顶角，虎张耳，龙有时可以角耳并见。正视有双角侧视有单角的是龙，正视有双耳侧视为单耳的是虎。（图9）

商周所见铜器和玉器上的龙虎纹，由角和耳的观察可以

248　古物说——文物里的古人日常

图 8-1　商代蟠龙铜盘线描图，河南安阳殷墟

图 8-2　商代蟠龙铜盘线描图，河南安阳殷墟

图 8-3　商代蟠龙铜盘线描图，河南安阳殷墟

图 8-4　商代蟠龙铜盘线描图，河南安阳殷墟

图 8-5　商代蟠龙铜盘拓片，河南安阳殷墟

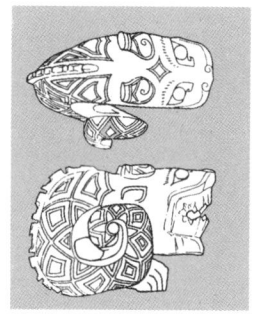

图 8-6　蟠体玉龙线描图，河南安阳殷墟妇好墓

图 8-7　蟠体玉龙拓片，河南安阳殷墟妇好墓

图 8-8　蟠体玉龙拓片，河南安阳殷墟妇好墓

第三部分丨信仰文化　249

图 8-9　西周龙纹铜盘拓片，河南安阳殷墟

图 8-10　弧体玉龙拓片，河南安阳殷墟妇好墓

图 8-11　鸮尊拓片，河南安阳殷墟

图 8-12　鸮尊上的卷尾虎纹拓片，
　　　　　河南安阳殷墟

图 8-13 鸮尊盖上有一条卷尾龙，河南安阳殷墟妇好墓出土

图 8-14 方罍上的双体卷尾龙拓片，河南安阳殷墟

图 8-15 子龙鼎铭文的卷尾"龙"字，中国国家博物馆藏

第三部分 | 信仰文化

1 商代龙纹觥　　2 商代妇好觥　　3 商代虎食人卣　　4 西周鲨形觥

图 8-16　商周铜器上的卷尾龙纹线描图
　　1 山西石楼　　2 河南安阳殷墟妇好墓　　3 日本泉屋博古馆藏　　4 河南博物院藏

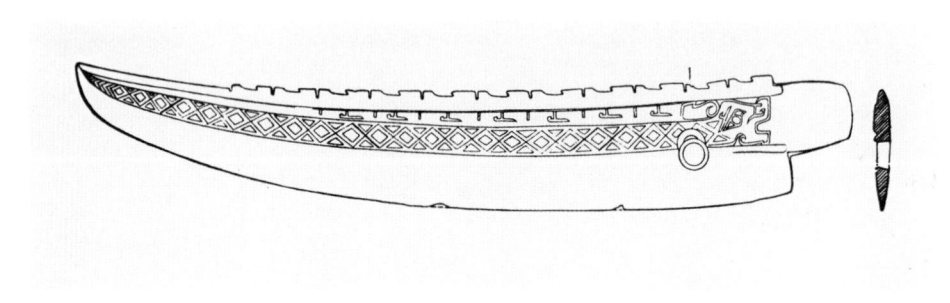

图 8-17　玉大刀上的直体龙纹线描图，河南安阳殷墟

252　古物说——文物里的古人日常

将它们明显区分开来。武官村出土后母戊鼎上的双虎纹,陕西西安张家坡井叔墓牺尊虎纹,都是明确的张耳虎纹,虽然后者曾被认作龙纹。妇好墓出土的玉龙和石龙,妇好后母辛觥盖上的龙纹(图10),商代铜盘上的蟠龙纹,陕西西安张家

图 9-1 青铜器盖蟠龙拓片,安徽青阳

图 9-2 玉龙拓片,河南安阳殷墟妇好墓

图 9-3 白陶器盖龙纹拓片,河南安阳殷墟

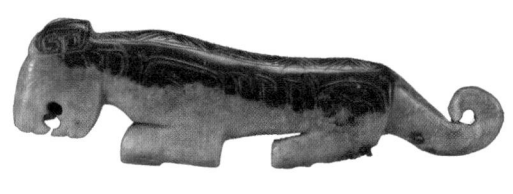

图 9-4 西周玉虎,河南洛阳出土

坡出土的玉龙，都是顶角的龙纹，有正视的双角，也有侧视的单角。

那么用这个标准来看看二里头的龙形器，又会是怎样的结果呢？

我是最近才注意到这绿松石龙的体纹，它长长的身体上有绿松石专意切割镶嵌的方菱形，这样的方菱形沿体脊顺序排列，

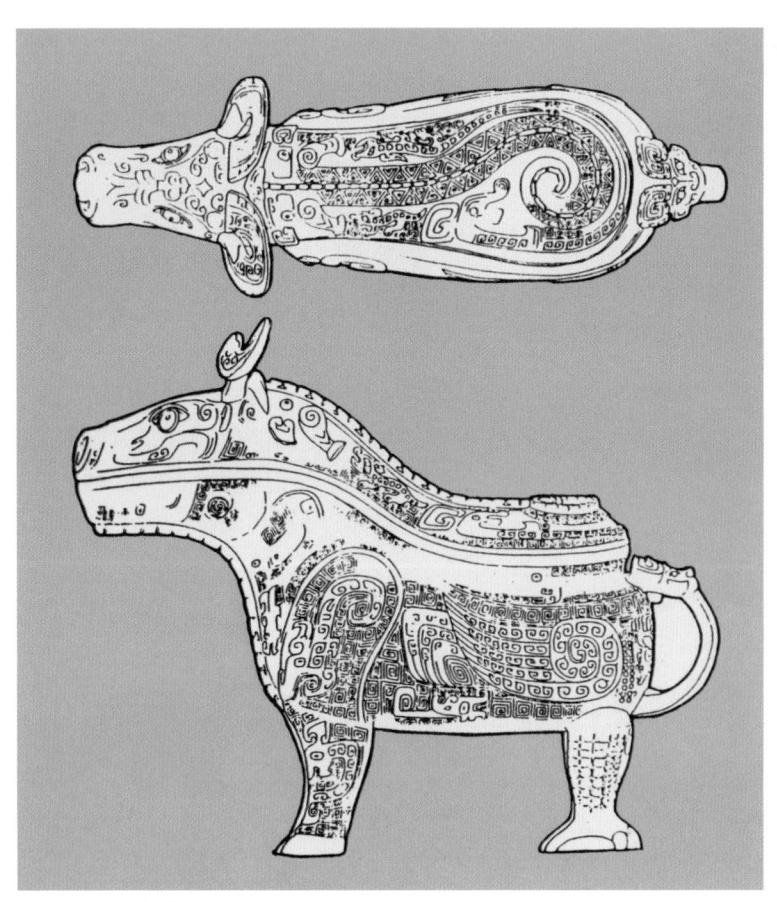

图10　后母辛觥线描图，河南安阳殷墟妇好墓

报道说是 12 个，也可能有 13 个。这方菱形还专门在中心开了个纵脊，合成一条由颈部贯通到尾部的脊线。（图 11）

特别要说明的是体纹上的这种方菱形，在商周之际一般用作龙纹的装饰，有时也用作虎纹的装饰。龙纹有时也采用圆弧形体表纹，所以不能以体纹作判断是龙是虎的依据。我已经将这两类体纹定义为阴阳表征，圆阳方阴，相信以后会

图 11　绿松石器体表拼嵌的方菱形纹

为更多的研究者所关注。(图12)

方菱形作为神龙神虎的体表装饰，这是一个值得关注的现象。除了二里头遗址的这个发现，其实新密的新砦遗址的陶片龙（虎？）纹，也见到体表所饰的方菱形纹。就是在二里头遗址，在至少2块陶片上见到的刻画龙蛇之类的纹饰，体

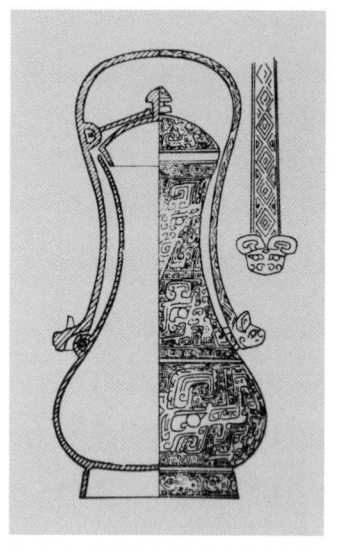

图12-1　提梁壶上虎形体表方菱纹线描图，河南安阳殷墟

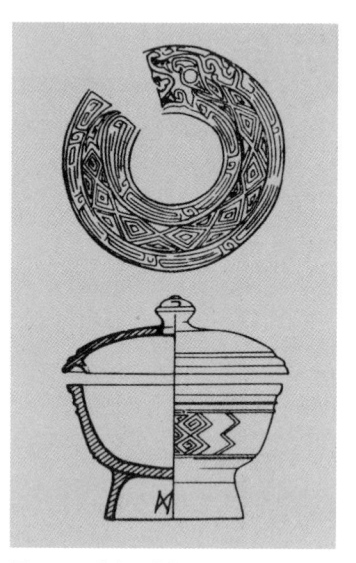

图12-2　白陶盂线描图，河南安阳殷墟

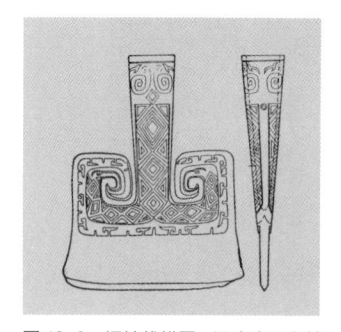

图12-3　铜铲线描图，河南安阳殷墟

图12-4　石龙体表的方菱纹线描图，河南安阳侯家庄 M1001

表也是方菱纹。(图 13)

　　就体表纹饰看，我们还不能判断绿松石龙究竟是否为龙形。那么对头部的观察，就显得非常重要了。我们注意到，在所有文字资料中，对二里头绿松石龙没有出现龙角的描述。这条龙没有角？细审照片和线描图，观察复原后的标本，也都没有见到角的形迹。莫非这是一条无角的龙？或者是因埋葬或清理扰乱了它的原形？

　　再仔细察看一遍，会发现本应当出现龙角的位置，见到的却是头和耳的轮廓，在龙面的顶部，用竖立的绿松石勾勒出边缘，界限非常清晰，不应当再有双角的设计了。埋葬和清理过程并没有对它的关键部位有破坏性扰动，不妨碍对整个形体的观察和判断。

　　若是无角，我们还将它视为龙，那理由就不坚实了，可能得重新有所考虑了。

　　这让我们想起在 1999 年新砦遗址的发掘中，在后来确认属于内壕以内的台地上，出土了一块"新砦期"的陶器盖残片。在打磨光滑的黑色器表上，以阴线刻出兽面纹样。兽面面额近圆角方形，蒜头鼻，两组平行线将长条形鼻梁分割为三部分，

图 13-1　陶片上的蛇纹，二里头遗址出土　　图 13-2　刻纹陶片拓片，二里头文化四期

第三部分 | 信仰文化　257

梭形纵目，弯月眉，两腮外似有鬓。刻制技法娴熟，线条流畅。发掘者直称为饕餮纹，认为具有明显的东夷文化色彩，造型含有虎的因素。这个同样被很多人认定为龙的刻画，其实是最接近绿松石龙的一个例子，非常遗憾的是，它的顶部缺失，原本有无角存在也不能确定。（图14）

新砦这样的风格与二里头的绿松石器大体相同，均定义为虎形，还是可以的吧。

头大如虎，尾细如蛇，即虎头蛇尾，形容有始无终的状态。这个成语出自元曲《李逵负荆》："狗行狼心，虎头蛇尾。"原义似乎与今义有些不同。二里头的这件绿松石制品正是虎头蛇尾之形，其实这并不奇怪，也不稀见，商周龙虎之形也多是虎头蛇尾，区别只在龙顶角而已。（图15）

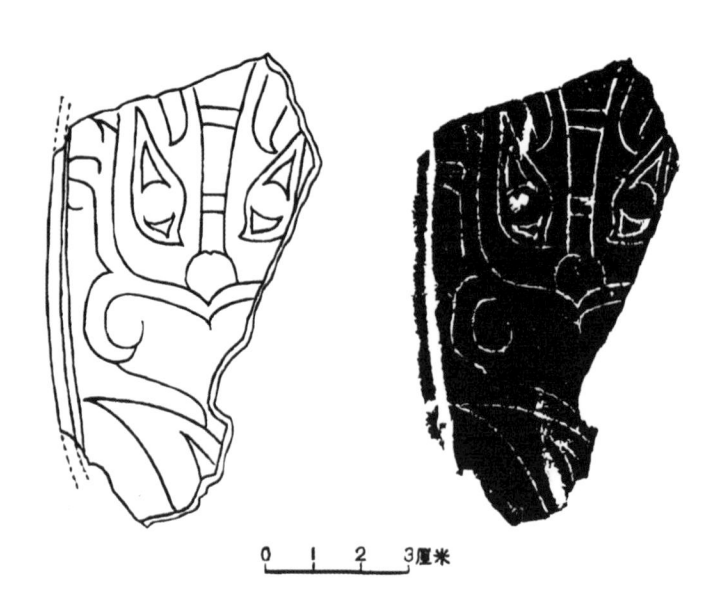

图14　刻纹陶片线描图和拓片，河南新密新砦遗址

当然也会有人说，有种虬龙即传说中的小龙，它是无角之龙，李善注《甘泉赋》引《说文》"虬，龙无角者"，王逸注《离骚》《天问》皆言"有角曰龙，无角曰虬"。不过二里头所见，似乎不可能是无角的小龙，与虎相提并论的，也不可能是虬。

这或许真是一条如龙之虎，虎虎生风。其实在三代之时，龙与虎并无高下之分，重新认龙作虎，也不会低看了这个发现的意义。在青铜纹饰中，龙虎常常彼此是如影随形，一样的威猛。

当然，重新以虎形认识这一件绿松石制品，我们还需要度过一个适应期，还需要梳理和取舍已经有了的成说，改口

图 15-1　商代青铜龙虎尊上的双角龙纹拓片，安徽阜南常白庄

图 15-2　商代龙（虎）纹铜钺拓片

图 15-3　商代石磬上的单耳虎纹，河南安阳武官村出土

第三部分 | 信仰文化　259

说"绿松石虎"也会觉得不顺畅，慢慢来吧。

末了还要说起距"绿松石虎"尾端3厘米余的那一件绿松石条形饰。研究认为它与虎身所依附的有机质物体原应为一体，也即说它是虎纹构图的一个附属图形。复原观察认为这条形饰由几何形和连续的似勾云纹的图案组合而成，也有一定道理。（图16）

其实类似的构图在青铜纹饰中有过发现，而且应当是一种具有特别含义的组合。在蜷曲的龙尾或虎尾，横置一段纹饰带，这条纹饰带通常是由一两条蜷曲成S形的小蛇构成，这也许是一种母子组合，与龙同在的是小龙，与虎同在的是小虎，未必就是通常认作的蛇形。

这样的例子最典型的是殷墟发现的一件骨匕，它的两面是相对的龙体虎体，尾部都横刻有一条屈曲的S形幼龙或幼虎。还可以举出的一例是山西石楼桃花庄出土的青铜觥盖，上铸

图16-1　绿松石虎尾端与条形饰　　图16-2　绿松石虎尾端条形饰复原

大龙卷尾与小龙纠缠，尾端底边排列着三条屈曲小龙（虫）纹，组成一个纹饰带，与二里头绿松石虎形和横带状纹组合构图相似。（图 17）

我们再来看一看最熟知的后母戊鼎，鼎耳上的"双虎食人"图形吸引过不少研究者。我们看到的双虎为侧面形象，是接近真实的虎身，但保留着卷尾的特征。更要注意的是，虎尾的下面有一凸起的横栏，如果与虎纹连在一起观察，我们会很自然地想起如同殷墟骨匕一样的图形组合。（图 18）当然后母戊鼎的鼎耳经过修复，会与原样不同，不过在有些仿制品上看到的鼎耳图形却让我感到惊讶，它的虎尾下面居然出

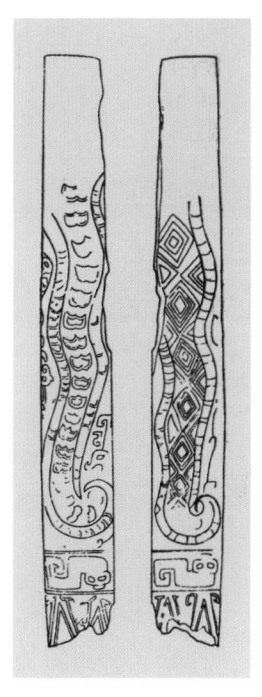

（左）图 17-1　商代蛇纹骨匕线描图，河南安阳殷墟侯家庄 M1001

（右）图 17-2　商代晚期青铜觥盖拓片，山西石楼桃花庄

第三部分｜信仰文化　261

图 18-1　后母戊鼎，河南安阳出土

图 18-2　后母戊鼎耳

图 18-3　后母戊鼎耳，右侧虎尾下隐约见到 S 形小虎横条带纹

现了双小虎组成的横纹饰带，这又恰与商代的纹样定式吻合，一定是高人的仿品。（图 19）

这样看来，二里头绿松石虎形尾端的条形饰还不一定是由几何形和连续的似勾云纹的组合，它或者就是几条小蛇或

小虎组成的二方连续图案带。

这样一看，虎形或龙形或蛇形横条带组成的图形，至少应当是商代艺术的一种流行风尚，是一种固定格式。当然它的意义还有待研究，应当具有我们还不知道的特别的象征性。

二里头绿松石龙改认作虎，依然体现有一种王者之气，可它是属夏王抑或是属商王的呢？

如果说这龙就是传说中的大禹的象征，商与周都大张旗鼓将禹形标示在铜玉之器上，所为者何？

另一个问题是，同一的艺术表现风格，是单纯的形式模仿，还是夏商两代有了信仰认同？铜器与玉器包括绿松石作为不同的载体，却表现了同样的题材，会不会还有另外的载体？

图19　复仿的后母戊鼎耳虎尾下清晰的纹饰带

一定会有，木雕、石雕就有可能。如果三代都有相似的艺术表现方式，更早时代的类似艺术传统也许已经建立，这是需要探索的问题。

这里还有一个推想，也是关于艺术形式的问题。我们在商代的铜器和玉器上常见纹饰对称布局，龙虎鸟之类图形的出现会呈现对称构图，由此我们想到二里头绿松石虎应当不止制作了一件，或者当初就制成一龙一虎。若是如此，那一条龙何在？就算是一个考古学猜想，我们等待着发现它的那一天。

最后我还想特别提到殷墟侯家庄发现的4件木质抬舆，每件都有4个抓手，抓手上都雕饰着卷尾的虎形，中间是一个大虎面。（图20）原报告将抓手的装饰认作是兽足，并不准确，虎体有方菱纹雕刻，形体也很接近二里头的绿松石虎，而且是同一式的卷尾虎。列举这一个例证，是想进一步证实商代的龙虎艺术流行风的存在。

再细一思索，这绿松石虎真会让人起了疑心，它原本未必就与夏有关？二里头文化姓夏或是姓商，或是半夏半商，学界还在论争之中，除了由物质文化层面讨论以外，也可以由精神层面切入，将讨论引向深入。

这条绿松石虎，其实真的是非常接近或者说就是商代风格，它既然属于二里头文化二期，这就提供了一个重新审视二里头文化属性的新切入点。也许有人会有这样的推想：三代之礼，前后相因，有所损益，在这龙虎艺术上损益会有的，相因也是可以有的，这条虎属于夏的可能性也还存在。

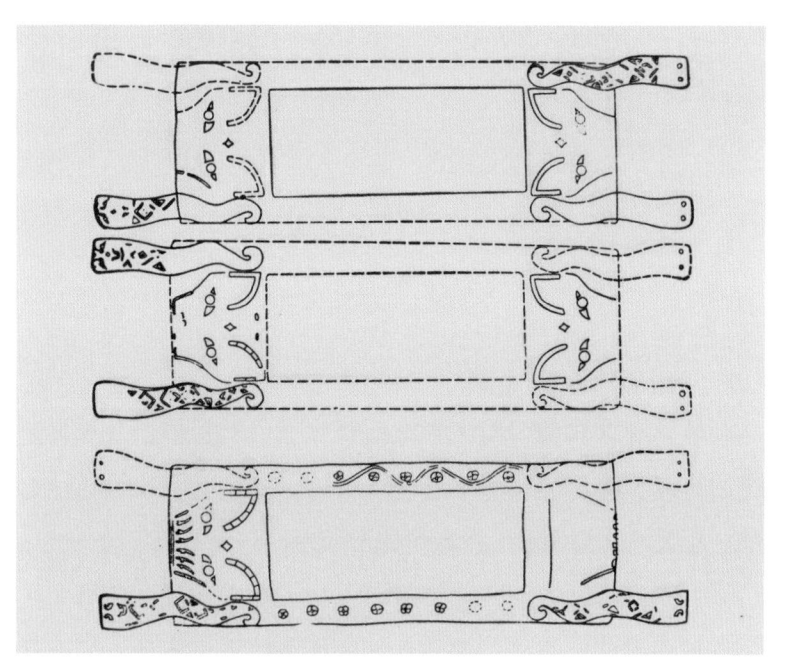

图20 木抬舆线描图,河南安阳殷墟侯家庄

  是的,毕竟年代更早的新砦龙虎已经成型,与二里头龙虎之形也表现有明显的共性。将来也未必不会有更早的发现,希望以后有更多的新材料来佐证,这个问题还有继续讨论的空间。

3 文化符号：那猴，那鸟，那树

战国和汉代的一些文物上，有时可以见到猴形与鸟形共在的景象，如铜灯如钱树，如石阙如画檐，如砖画如石刻，细心地观察就会发现，猴与鸟如影随形。

鸟为何与猴同在，猴为何与鸟同处，这让人百思不解……

猴鸟多情？多义？猴与鸟除了都在林子里行动，彼此并无太多关联，为何要这样特别表现它们？

猴年时，我写了一小篇猴文，写文物中的猴影。写作中捕捉猴影时，发现了偶尔与它同处的鸟儿，心想它们是冤家对头，还是欢喜朋友？翻检了许多文献，始终没有找到合适的答案。

当读到《太平御览》卷八十五引《抱朴子》的文字时，以为找到了一个可能的答案。该本叙述了一个奇特的传说："周穆王南征，一军尽化，君子为猿为鹤，小人为虫为沙。"唐吴筠《玄猿赋》引作"君子变为猿鹤，小人变为虫沙"，韩愈诗《送区弘南归》中也有"穆昔南征军不归，虫沙猿鹤伏以飞"的句子。军士中高贵者变作猿鹤，低贱者化为虫沙，这传说成为成语"猿鹤虫沙"之来由。

君子为猿为鹤，我们并不相信有这样的事，但将猿和鸟与君子相提并论，似乎可以看作是解释文物中猴鸟共处的合适依据。

古人以君子自况，用猴和鸟作君子符号，似乎也在情理之中。宋《云笈七签·连珠》有云："玃鸟鹦鸽，不相畏恐。狸犬兔鼠，不相避忤。故君子自处，不群不党，不曜不动，不利不害，常守静不移，故成君子也。"用猴与鸟比附君子，将它们作为君子的符号，似乎古人是乐于接受的。

猴和鸟，又喻隐士。如唐皮日休《奉和鲁望樵人十咏·樵家》诗："空山最深处，太古两三家。云萝共夙世，猿鸟同生涯。衣服濯春泉，盘餐烹野花。居兹老复老，不解叹年华。"又读到宋代释文珦《赠隐僧》诗："禅居既高静，道气尤凄清。不褒市朝路，深谙猿鸟情。"猿鸟情，指隐士之情，如猿如鸟，乐在山林。以猿和鸟喻隐士，也是古人的情怀。

但是，猴、鸟喻君子，喻隐士，这能解释透彻文物上见到的相关图像吗？

不能，真的不能。当看到文物中出现弯弓搭箭射向猴、鸟的人物时，我们知道君子与隐士之论都不是真正的答案。

猴与鸟，原来它们是古人提炼的两个象征符号，是人们内心的一份希冀。它们是人们曾经的一种向往，一种追求。

灯光下猴鸟歌唱

宴会的气氛，比较午宴和夜宴，这夜宴在暗黑中闪亮，灯红酒绿，迷幻的色彩更胜一筹。虽然霓虹曼妙，但许多人似乎更欣赏烛光的悠忽，明里暗里风光无限。灯烛是古人很早就有的发明，他们在这烛光下度过千年计的夜宴时光，黑暗里的烛光，也闪烁有文明的光束。

夜宴依赖灯烛照明，初时应当是独灯一盏盏，战国时造成多灯连盏集束大灯，称为多枝灯或连枝灯。出土物中最壮观的是河北平山中山王墓出土的十五连枝灯，高大与复杂的构型显示出王者气派。连枝灯形如同一株大树，树枝支撑着十五个灯盏。灯盏错落有致，枝上饰有游龙、鸣鸟、腾猿，至少有八猴二鸟。（图1）

看猴来猴往，听鸟儿歌唱，这灯柱成了快乐的森林。

在大型灯具上出现猴和鸟，并不只见于这十五连枝灯。中山王墓出土的另一件铜人俑擎灯，灯柱上也出现有猴。此灯铸造十分精致，三盏灯盘九支灯签，火烛高低错落，见一

图1 战国十五连枝灯及局部，河北平山中山王墓出土

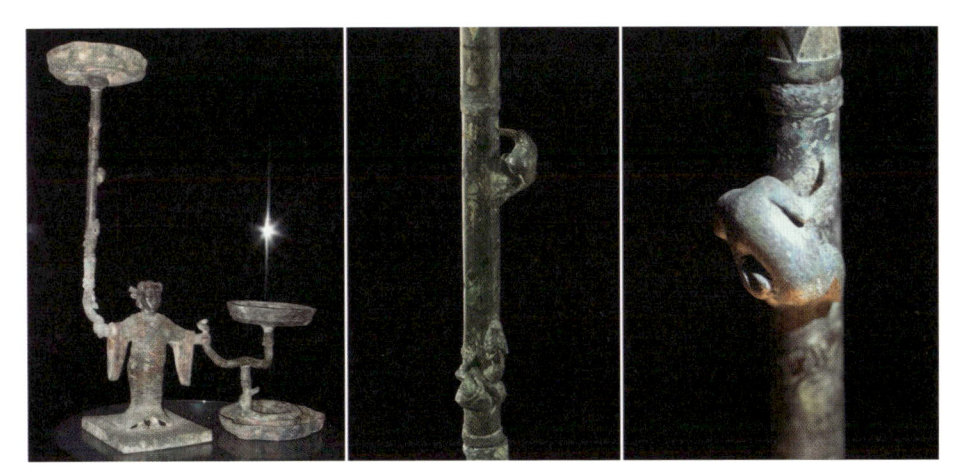

图2 战国铜人俑擎灯及局部，河北平山中山王墓出土

猴在柱上翻腾，得趣在灯影摇曳中。（图2）

此外又见贵州出土东汉连枝灯，横出的四个分枝上，分列着几只猴和鸟。猴与鸟立在灯枝，犹如身处林间，自得其乐。

前不久在一个饮食博物馆参观时，看到展位上有两具复制的十五连枝铜灯。灯柱与横枝上光光的，没有见到猴和鸟。我对馆主说，这是个问题，要加上这两种精灵，不然这灯的意义还有味道就没有了。馆主很痛快就答应了，马上嘱人记录改正，希望再去参观时能看到猴和鸟。

猴与鸟的形象出现在灯柱和灯枝上，在战汉之际已不是偶然现象。灯柱和灯枝显然是象征着林木，猴与鸟在其间跳跃歌唱，这难道只是当时工匠在表现自然之趣吗？显然不是，因为这猴与鸟，一定是作为特别的文化符号出现的，它们也一定有特定的象征意义，这种象征意义正是需要进一步考察的。

钱树上的狂欢

看到灯柱和灯枝上的猴鸟,很容易让人联想到汉代的摇钱树,因为摇钱树上也常见这两类精灵的身影。

汉代的摇钱树,有树干树枝,以青铜铸成。树上最多见到的是铜钱,还有西王母和东王公,不过猴和鸟也是少不了的角色,鸟立枝头,猴穿行在枝间,或者弯臂钩挂在枝上。(图3)

这些猴形是单铸后挂上树枝的,成群结队地出现,使得冰冷的钱树凸显出一种活力。有的猴与鸟同在,铸成一体,别有一番情趣。(图4)

摇钱树上的铜鸟们,嘴里衔着鱼儿,背上是一串铜钱。

四川绵阳出土的汉代摇钱树,树上的中心角色是鸟,枝

图3 汉代摇钱树及局部

图4 汉代摇钱树上的猴与鸟

上挂满了铜钱,重要的是还出现了骑马的射手。

这射手又是什么角色?

树下双射侯与爵

如果说将灯柱理解为一棵树有点主观,若是看到更多的猴鸟在树上的汉画图像,也许就不会觉得这是主观想象了。

汉画中有一种特别的主题被称为"树下射鸟图",因为出现频率较高,所以受到关注,吸引了不少研究者。画面构图常为一棵大树,树上有鸟集止有猴攀援,树下有马,还有弯弓射鸟与猴的射手。

汉画中的射鸟图,很明确表现的多是射鸟,因为鸟可以是阳鸟,所以画面被有的人理解为后羿射日。又因为有时猴也出现在画面上,所以又被理解为养由基射猿的故事。

故事见于《淮南子·说山训》的记述:"楚王有白猿,王

第三部分 | 信仰文化　271

自射之，则搏矢而熙。使养由基射之，始调弓矫矢，未发而猿拥柱号矣，有先中中者也。"说楚王养了一只白猿，他要射猿取乐，白猿却夺过箭与楚王嬉戏起来。楚王令养由基射这白猿，在他张弓搭箭还未发箭之时，白猿就抱着柱子悲号起来，结果箭发时猿应声倒下，楚王好生高兴了一回。养由基善射，应当不是虚传，《史记·周本纪》和《战国策·西周策》都有记述，"百步穿杨""百发百中"这样的成语正是因他而得来。

虽然汉画表现的是射猴，但画面上的射手未必就是养由基。对射鸟意义的解释，让研究者们很费思索。

曾经专攻汉画的信立祥先生在《汉代画像石综合研究》中，对"树下射鸟图"的意义这样解释：子孙祭祀墓主前在墓地周围狩猎，因为要以猎物为牺牲。邢义田不认同这个说法，以为树下弯弓射鸟（猴）的这类图像，其意义是"射爵射侯"。他从内蒙古和林格尔一幅射鸟图的榜题"立官桂□（树）"出发，认为"桂""射雀""射猴"与"贵""射爵""射侯"谐音，图像又与"立官"有关，是保佑子孙得官爵、得显贵之意。（图5）

内蒙古和林格尔汉墓壁画，"立官桂□（树）"的榜题，确实让人觉得这树下射鸟图就是一幅励志图。

河南郑州汉画树下射鸟图，因为树下有人骑着马，也容易让人想到"马上封侯"，虽然树上只见鸟没有猴。不过要注意的是，这里表现的树应当是连理枝，别有深意。（图6）

山东微山两城山也有一幅汉画，连理枝上有众鸟，树下有马，一人在树下搭弓射鸟。（图7）

微山两城山另一幅射鸟图，也是明确的连理枝，枝头不

图 5　壁画，内蒙古和林格尔汉墓出土

图 6　汉画树下射鸟图拓片，河南郑州出土

图7 两城山汉画像石拓片，山东微山 　　图8 两城山汉画像石拓片，山东微山

仅有鸟，而且有多达13只的猴。树下有马，而且有羊，左右各有一人正在射猴射鸟。这一幅图角色描绘完全，对于理解"射侯射爵"的说法很有启发作用。（图8）

四川成都发现的汉画像砖，画面表现了池塘捕鱼和树下射鸟，很容易理解为渔猎图，但只要注意其中一方右边的树上不仅有鸟也有猴，这就不能看作是一幅简单的生产图景了。（图9）还是树下射鸟、猴，也捎带着采莲捕鱼。（图10）

河南南阳汉画和山东某地见到的双人树下射鸟图，一图

图9 汉画像砖拓片，四川成都 　　图10 汉画像砖拓片，四川成都

有鸟有猴，一图只见鸟。看来鸟是一定要有的，猴在画面上有时可以缺位。（图11、图12）

安徽萧县汉画像石中的树上的鸟与猴，形体比较夸张。值得注意的是，这样的树并非固定的品种，这两株树非桑非桂，也可以表现同样的主题。不过这里射手缺位了，这是并不多见的。（图13）

河南郑州出土汉画中的这幅射鸟图，表现的似乎是武士射鸟，武士英姿勃发的样子跃然眼前。（图14）

图11　汉画像石双人树下射鸟图拓片，河南南阳　　　图12　汉画像砖双人树下射鸟图拓片，山东

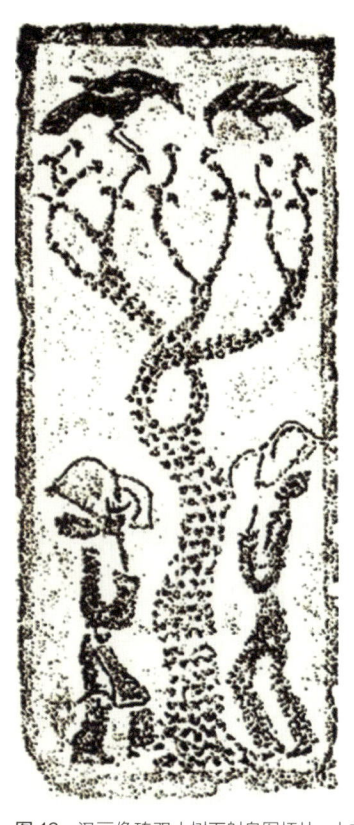

而山东滕州出土的汉代画像石射鸟图,见一人射中树上鸟,一猴立于马背,被称为"马上封侯图",也算是名副其实。(图15)

将汉代画像石中常见的树下射鸟、射猴之像,定义为"射侯射爵",其依据是见于《礼记·射义》中"射侯者,射为诸侯也"的说法。郑玄注曰:"天子中之则能服诸侯,诸侯以下中之则得为诸侯。"

古者以射选贤,射中者获封爵,因谓之诸侯。射技好不好,真是一件很重要的事,射不中就没得为诸侯的资格。这个"侯",本又写作"矦",《说文》释为"春飨所射矦也",是个象形字,从人,从厂,像张布,矢在其下,也就是箭靶。所以《小尔雅·广器》说,"射有张布谓之矦"。《诗·齐风·猗嗟》云"终日射侯",就是终日练习射箭。

至于将鸟解为"雀",再解为"爵",如《集韵》释为爵位也,似乎于理可通。公、侯、伯、子、男,都是爵位。射鸟即是射雀,即是射爵,射鸟成为求取爵位的艺术表现形式,也许在汉代是非常深入人心的。

大丈夫居世,生当封侯,死当庙食,这是汉代男子们的志向。不过将射鸟这样的励志图画装饰到墓室,显然并非为死者表达这种志向,目的一定是为子孙求福祉的吧。

河南洛阳吉利区西晋墓葬石刻,也能见到射鸟图,可见汉代人的观念在后来依然延续着。(图16)

图 13　汉画像石拓片，安徽萧县

图 14　汉画中的射鸟图拓片，河南郑州

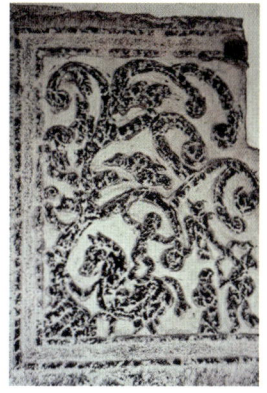

图 15　汉画像石射鸟图拓片，山东滕州

图 16　石刻射鸟图拓片，河南洛阳吉利区西晋墓

第三部分 | 信仰文化　277

屋檐上的祥瑞

汉画上不仅是树上可见猴与鸟，建筑上也能见到猴与鸟。

安徽萧县汉墓中见到的建筑图像，建筑下层有鸟形人像，有站立马（羊？）上的猴，屋檐上歇着鸟，居然有一鸮。汉画中常见建筑上绘双鸟图像的画面，应当是祥瑞之象。（图17）

四川发现的一些汉阙，上面的刻画有时也见到射鸟图像。一幅成都羊子山出土画像砖画，表现的是单阙图像，阙体造型非常优美，檐下有双猴晃动，也是祥瑞意境。（图18）

有鸟有猴的汉画，虽然不一定都有射手出现，它们的意境应当是一样的。

图17　汉墓中的建筑图像拓片，安徽萧县

图18　东汉单阙图像拓片，四川成都羊子山

婚媾里对子嗣的希冀

张晓茹学位论文《汉代画像中的"树木射鸟图"研究》，在前人研究基础上另辟蹊径，认为这类汉画题材与生命传承繁衍有关，射鸟意为得子，表现的是生殖崇拜。她在论证中提到了高禖，也述及桑树桑林，这样的认识较以前诸说，又明显深入了一步。

禖，本是天子求子之仪。按《礼记·月令》所述，"仲春之月……是月也，玄鸟至。至之日，以大牢祠于高禖。天子亲往，后妃帅九嫔御。乃礼天子所御，带以弓韣，授以弓矢于高禖之前"。

求子于天，是在玄鸟飞来的春日，不仅要飨以太牢之礼，还要授以弓矢。这个细节过去易于忽略，不过郑玄注意到了，他说是"求男之祥也"。天子是带着有孕在身的嫔妃，将具有象征意义的弓矢授予她，冀望生下男子。后来民间求子，也行禖礼，上行下效也。

有象征生育的玄鸟，有象征男性的弓矢，所以说射鸟之图与求取子嗣相关，联系到生殖崇拜，是很有道理的。不过这论证也留下一个遗憾，可惜忽略了野合图。

汉画中见有野合图，此一幅发现于四川新都，最为著名。过去定义为高禖桑林之会，也很贴切。以往人们注意较多的，是汉代这种春天流行的古俗，仅限于野合之俗的讨论，没有更深层次的挖掘。（图19）

我们仔细看去，虽然两男女的交媾占据了画面的中心，但不

图19 汉画野合图，四川新都出土

图20 魏晋壁画树下射鸟图，甘肃高台骆驼城出土

可忽略画面中对环境的交代。注意那一株不大不小的树，也不论它是桑是桂，它上面有两只攀援的猴和几只溜达的鸟！这让我们恍然大悟，桑林之会，猴、鸟出现，求子的仪式感这么浓烈。

汉风如斯，汉代以后又如何？甘肃高台骆驼城魏晋壁画"树下射鸟图"可以给出答案，依然如斯。坞前一棵树，树上歇着鸟，树下有人弯弓，树下射鸟，与汉时一样的追求。（图20）

还有甘肃嘉峪关魏晋砖画，被取名为"驱鸟护桑图"，其

图21 魏晋砖画驱鸟护桑图，甘肃嘉峪关出土

实依然是树下射鸟的含义。采桑妇人还在采桑，不过她的孩子已经长大，是一个可以持弓的男子汉，如愿以偿了。（图21）

而甘肃酒泉魏晋墓发现的另一幅壁画，则让人生出更多想象。一株繁茂的大树上有鸟有猴，树下一裸身女子半匍匐地上，有人称之为"生命之树"，也非常切题。这样的表现方式，较之用箭射似乎更易理解，孕育生命的期盼，有很高的目标，非侯即爵。（图22）

猴和鸟就这样成了两个象征，这两个由动物提炼出的象征符号，被汉代人摹刻在砖石上，牢记在心眼里。

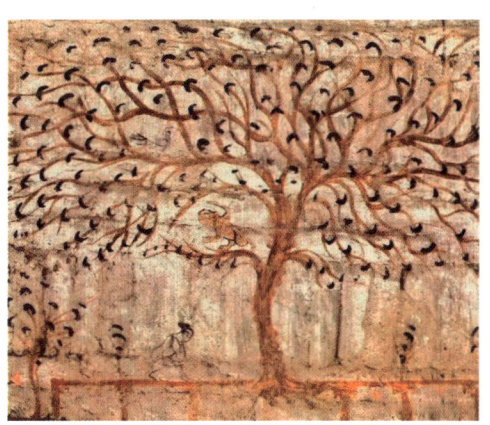

图22 魏晋墓壁画鸟猴裸女图，甘肃酒泉出土

第三部分 | 信仰文化　281

4 春秋故事：玉璧宝马借条道

唇齿相依，这个成语不难理解，典出晋人陈寿的《三国志》，比喻的是孙吴与刘蜀的依从关系。这个词应当是取义于另一个词，即"唇亡齿寒"，也是一个由古时传承到现代很通晓的成语。所谓"辅车相依，唇亡齿寒"，来自年代早出很多的《左传》，是春秋时代的一个谚语，讲的是颊骨和齿床相依，嘴唇与牙齿相依的道理，当然也是比喻国与国之间命运与共的关系。

古人善于以小喻大，用唇齿比喻国与国的关系，就像老子说"治大国若烹小鲜"一样，是大题小做。最初出现在史籍中的唇亡齿寒的谚语，真的就带来了一段唇亡齿寒的悲怆故事，有两国因连带关系而先后遭灭国之祸。不只是唇亡齿寒，而是唇亡齿也亡了。

也是因为这一段史实，就有了又一个成语，即"假道灭虢"。是晋国借虞国之道，灭了虢国之后又灭了虞国，唇齿相依的虞与虢就都没了。

这是一个春秋故事，晋国向虞国借道，代价是有的，只不过是用了一块玉璧和一匹快马。这也是一个令人难以置信的故事，但它确实在2000多年前就那样发生了。

在那个时代，骏马与玉璧，都并非稀罕之物，当然顶级的马与璧，那就另当别论了。

我们许多人都很熟悉的与玉璧有关的故事，印象最深的一定是和氏璧演绎的那段历史。而比这更早的假道灭虢，其实也主要是由一块玉璧演绎出来的故事，可知之者却甚少，那就一起回味一番吧。

马，在车战与骑战兼重的东周时代，是战场上主要的驱动力所在，自然在兼并战争中具有举足轻重的地位。只是一匹马，即使是良马，也发挥不了多大作用，但也止不住让人"心向往之"。宝马一匹，是那时代某些人的执着追求。

璧，一种扁平环状的无实用意义的器具，最初出现时并不精美。（图1）它是随着王的出现而出现，璧的名称与王的

图1 商代凸沿玉璧，河南安阳妇好墓出土

称谓，应当可以画等号。有了天子，它就是天子的礼天之器，诸侯享天子者亦用璧，它象征天，自然也象征天子。早先的璧，一般是光素无纹，自春秋时代开始璧形规整，有了一些雕饰，可以作艺术品欣赏了。

璧虽然并没有实际用途，但因为礼制规定用它礼天，它又象征王权，难怪会在预设的概念里，它会迷失自我，它会那样地让人魂魄不守。一个扁平的圆盘，以璧的名义，诓天诓天子诓王侯诓人心，全都忘了，它只是一块玉石而已。

《管子·轻重》有一则佚文说桓公想去朝觐周天子，但无力准备贺礼。管仲给他想到一个来财的办法，"使玉人刻石而为璧"，按照石璧大小定价，大的万钱，小的五百。借周王之口说，要见天子的"不以彤弓、石璧者，不得入朝"。朝贺时间确定了，列国都来不及造璧，于是发生了"天下诸侯载黄金、珠玉、五谷、文采、布泉，输齐以收石璧"的盛况，结果就是"石璧流而之天下，天下财物流而之齐"。这个故事叫"石璧谋"。

于是，公元前679年，诸侯与齐桓公在鄄地盟会，齐桓公从此成为天下诸侯的霸主，而且是春秋第一霸。猜想齐桓公在志得意满时，一定想起了石璧谋，这么着不仅有了财富，也有了霸业。

就在东边石璧谋实施不久以后，西边又发生了用玉璧宝马借道灭国的故事。

这个小到只是有关一匹马一块璧、大到两国灭亡的故事，发生在东周的晋、虞和虢这三国之间。

话说晋献公诡诸继位以后，封后母齐姜为夫人，立齐姜所生的申生为太子，有人说这是在向齐桓公示好。齐姜没几年病逝，晋献公又纳大戎狐姬和小戎子，分别生了重耳和夷吾，即后来的晋文公和晋惠公。有学者认为小戎子是虢国的一位公主，如此看来晋与虢不仅是同宗，还是亲上加亲的姻亲。这是个"不伦"的姻亲，所以它带来的故事也显得没有什么逻辑。

晋献公出兵攻打骊戎，骊戎献出了美女骊姬、少姬姐妹，这对姐妹花又为晋献公生下两位公子，献公高兴了又改宠骊姬、少姬，将骊姬封为正夫人。

晋献公前后爱宠的夫人，她们的公子公主自然是富贵与生俱来，不过结局却大不相同。献公立骊姬为夫人后，开始追杀前夫人的公子们，演出了一幕幕宫廷惨剧，灭敌也灭亲，晋成为虎狼之国。

献公在内政上因继承问题乱成一团麻，还想站在列国争强争霸的潮头，时不时要弄一些动静出来。他觉得晋国的大患是虢国，那个名叫丑的虢公不断侵扰晋国，心里很是腻味。晋与虢之间隔着虞国，虞和虢两国彼此相怜，晋袭虞时虢出兵救援，晋攻虢时虞也会相助。怎么办呢？大夫荀息心生一计，他对献公说，对付这两个小国，先得施离间之计，先破了他们的小联盟。虞公是个贪鄙之人，可投其所好送点小恩惠给他。

什么样的小恩惠？荀息让献公将心爱的屈产宝马和垂棘之璧两件宝物送给虞公，借道虞国先灭了虢国，再见机行事。献公很是舍不得这二宝，荀息非常明白地告诉他："等在虞国借到路，宝物放在虞国就如同放在我们国外的库房里一样，将来很容易就取回来了，它们照样还是您的。"听了这话，献公回过神来，好计策，同意以宝借道。

献公舍不得的二宝，说是晋国的国宝也不为过，是屈产之良乘和垂棘之白璧。有人认为屈产和垂棘都是晋国之地名，不过学者尚存不少争议，并不能确指相当现代之地望，这一点可以不作细论，只需明白一地出宝马一地出宝璧也就可以了，都是稀世之宝，也一定是虞公所没有的。

两样心爱的宝物——一匹宝马、一件玉璧，献公看着，目送荀息带着它们上路，他实在是舍不得。荀息带着这两样宝物到虞国借路，见到虞公，先是提到晋国曾经帮助虞国攻打冀国的事，表明两国交情不浅，话音一转，提出了借路伐虢的打算。虞公见到了两件至宝，喜欢得不行，很爽快地就答应了借道的请求，而且居然愿意起兵作先锋讨伐虢国。荀息心里别提有多高兴了，两件宝物就轻易将虞公拿下，似乎是太顺当了。

虞公有位大夫叫宫之奇，他的直觉告诉他，这二宝带来了不好的讯息。宫之奇劝虞公多个心眼，虞公听不进去，不相信会有什么意外发生，交一个弱朋友去得罪一个强有力的朋友，那才是傻瓜哩！

当年夏天，晋国派里克和荀息率军会师虞军攻打虢国，拿下了下阳城。

由此过去三年之后，晋国又一次向虞国借路攻伐虢国，宫之奇也再一次劝说虞公，这一次更是情真意切，他说："虢和虞两国唇齿相依，虢国如果灭亡，虞国也就危险了。晋国的用心不会那么简单，借过路一次，又来借二次，没完没了，恐生大患。有谚语说唇亡齿寒，这好像就是说的虞、虢两国，务要深思。"

虞公不以为然，他说："晋与虞是同宗，他们怎么会加害于我们？"宫之奇回答说："虞和晋是同宗，虢和晋也是同宗，而且虢和晋之间还要更亲一层，晋要是灭了虢，还会顾忌我们吗？"

宫之奇理占十分，却还是没能说动虞公，虞公居然又答应了晋，再次借道。虞公还有一个嗜好，喜好男色。《战国策·秦策一》中说荀息带给虞公的礼物中还有美男内宠，用了"美男破老"一计。这也是为着对付宫之奇的，弱化了他劝诫的力度。

宫之奇好生无奈，绝望中带着家族逃离虞国，他悲叹中的预言是：虞灭国等不到年底，晋国此次用兵一举两得，虞、虢两国都不复存在了。

果不其然，到年底晋灭了虢之后，回师假借休整驻扎在虞，还将劫夺的财产分送给了虞公。过了几天，就像是一个约会似的，晋献公率大军来虞，虞公出城礼迎。献公邀虞公往郊外行猎，得报城中起火。虞公慌忙中赶到城外，城池已经被晋军占领，晋国就这么游戏般地灭了虞国。

取了虞国，活捉虞公。后来晋献公嫁女，虞公在秦晋之好中当作陪嫁被送到秦国去了。在强势的晋国旁边，虞、虢的灭国是迟早的事，可是这一段历史这样写成，虞公怎么也想不明白，如果听了宫之奇的劝，别收下那马那璧，也不至于落到如此这般的田地吧？

这一段历史出自《左传·僖公二年》的记述："晋荀息请以屈产之乘，与垂棘之璧，假道于虞以伐虢。"

灭虢灭虞，晋献公为借道送给虞公的良马和玉璧物归原主。玉璧还是那个样子，晶莹剔透，只是马牙有了些变化。献公嫁女到秦，结秦晋之好，俘来的虞公便作为公主的媵臣，做了陪嫁。这时的虞公，又会作何感想？早知今日，何必当初！

至于那位虢公，虽然突出晋军重围杀出一条生路，却是不知所终。只是在汉代贾谊的《新书》中，可以读到虢公最后的故事。虢公乘车突围后一路狂奔，最后走入深山老林，终于活活饿死在山野。

汉代刘向在《新序》中说晋文公夺取晋国国君之位后，一次游猎到虢国故地，他遇到一位老者，问道："虢国立国这么长久，你作为故老，对虢的灭国怎么看？"文公听到的回答是："虢公当断不断，不听劝谏，又不善用人，所以虢国灭亡了。"晋文公听罢沉思良久，他也因之变成一个乐于接受劝谏的人，最终成就了晋国的霸业。

晋、虞、虢三国之间的爱恨情仇，以"唇亡齿寒"作为历史定格，留在了后世的记忆里。

这三国的历史陈迹，在今日也都有迹可寻，有的还进行过正式的考古发掘。虞国都城遗址坐落在山西平陆县古城村，相距不远的虞国贵族墓地还出土过成套青铜编钟，它们依然还能奏出当年的乐音。

虢国都城上阳城在今三门峡市区李家窑村一带，考古发现有宫城、地下排水管道、道路遗迹、粮库和制骨、制陶、冶铜等作坊遗址。三门峡上村岭虢国墓地有墓葬500座以上，北为国君墓群，发掘出国君墓、国君夫人墓、太子墓和其他贵族墓200多座，车马坑60多座，出土文物2万余件。当然这些发现大都是虢灭国之前西周的遗存，却是可以借此看出它春秋之际奢华的排场的。

至于晋国的考古，则有更大的收获，有包括多位国君墓在内的大规模墓地的发掘，出土大量珍贵文物，当然也都以西周时期的遗存为主。晋献公的墓也自然有迹可寻，只是不知那匹快马和那块玉璧是否随葬在了他的墓穴中。（图2、图3）那匹马，是"屈"地所产之马还是"屈产"之地的马，虽然历史学家为此还发生过争执，这个地点究竟是现今何地也没有定论，但那是一匹宝马该是无疑的。不过我更愿意想象，当时荀息送给虞公的并不止一匹马，也许是四匹，应当就是四匹马作驱动的一乘豪华马车。（图4）所以《左传》明确说那是"乘"，这个字在那个时代是用于计量战车的，正所谓"千乘之家""万乘之国"。

如果那真的是"乘"，是一乘马车，这马车的模样在大量发现的晋国车马遗存中，是可以一睹风采的。

至于璧，不分是白是绿，不分是玉是石，也不论是垂棘还是和氏之璧，它的意义是明显超出车马之上的。当初管仲为齐桓公造势行"石璧谋"，后来又有价值连城的和氏璧事件，直到楚汉相争白玉璧出现在鸿门宴上，这都体现出书写下大历史的璧的魅力之所在。（图5、图6、图7、图8）

当然从考古出土的玉璧中，去寻找有无垂棘之璧是徒劳的，我们并不确知它原本的模样。或者它仍然还静静地躺在某王的墓穴里，在历史的固有气息中延续着本来的那个梦……

图 2　车马坑，山西曲沃晋侯墓地出土

图 3　车马坑，山西曲沃晋侯墓地出土

图 4　驷马长驱

图 5　春秋龙纹玉璧，河南三门峡虢国墓出土　　图 6　春秋龙纹玉璧，河南三门峡虢国墓出土

图 7　春秋玉璧，山西太原晋国赵卿墓出土　　图 8　春秋玉璧，河南淅川下寺楚墓群出土

第三部分 | 信仰文化

5 | 由玉璧说小器物里的大历史

古代的玉器，最初大体都是实用器，以装饰类器形为多。后来的玉礼器，应当是为顶层社会设计的，部分礼玉的形制，也是源于实用器，有的略有变形，其中以玉璧的出现最有意思。玉璧本依手环造型，器体向平面扩展，成为一个宽且平的环形。当然如果由立面扩展，就成了高且方的琮。考古发现早期的玉璧，有的就像镯一样戴在死者的手腕上，这是判断环与璧两者关系的重要证据。

璧的用处，依《周礼·大宗伯》所说，"以苍璧礼天，以黄琮礼地"，是最重要的礼器；又见《周礼·典瑞》说，"疏璧琮以敛尸"，又是一种高等贵族用于埋葬的器具。祭天、礼地、敛尸，就成了琮与璧的主要用途之所在，考古界和收藏界的许多讨论也都围绕着这些论点展开。（图1）

但仅以《周礼》所述，璧的作用并不只有这些。除了礼神敬祖之外，它其实更常见的用法应当是敬人亲人，是卑下亲尊上的必备的礼物。

说起璧来，我们想到了管子。管子是春秋时期齐国的上卿，被称为"春秋第一相"，辅佐齐桓公成为春秋时期的第一霸主。

图1 西周璧,山西曲沃晋侯墓地出土　　图2 春秋璧,河南光山宝相寺黄君孟墓出土

管仲的著作,今存《管子》76篇,内容非常丰富,其中《轻重》等篇,是古代典籍中不多见的经济学著作。

《管子·轻重》中就有一个很特别的故事,讲的就是璧。一天齐桓公愁容满面地对管子说:"寡人很想西行朝贺周天子,可是献礼的贡物不足,难以成行,有什么办法呢?"管子想了想,作出了这样的回答:"请下令在阴里筑城,筑起三重城墙、九道城门,让玉人在里面秘密地琢石为璧。石璧径尺者定价一万钱,八寸者八千,七寸者七千,珪四千,瑗五百。"(图2)

等到石璧的数量足够时,管子专程西见天子,他对天子说:"我们小邑之君,想率诸侯前来朝拜先王祖庙,来领略周室风范。请下令天下诸侯,前来朝贺的人一定要用彤弓、石璧作献礼。没有带彤弓石璧的,不准进入庙堂。"天子居然高兴地答应了,于是以管子的说辞号令于天下,你要来见,就一定要带上璧。

到了战国时期,又有一段很重要的历史与璧有关,这就

第三部分 | 信仰文化　293

是和氏璧完璧归赵的故事。历史上一定发生过许多与璧有关的故事，不过好像只有这一段完璧归赵，将璧的价值演绎得最是生动。许多古籍如《韩非子》和《新序》都记录了与和氏璧相关的掌故，司马迁的《史记·廉颇蔺相如列传》也记录了此事。（图3、图4）

故事说春秋有个叫卞和的楚人，在荆山发现一块玉璞，他觉得是难得的宝贝，就拿去献给楚厉王。厉王命玉工查验，玉工看走了眼，说只不过是一块普通的石头。厉王怒以欺君之罪砍下卞和的左脚。厉王死后武王即位，卞和又捧着璞玉去献给武王，玉工仍说是石头，卞和因此又失去了右脚。

到了楚文王继位，怀揣璞玉的卞和在山边痛哭了三天三夜，哭得两眼溢血。文王以为他是因被削足而悲伤，卞和说是因宝玉被认作石头、忠贞之士被当作欺君之臣的是非颠倒而痛心。文王动了心，这次命玉工干脆剖开璞玉查验，结果

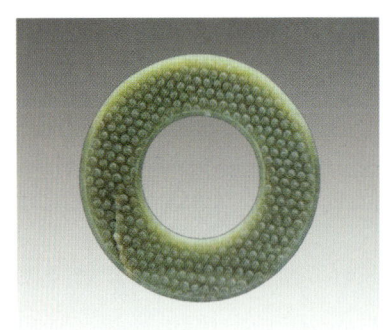

图3　战国楚玉璧，湖北江陵望山2号墓出土　　图4　新石器时代玉璧，台北故宫博物院藏

证实是稀世宝玉。卞和为这块玉失掉了两只脚，不过也算终成正果，这宝玉后来被玉工雕琢成了一块玉璧，名为"和氏之璧"。

和氏璧在流传中名声越来越大，价值也越来越高，有"价值连城"之说，成为"天下所共传宝"。和氏璧成了楚国的国宝，后来楚国用和氏璧向赵国求婚，宝玉也就成了赵国的最爱。

或说是到楚威王时，将玉璧赏赐给了伐魏有功的昭阳相国。有一次昭阳在水边宴宾赏璧，有人高呼"渊中有大鱼"，待宾主临渊观鱼回席，和氏璧已是不翼而飞。有人怀疑是相府门人张仪窃走了玉璧，可拘拷无果。这张仪可不是等闲之辈，受辱后一直怀恨在心，后来入秦拜相，玩出了拘楚怀王、克楚郢都、取楚汉中的大戏，也算是报了因和氏璧郁积的仇恨。

玉璧被窃后辗转流入赵国，为赵太监缪贤所得，又为赵惠文王据有。秦昭襄王听说和氏璧到了赵国，提出要以十五座城池作交换，处于弱势的赵国明知有诈，可是也不敢怠慢，不情不愿地便派蔺相如奉璧使秦。

秦王见了蔺相如带来的和氏璧，却无意给赵国城池。蔺相如知道结局不妙，他也心生一计，编了一通理由诈秦王说："和氏璧天下闻名，在我送它入秦之前，赵王斋戒五日，举行了隆重的送宝仪式。现在秦王要接受这宝玉，也应该斋戒五日，也要举行接受宝玉的正式仪式。"秦王信以为真，却不知在他等待的这几日里，蔺相如已经暗地里派人携璧回赵，正所谓"完璧归赵"也。

赵国后来还是没能保住自己的宝贝，秦破赵，和氏璧终为秦所得，秦始皇为拥有和氏之璧而自豪。秦将玉璧改制为传国玉玺，丞相李斯写了"受命于天，既寿永昌"八个篆字，由玉工孙寿刻到了玺上。和氏璧虽然最终并没有保全，它却再一次升值，由璧变玺之后，成为了皇权的重要象征之一。

和氏璧因为是世间稀见的美玉，因为是古人与天等观的环璧，所以能价值连城。又因为它来历不凡，传承不俗，还是忠诚与气节的象征。

一件"和氏璧"引出一串故事，还留下"完璧归赵""价值连城"的成语，文化价值也不可低估。这样的璧确实值得珍爱，它并不仅仅是一块楚王识得与识不得的玉。

秦的传国玉玺并没有将国一代代往下传，而是很快就灭国于汉，又一个新王朝登上历史舞台。

不过在刘汉立国之前，又演出了一场与璧相关的大戏，这就是所谓的鸿门宴。那会儿项羽同刘邦夺天下、争王位，项羽已然占了上风。有人告诉项羽，说刘邦自己要称王，项羽大怒，急坏了的刘邦前往项羽的鸿门阵前说明并无此事。项羽大约也有些相信刘邦的言语，可他的手下为了彻底了结刘氏集团，准备在这鸿门宴实施斩首一招。酒宴上刀光剑影，险情迭出，这当口居然有几种玉器登场了，其中就有两件玉璧。

以《史记·项羽本纪》的叙述，先是范增几次用目光示意项王，还三次举起所佩玉玦提醒。玉玦本寓决绝之意，这是说一定要快作决断，可是项王默然不应。刘邦见情势紧急，借故出外如厕，然后就不辞而别逃走了。

不过这刘邦也算是十分精明，他居然随身带着两样四件玉器，两件玉璧，两件玉杯，嘱张良返帐中分送项羽和范增。项羽接受了白玉璧，放到座位上。范增将玉杯摔在地上，还拔出剑砍碎了它，哀叹说："夺走项王天下的一定是沛公，我们这些人就要被他俘虏了！"

项羽收了璧，心里似乎感觉到了一种踏实，玉璧象征天，象征王权，送了这么重的礼，这不就说明刘邦没有野心吗？他没有派兵去追赶刘邦，刘邦早就安全回到营中了。那后来呢，本来经过三年苦战已经胜利在望的西楚霸王，又经不到五年战事最后四面楚歌，自刎而亡，天下归汉。

小器物写下了大历史，这玉璧反复出现在历史舞台上，它怎么就有那么大的魅力？这正是信仰的力量。

6 金沙蝉玉觅踪

成都古蜀金沙遗址出土的"昆虫纹玉片",我有下面几个疑问:

这件玉器雕刻技法有什么特点?

玉器上刻画的是什么昆虫?

这是神虫还是自然界中的虫?

这昆虫在古蜀文化中的象征意义是什么?

从昆虫纹玉器可否看到古蜀文化与外界的联系?

通过最新看到的由邓聪先生拍摄的微距照片(图1),确认玉片上所饰为阳刻图案(图2),特别是发现了昆虫纹背部一个熟悉的图案——蝉纹图案(图3),从而认定所刻昆虫为蝉。这是一块蝉纹玉饰,可以简称为"蝉玉"便了。

又通过梳理考古资料,得知古蜀文化中的蝉纹,与中原青铜文明高度一致,它并不是蜀人独创和独享的艺术符号。由此推测蝉纹及蝉的信仰,是古蜀文化受外部特别是中原文化影响的一个重要例证。也提到可能有其他更早时代的渊源,但没有展开讨论。

图1　金沙蝉玉，四川成都金沙遗址出土　　图2　金沙蝉玉图线描图　　图3　金沙蝉玉上的蝉纹

结合后世文献的记述，我就蝉纹的象征意义进行了讨论。最后得出的初步的结论是：

金沙蝉纹玉器雕刻属于精细的减地阳刻，它不是属于古蜀文化的作品。

玉器上刻画的昆虫是神虫，额顶刻有神性标志，长有自然界中昆虫见不到的三对翅膀。

这神虫是从自然界中的蝉神化而来，身上有明确的蝉的符号，这个符号广泛见于商周时期的南北文化中。

从金沙蝉纹玉器可以看到古蜀文化与外界的联系非常密切，蝉崇拜作为一个信仰体系已经在商周之际覆盖到南北广大地域，古蜀与外界大致同步接纳，高度认同。

蝉在古蜀文化中，在古中国文化中有高洁的象征意义，更有复育轮回的意义，这应当是它进入信仰领域的重要原因。

从纹饰构图看，古蜀金沙玉雕蝉符和其他蝉符，更接近商代青铜器上的蝉纹，上部的双卷云纹如耳形，这特点不见于西周，是商代的特征。如妇好墓出土玉鸮的背部，刻着标准的蝉纹（图4）。

第三部分｜信仰文化　299

图 4　玉鸮线描图，河南安阳妇好墓

妇好墓的另一件双面雕玉鹰，一面胸部刻着蝉符（图 5）。妇好墓另一件玉蝉背部，刻画着一个相同的蝉符（图 6），在蝉身再加刻蝉纹，并不多见。

从琢玉技法看，金沙蝉纹玉雕与石家河和大洋洲玉蝉相比，似乎更胜一筹。但它所体现的阳刻技法，暗示金沙蝉纹玉雕有更早的渊源可寻。

图 5　玉鹰，河南安阳妇好墓出土

图 6-1 石蝉线描图，河南安阳妇好墓 　　图 6-2 玉蝉，河南安阳妇好墓出土

留下的疑问是：有蝉形，有蝉纹，特别是还提炼出了蝉符，这蝉纹蝉符真是一个不大不小的谜，它是怎么出现的，最早出现在何地，都需要研究。

考古表明，由蝉产生出信仰，并非古蜀人的独创，有先行者，也有后来者。江南良渚文化中有圆雕玉蝉（图7），江汉地区的史前石家河人已批量雕琢玉蝉。石家河玉蝉多为扁平形，有的造型抽象，有的制作极精。蝉体的头型、双目、吻凸、双翅、体节多有体现（图8）。

与古蜀在时空维度上更为接近的，应当是石家河和后石家河文化，蜀的蝉信仰更可能是由后者传承得来。当然，将蜀的蝉玉同石家河的玉蝉进行比较，我们似乎找不到太多的

图 7 玉蝉，浙江杭州反山 14 号墓出土 　　图 8 玉蝉，湖北天门石家河遗址出土

第三部分 | 信仰文化

图9　金沙蝉玉阳刻细部　　　　　图10　玉凤，湖北天门石家河遗址出土

相似之处，蝉的造型风格明显不同。不过由琢玉技术出发进行比较，我们有了意想不到的收获。

首先要关注的是琢玉技法上的阳纹表现风格，金沙蝉玉采用减地阳刻技法（图9），可资比较的是年代更早的石家河和后石家河文化的玉器，如早年出土的玉凤（图10），和新近出土的对鸟玉佩，都是减地阳刻作品。

我们发现在石家河遗址新近出土的，还有以往出土或流传到异域的，以及传承至商周时代的一些可以归属石家河和后石家河文化的相关玉器，都有与金沙蝉玉相吻合的风格，除了技法上的相似，还有构图上的类同。

最值得关注的是，在金沙蝉玉图案的头翅结合处，有一左一右两个双钩形（图11），这是一种比较特别的构图。在商周铜器玉器纹饰上流行单钩构图，很难见到这种双钩构

图11　金沙蝉玉阳纹双钩

302　古物说——文物里的古人日常

图12 鸟纹玉佩，湖北天门石家河谭家岭出土　图13 双鸟玉佩，湖北天门石家河出土

图，不过在石家河却比较多见，可以断定这是早期风格的一个代表特征。

关于这一点，可举证几例进一步说明：

如新见石家河鸟纹玉佩（图12），外形为圆牌形，阳刻一只展翅欲飞的立鸟，翅根位置刻相对的两个双钩，这个双钩构图与金沙的非常接近。

如石家河玉双鸟（图13），两鸟相对而立，翅根处都刻有双线合股的双钩形。

如石家河玉神面（图14），在冠顶位置左右都刻有双钩形，只是为阴刻。

再如陶寺出土的"兽面"玉牌饰（图15），也是在头颈接合处阳刻左右相对的双钩形。类似的一件收藏残器（图16），左右双钩形刻画更为清晰无疑。

又如西安丰镐遗址西周墓葬中出土的玉神面（图17），分析认为也是石家河文化遗物，在神像耳根处左右也见到阳刻双钩形。

第三部分｜信仰文化　303

图 14　玉神面，湖北天门石家河谭家岭出土

图 15　玉牌饰，山西陶寺遗址出土

图 16　玉牌饰，私家藏品

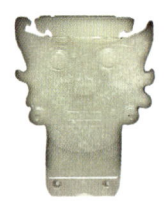

图 17　玉神面及线描图，陕西西安张家坡西周墓出土

还有商代妇好墓出土的那件玉凤（图 18），在翅根位置有双线合股的双钩形。当然这一件稍有不同，不同于前述的单线双钩，却暗合石家河对鸟的双钩，进一步证明这是石家河人的作品。

另外还有一件流传至国外的玉神面（图 19），两面神像的脸颊位置左右对刻双钩形，而且将鼻头也刻为双钩形，是少有的表现方式。

如此看来，金沙蝉玉与石家河玉器之间的联系是非常紧密的，或者说它们原本属于一个体系，我们甚至可以做出前者是来自后者的推断。

当然这一番讨论，似乎证据确凿了，不过还有一个明显的疑问暂时还没有答案，就是蝉玉上的那个"蝉符"（图 20），我们在石家河玉器上还没有发现它。虽然石家河玉蝉也雕刻有一些纹饰

图 18　玉凤，河南安阳妇好墓出土

304　古物说——文物里的古人日常

图 19　石家河文化玉神面及拓片，美国国家博物馆藏

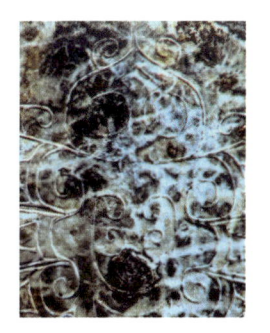

图 20　金沙蝉玉蝉符

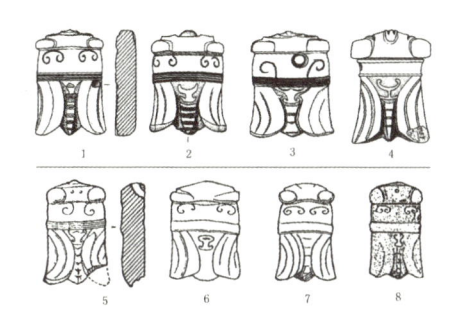

图 21　石家河玉蝉线描图，湖北天门石家河遗址

（图 21），但并没有见到类似的蝉符。在盘龙城早商墓中出土的四面体玉蝉（图 22），蝉背有纹，却也不是蝉符。

这种蝉符目前似乎只能追溯到商代中晚期，还没有更早的证据。这样的证据，我们要静心等待它的出现，也许它最早真就出现在石家河或后石家河文化中。

图 22　商早期玉蝉，湖北盘龙城楼子湾 M4 出土

7 | 弄璋弄瓦

考古出土不少玉璋，流行的年代早自龙山文化时期起，晚则至两周之际止。在山东、山西、河南、陕西、四川、湖南、湖北、广东、福建和香港都有发现，甚至在越南北部也有出土。当然还是以成都平原发现最多，三星堆和金沙都发现大量玉璋。（图1、图2）

图1 玉璋，四川成都金沙遗址出土　　图2 玉璋，四川成都金沙遗址出土

璋的形状有点特别，整体为长条形，器体平薄，上端有刃，下端作方形，像是一把刀。《说文》说"半圭为璋"，有一定依据。很多玉璋在下端阑部两侧有牙状突起，又专称为"牙璋"。玉璋大小区别明显，大可长达1米有余，小的长不及手指。

出土玉璋最多的是成都金沙遗址，数以百计，超过全国其他地方发现总量，可见金沙人对璋特别看重。金沙玉璋色彩绚丽，形式多样，雕琢精美。玉璋阑部的齿牙变化较多，繁简不一，有梯形、台形和卷云形，也有抽象的兽首形。金沙所见小型玉璋也发现不少，制作也很精细。这是大璋的微缩制品，有人认为它可能是明器，也有人认为它是装饰品。（图3）

玉璋在三代是重要的礼器，《周礼》有"以玉作六器以礼天地四方"之说，六器为璧、琮、圭、璋、璜、琥，璋列其中。《周礼·大宗伯》说，"以赤璋礼南方"，用红色的璋祭祀南方神，是因古代以南方为赤色。《尚书·顾命》说"秉璋以酢"，《礼记·祭

图3 小型玉璋，四川成都金沙遗址出土

图4 刻纹玉璋及线描图,四川德阳三星堆遗址

图5 持璋人青铜雕像线描图,四川德阳三星堆遗址祭祀坑

统》说祭祀时"大宗执璋",透露了玉璋的一些用法。在三星堆见到玉璋上刻有以璋祭山川的图像(图4),还见到举璋跪祭的小铜人(图5),这是用璋传神的最好说明。

当然璋又有特定的用处,特别是牙璋,如《周礼·春官·典瑞》所说,"牙璋以起军旅,以治兵守",说牙璋是用于调兵遣将的。注家认为牙璋两侧有突起的牙,而牙象征兵威,所以用牙璋发兵,就像后来用铜虎符发兵一样。一为牡一为牝,即一雄一雌,调兵时看两件牙璋凸起的牙能否合契,合契就听从调遣。

牙璋可用于调兵遣将,掌控这兵符的,一定是将帅了,这是掌璋的主儿。这掌璋的概念,也在平日的生活中有了些影响,家里若是生个小子,想让他成长为领兵作战的将军,究竟会不会是个将才呢,也许看看他对玉璋有无兴趣就知道了,他若真喜好弄璋,未来战功卓著就是可以期待的了。于是乎生了男孩,就让他弄弄璋,至少也能培养出一点勇士的气质来。这样一来,居然就出现了"弄璋"之俗,也就有了这样一个特别的词语。弄者,玩也。再到后来,古人干脆就称生男孩为"弄璋",贺人家生男就称为"弄璋之喜"了。

与"弄璋"对应的还有一个词语,叫"弄瓦",古人将生女孩称为"弄瓦",也就还有"弄瓦之喜"的说法。

弄璋与弄瓦,典出《诗经·小雅·斯干》:

乃生男子,载寝之床,载衣之裳,载弄之璋。……
乃生女子,载寝之地,载衣之裼,载弄之瓦。

若是生了男孩将他放在床上,穿着衣裳,玩着玉璋。若是生了女孩就把她放在地上,裹着衣被,玩着瓦器。诗中寄托了对男女成长的不同期望,男人自然是要建功立业彪炳史册,女人则要用心衣食操持好家务。

诗中所说的"载弄之璋"不难领会,而这"载弄之瓦",在历代有不同的理解。唐孔颖达注诗说:"瓦,纺砖,妇人所用。"纺砖是什么呢?清代王应奎《柳南随笔》说纺砖是纺车下压的一块砖。这是不解而强为之解,真要有这样的砖,一定不小也不轻,让一个初生女婴拿着把玩,可信吗?周汝昌有《娲皇和"弄瓦"》文将弄瓦理解为弄砖,说"盖瓦者是屋顶挡雨的'建材',烧制难,技术要高,还有图案纹饰,非常好看……明白了这些,方知'弄瓦'的中华民俗,其来不知已历几万年矣"。他申论女娲炼石非石之自然形体,乃烧制而成的"瓦"。这个说法相当武断,片瓦只有以千年数的历史,弄瓦之俗又何得几万年之数?

弄瓦之"瓦",并不是砖,也不真的是瓦,其实应当是

第三部分 | 信仰文化

纺轮或纺锤之类的陶器，古时并无陶器之名，总称作瓦器，如《说文》所说，瓦为"土器已烧之总名"。因为纺线是女人的分内之事，给小女子纺轮玩玩，自然也是为着培养她的兴趣。（图6）

璋为玉质，瓦为陶制，两者质地截然不同。璋为礼器，瓦（纺轮）为工具，使用者的身份也完全不一样。《诗经》中弄璋弄瓦的本意，其实与后人理解的所谓重男轻女观念，并无什么关系。当然到后来就成了一些特指的概念，那就另当别论了。宋代还有弄瓦趣诗，值得一读。据传东坡先生的父亲苏洵在二十六岁时，妻子生了第二个女儿，邀请好友刘骥赴宴庆贺。刘骥醉后吟了下面这首"弄瓦"诗：

图6 玉纺轮，河南安阳殷墟妇好墓出土

去岁相邀因弄瓦，今年弄瓦又相邀。
弄去弄来还弄瓦，令正莫非一瓦窑？

《笑林广记》记："一人连生数女，招友人饮宴。友作诗一首，戏赠之云：'去岁相招因弄瓦，今年弄瓦又相招。弄去弄来都弄瓦，令正原来是瓦窑。'"文中并未明指主客，不知如何将诗事安插到苏洵身上。清褚人获《坚瓠集》也记有"弄瓦诗"，明言"无锡邹光大连年生女，俱召翟永龄饮，翟作诗云"，诗意诗句与《笑林广记》相似，可以列入剽窃案对待，但诗中点明邹光大之名，算是窜改戏诗一例。

人家妻子多生了几胎女儿，戏谑说是一座瓦窑，也算是可以一笑。说这弄璋弄瓦，又让人想起另一个与玉和瓦相关联的故事来。

北朝东魏末代皇帝孝静帝，在不得不将帝位让给了他自己的丞相高洋以后，第二年就同自己的三个皇子被毒死了。这场宫廷政变的结果，是北齐代替东魏，又完成了一回改朝换代。在高洋当皇帝以后，到第十年夏月的一天，出现了一次日食。当皇帝的最怕日食月食之类的天象，担心这是不祥之兆，不是怕命悬一线，就是怕帝位不稳。高洋则是担心自己篡夺得来的皇位保不住，他思考汉末王莽夺了刘家的天下，为何后来光武帝刘秀又能把天下夺走，有一位谋士也说不明白其中的道理，只是随便说是要怪王莽自己，因为他没有把刘氏宗室人等都斩尽杀绝。

高洋觉得这话说得很对，于是大开杀戒，将东魏宗室近亲44家共700多口人全都处死，妇孺无一幸免。那些剩下的远房宗族非常紧张，其中有个叫元景安的县令说，保全性命的唯一办法，是请求高洋准许他们脱离元氏宗族，改姓高氏，做一个彻底的投降派。元景安的堂兄元景皓坚决反对这样做，他斩钉截铁地说："大丈夫宁可玉碎，不能瓦全！"他说宁愿被杀头，也决不改姓。结果元景安去告密，元景皓被杀。元景皓玉碎后，元景安瓦全了，他改作高姓，而且得到升迁。不过高洋的命运还是不济，三个月后他就病死了。

"宁为玉碎，不为瓦全"，这可是宫廷悲剧中留下的名句。

第三部分 | 信仰文化　311

玉和瓦的对比，居然还生出这么悲情生动的故事来，里面的滋味是可以反复琢磨的。也许后人并没有读懂元景皓的话，其实他应当还是在以玉喻男以瓦喻女，他的话意思是说：我宁可做一个被杀戮的男子汉，也不做改姓换名的妇人。因为女人出嫁后就隐没了原有的姓氏，在元景皓心里，不能为着保全性命而像女人一样变姓，这样的"瓦全"他是决不接受的。如果这个理解不错的话，他说的"玉碎"之玉，实际指的就应当是玉璋了。

8 话说天门与地户

天阙：凡间与神界之门

身藏九泉之下，心在九霄云天。

天国，人间。在先人传下的信念里，得知生在人间世，死后要进天国。

天国什么样儿，去了的先人都不曾回还，没有带来什么消息。不过这并不能阻住人们想象，可以乘着想象的翅膀，飞往天国侦探一番。

于是，这天国就被描绘出来了，描来描去，却是与人间的繁华也相去不远。汉代人用心描绘了他们想象的天国，不过也没有太多的细节，最扎眼的就是天国之门，既高且大，堂而皇之。汉代人绘出的天门，其实就是人间所见的双阙，通常还特别挂上一个牌匾，上书"天门"二字。

细细说来，"天门"二字还是写给地上人识的，天仙天神不该用地上的字眼。在重庆巫山汉墓中发现多面鎏金铜牌，铜牌刻画了天国天门，牌作圆形，象征天圆之形。画面热闹满满，不过内容并不繁杂，除高大的双阙作主体构图外，四神是常见的角色，它们守护在天庭四方。

一面牌饰图案双阙对峙，大写的"天门"二字非常醒目。下方有一仙人打坐，也许是东王公。四方只有龙、虎、鸟三神，龙首隐没，却冒出半身鹿形，这鹿显然就是北方神了。（图1）

这中心出现一枚五铢大钱，上方书小小的"天门"二字。东王公还在，四神没到齐。上首多了两位击鼓仙人，显得更热闹了一些。（图2）

在这面牌饰中，东王公还在主位，四神也没到齐，四神角色也似乎不属于通行版本，所以只被称作是瑞兽，其中有一个是九尾狐。（图3）

另一牌饰主位出现的是一位手持刀盾的武士，应当是守护天门的卫士。画面上出现了四个动物，却不能确定是四神，其中有三个是带翅的鸟形。（图4）

又有一牌饰，东王公还在，四神也并不明确，例外的是出现了一条张牙舞爪的狗。原来天门也设定有看家狗，天上人间，都得设防。（图5）

大大的天门匾悬在二阙之间，主位上坐着的似乎是西王母。有龙、虎、鸟三神，另一神隐没。（图6）

长着胡须的东王公，现出一副惊愕的表情，画面上只见到虎和鸟二神。（图7）

东王公和西王母都到场了。西王母端坐在龙虎座上，跟前有蟾蜍们忙乎着。东王公在天门打坐，也有仙人仙兽陪侍，感觉没有西王母那样高大上。（图8）

这次出现在天门的不知是东王公还是西王母，模样不像西王母，但面前跳动着蟾蜍。（图9）

图 1 双阙对峙的牌饰图案上大写的"天门"二字非常醒目

图 2 五铢大钱上方书小小的"天门"二字

图 3 牌饰中的东王公

图 4 手持刀盾的天门卫士

图 5 牌饰中的东王公

图 6 牌饰中的西王母

图 7 牌饰中的东王公

图 8 牌饰中的东王公和西王母

图 9 牌饰中的东王公或西王母

注：图 1—图 9 均为线描图，根据重庆巫山汉墓出土文物所绘

第三部分 | 信仰文化　315

这金光闪闪的天门图像，将它挂在棺上，应当有引导死者升天的意境吧。（图10、图11、图12）

有一件牌饰相当奇特，外观改作柿蒂形，东王公和西王母都出现了，各占一方的四神也到齐了，可是天门却隐没了！（图13）

汉代人铸造的摇钱树上，也见到过双阙天门图景，王母也是坐在龙虎座上，玉兔和蟾蜍在两旁忙碌着。（图14）

有天国，自有天门，天国之门，这个想象并不离谱。

"天门"这个词很特别，上天由大天门进入，这在汉代那会儿，也许是个常识。其实这天门陆续也被移植到了人间，西安城南门，就称为南天门。南天门也是神话传说中天宫的门户之一，《西游记》孙悟空大闹过的天宫，就有南天门。许多的山，见到双峰对峙，也取有南天门之名，如泰山、五台山、华山、雁荡山、衡山等，入山的山口门户，都拥有这个名字。其中以泰山的南天门最为著名，为十八盘的终点。

学者有说，天门观念起源很早，并不是汉代人的发明。《楚辞·九歌·大司命》中就有"广开兮天门"的想象，《山海经·大

图10　棺饰，重庆巫山汉墓出土　　图11　棺饰，重庆巫山汉墓出土　　图12　棺饰，重庆巫山汉墓出土

图 13 牌饰线描图，重庆巫山汉墓

图 14 汉代摇钱树上双阙天门图景线描图

荒西经》中也有"天门，日月所入"的传说。当然，汉代人对天门的理解，体现有更高的热情，《淮南子·原道训》中就有"经纪山川，蹈腾昆仑，排阊阖，沦天门"的说辞，气派很大。

两汉之时，巴蜀之地将传说中的天门，刻画在了埋入地下的石棺与铜牌饰上。身埋九泉，心念九霄，这并不只是一种浪漫情怀。人们将希望寄托在来世，寄托在天上，人世的悲欢不过都是浮云一片片……

在墓中见到的天门设计，并非凭空想来，它仍是源于现实。那高大的双阙，本来就是汉代时比较流行的建筑形式。

古代的阙有城阙、宫阙、府阙及祠庙阙、陵阙、墓阙几种，考古发现年代最早的阙，是东周鲁国都城曲阜南城门的城阙。

秦汉时除天子都城宫城外立阙，一些高等级的祠庙、府第、茔域也立阙。当然有尊卑的区别，规定天子所用阙为一对三出阙，一座主阙连二座子阙，秦始皇陵园西内外城阙和汉景帝阳陵的南陵阙，就是三出阙。《史记》记汉武帝建章宫凤阙"高二十余丈"，折合46米有余，实在是高。

单阙与双阙图像，在巴蜀汉画上都能见到，高大俊美，感觉胜于铜牌上的刻画。（图15、图16）

图15　单阙图像，四川出土　　　图16　双阙图像，四川出土

当然，汉画见到的，并非只是汉代人的想象。汉代留存下来的墓阙不少，它们精美的细节，去实地考察才能真正体察得到。或许，这不是天国的影像，但却是天国天门的蓝本。（图17、图18）

还可以往敦煌走一回，那里存留的汉阙虽然只剩下半体，可它原本巍峨的气势，你是可以当作天门来遐想的。天之辽，地之阔，这顶天立地的双阙全都告诉你了。（图19）

图17　汉代留存下来的墓阙

图18　汉代留存下来的墓阙

图19　残存的汉阙，甘肃敦煌

地户：玉琮灌祭

玉琮放置在墓主的特定部位，往前追溯，龟甲也放置在同一部位，这让我们得知两物所具有的意义应当有同一性。龟甲可以是特别制作的宗函，但玉琮却不一定是这样，琮在用作死者的宗函之前，或者说是与此同时，它应当有另外的用途，并不是所有的琮都是专门制作的宗函。

《周礼·大宗伯》说"黄琮礼地"，玉琮作为祭地的礼器，究竟如何使用，过去的研究并不充分。现在所知最具体的用法，是邓淑苹的穿木棍高高举起的设想，但是还需要证据来说明。就直接的理解来说，礼祭的对象是地，却要将琮高高举起，这样离地就更远了，似乎于理不合。

依《周礼·大宗伯》所说"以血祭祭社稷"，血祭的方法，据清人金鹗在《求古录·燔柴瘗埋考》中解释："血祭，盖以滴血于地，如郁鬯之灌地也。"这是灌祭，即用牲血和酒灌注于地以祭地神，血与酒渗入地下完成献祭。

这灌祭倒也不是清代人的凭空推测，在《礼记·郊特牲》中对灌祭也有记述："周人尚臭，灌用鬯臭，郁合鬯，臭阴达于渊泉。灌以圭璋，用玉气也。既灌，然后迎牲，致阴气也。"周人降神以香气作导引，献神之前先灌鬯酒，浓香的鬯酒灌入地下通达黄泉。灌祭还要借助玉气，灌鬯用的勺用圭璋为柄，使香酒顺畅渗入地下。

注意这里说用玉助祭，是为着借玉气助灌。鬯酒与血，灌之于地下，所用的勺子以玉璋玉圭为柄。《周礼·考工记·玉人》:"祼圭尺有二寸,有瓒,以祀庙。"郑玄注云:"祼之言灌也,或作淉,或作果。祼谓始献酌奠也。瓒如盘,其柄用圭,有流前注。"

不能明了的是,是一勺接一勺地直接灌入地下,还是需借助什么导流器具?如果需要,当然还是得借玉气,而这时玉琮就派上了用场。

我这里有一个大胆推测:圆内方外的玉琮放置在方形土台上,用勺子舀上的牲血与香酒注入琮孔,一勺一勺注入,让它借助琮之玉气浸入地下,让地神享用。如此看来,这玉琮也即是地神的一张嘴,地神是通过琮来饮酒饮血。而且琮之筒口上大下小,亦便于以勺灌注。

这样的灌祭又称为祼,《考工记·玉人》写作果,或又作淉。这样的灌,就是浇灌、灌注之意,灌注离不了以玉气助祭,圭、璋、琮都出现在现场,最后都会入地瘗埋。

当然,这也不是毫无根据的推测。两郑对《周礼·典瑞》中"四圭有邸,以祀天、旅上帝。两圭有邸,以祀地、旅四望"的解释,综合整理《周礼注疏》(汉郑玄注、唐贾公彦疏)的文字,首先觉得对"邸"的解释很关键。

郑玄的解释是:"于中央为璧,圭著其四面,一玉俱成。《尔雅》曰:'邸,本也。'圭本著于璧,故四圭有邸,圭末四出故也。或说四圭有邸有四角也。邸读为抵欺之抵。上帝,玄天。"说的是一璧配四圭,这是祭天用玉。

所谓"两圭有邸",郑玄理解为一琮配两圭,"两圭者,以象地数二也"。这是祭地用玉。

这么说来,这个"邸"理解为"本",非常关键。《尔雅·释器》疏说"柢,本也,凡物之本,必在底下"。"柢"又与"邸"通,《尔雅·释器》又说"邸谓之柢"。郭璞注说"根柢,皆物之邸,邸即底"。琮上二圭,璧上四圭,这是祭祀天地玉器的标配。

对于《周礼·典瑞》中的这一句,有人直接译为"用以璧为本的四圭祭祀天,并用以旅祭上帝。用以琮为本的两圭祭祀地,并用以旅祭四方名山大川",这样似乎也还是有些道理,当然并没有说得太明确。

想来对于灌礼这样的祭祀过程,孔子似乎不大感兴趣。《论语·八佾》记孔子"禘自既灌而往者,吾不欲观之矣"一语,孔子表示从灌酒开始以后的环节,他不愿意看它。为什么,也许他是尊祖而不重神吧。

祭祀作为仪式,一些程式的确立,既有传统的约束,也会有时代的变迁,一些细节没有完整记录和描绘也可以理解。如以璧礼天,应当是以璧孔象征登天之门,在汉代一些描述天门的图像上,我们就见到了以璧孔作天门入口的画面。有登天之门,就少不得入地之口,试想礼地的琮的中孔,应当就是入地之口。有点遗憾的是,现在还没有发现这样的图像资料。

如果这个推测有些道理,那灌礼用玉柄的勺子就更好理解了。既然用勺子,不会是随处漫灌,将酒与血舀入琮口渗进地下,程式如此设立,那是理所当然了。

周代祭地的正祭,是夏至日在都城北郊水泽中心的方丘举行,方丘就是方形祭坛,象征大地。祭地主要仪式是祭毕掘坎穴将牺牲等祭品埋入土中,这个过程中出现了玉琮,但在文献上没有见到它的具体用法，或者是与祭品一同埋进土中。

周人祭地的祭法，应当承自更早的时代。《尚书·泰誓》说，"类于上帝，宜于冢土"。孔安国《尚书传》说"祭社曰宜。冢土，社也"。《礼记·王制》也说"宜乎社"。古文献记载的土地神是"社"，祭礼称为"宜"，这祭名也是承袭而来。

在《通典》卷四十五，对于三代祭地之礼记述甚详，应当有所依凭。在"吉礼四"中是这样记述的：夏以五月祭地祇，殷以六月祭。周制，大司乐云："夏日至，礼地祇于泽中之方丘。"礼神之玉以黄琮，琮，八方，象地。牲用黄犊，币用黄缯。其日，王服大裘，立于方丘东南，西面。乃奏函钟为宫以下之乐，以致其神。讫，王又亲牵牲取血，并玉瘗之以求神。

这是说王要亲自"牵牲取血并玉瘗之"，这里出现的玉，当然重点是琮了。是血灌于琮，而后瘗埋。

圜丘祀天，方丘祭地。和圜丘祀天不同，天在上用燔燎之礼，地在下用血祭瘗埋之礼，用牲血及其他祭品浇灌、瘗埋于地，使其下达，及于地神，供神祇享用。

回过头来，我们再看看琮之圆筒，这是了解玉琮用途一定要解释的问题。那个穿孔，如果只是表现外观的方形与纹饰，就没必要费力去钻孔，可能这个穿孔的过程已经被看作是一种长长的仪式体验，穿透的过程一定寄寓着无尽的希冀吧。这个很难穿透的孔，也一定会有特别的用处。（图20）

玉琮立置于地上，而不是穿木高举。中孔不为通天，而是借玉气导流牲血香酒入地。如果琮出现在灌礼上不是这样使用，它的作用又怎样能得到发挥呢？

图 20　玉琮，陕西西安张家坡西周墓出土

有了这样的理解，如果在良渚时代也是以琮祭地，那琮上的神像可能得重新定义。这神像当为地母，不会是天神之属，也不会是神鸟之类。观琮纹之神兽神人像，神兽呈俯身匍匐状，并无一飞冲天气象，却似爬行入地之姿。阔嘴大张非鸟类之属，足趾亦非鸟爪之形。变换一下思路，由升天改入地，一切似乎都顺理成章。如若不是为灌礼祭地，神兽又何必如此设计？（图 21）

这时我们应当会想到，为什么玉琮——主要是指那些高体琮，都是上大下小的造型，有的琮甚至将上筒口做成微侈之形，正是为着灌礼的便利设计的。（图 22、图 23、图 24、图 25）有了这样对琮孔琮口的理解，我们对琮的用途的认识也就提升了。

图 21-1　良渚文化玉琮上禅师面纹，浙江余杭瑶山 M9 出土

图 21-2　良渚文化玉器神面纹，浙江余杭反山 M12 出土

我们再来看良渚莫角山，那方方的土筑高台，那环绕高台的水池。高台上也许不是王宫，说不定就是一座祭坛。水围方丘，祭地的方丘，《诗·小雅》说的"以社以方"，就是这样的写照。

当然玉琮之用，还不只限于灌礼祭地和宗函殓葬，我们在先秦文献中还看到它在另外的场合出现与不出现的理由：

《仪礼·聘礼》："凡四器者，唯其所宝，以聘可也。"

《周礼·典瑞》："璪圭璋璧琮，缫皆二采一就，以眺聘。"

《墨子·明鬼下》："珪璧琮璜，称财为度。"

《孔子家语·刑政》："圭璋璧琮不粥于市。"

结合文献记述与考古研究，隐没在历史长河中的玉琮，它的文化必将渐渐明晰起来。

第三部分｜信仰文化

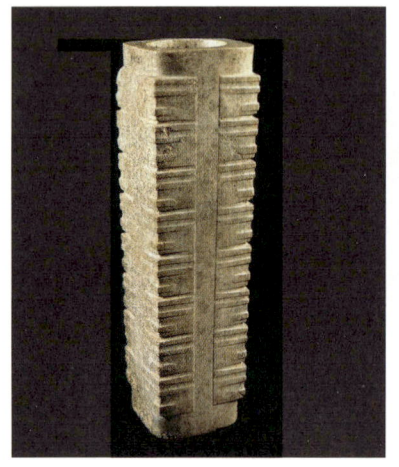

图 22　良渚文化玉琮，江苏武进寺墩 M1 出土 　　图 23　石峡文化玉琮，广东封开对面岗出土

图 24　良渚文化玉琮，浙江海宁佘墩庙 M1 出土 　　图 25　玉琮，四川成都金沙遗址出土

9 | 竹林七贤的纪念碑

南京及附近地区的六朝时代墓葬中，出土过大型拼砌画像砖，其中就有竹林七贤的群像。这是一座七贤的纪念碑，是一座画碑。画碑上出现了八个人的身影，七贤之外又加上一隐，就称作"七贤一隐纪念碑"吧。

荣启期：乱入魏晋的春秋大隐

大幅面的"七贤砖画"，其实表现的是一个八人群体，七贤再加一个荣启期。这是一个古代穿越故事的样板，不同时代的人结伴作竹林之游，想来是非常令人好奇的事。

以南京西善桥出土的砖画观察，砖画由二百多块方砖拼嵌而成，八人的画像分别嵌入南北两壁，荣启期、阮咸、刘伶（灵）、向秀四人一幅，嵇康、阮籍、山涛、王戎四人一幅。（图1、图2）

那我们就按照画面顺序，先说这位荣启期。荣启期精通音律，博学多才，很有思想，仕途却并不得志，老年常在郊野"鹿裘带索，鼓琴而歌"，自得其乐。

图1 北壁画为荣启期、阮咸、刘伶(灵)、向秀

图2 南壁画为嵇康、阮籍、山涛、王戎

　　这是春秋时代的一位隐士,据说他曾与孔子有过交集。《列子·天瑞》记载说,孔子游泰山路上,遇见荣启期衣不蔽体,怡然自得弹琴歌唱。孔子问他为啥如此之乐,他回答说,我的快乐很多:天生万物,唯人为贵,我得以为人,这是一乐;男女之别,男尊女卑,以男为贵,你看我得为男人,这是二乐;有的人生不见日月就没了,可我活到了九十岁,这是三乐。

　　孔子对这三乐之说连连称是,说以你这样的高才,倘逢盛世,定可腾达,如今却不得施展,好遗憾呀。不料荣启期却说:"古往今来读书人很多,飞黄腾达者才有几人?贫穷是读书人的常态,死亡是所有人的归宿,我既能处于读书人的常态,又可以安心等待人最终的归宿,还有什么可遗憾的呢?"

图3　荣启期

孔子表示同情这种"自宽"的生活态度,知足常乐,自我麻醉,这是自宽的无乐之乐。

小隐隐于野,中隐隐于市,大隐隐于朝。每个时代都会有隐士,哪儿可隐?哪儿都能隐。隐心为先,其次隐身,心已隐了,身子就无关紧要了。这位砖画上的荣启期,他的心似乎就隐在那无乐之乐中。

砖画上的荣隐士,长须被发,博衣束带,服饰与七贤并无明显不同。他正席地抚琴,又似开口吟唱。特别要注意的是,他身旁并没有放置什么酒具。(图3、图4)

图4　荣启期砖画拓片

第三部分 | 信仰文化　329

借酒隐伏：名士风度也悲催

七贤，是指曹魏正始年间嵇康、阮籍、山涛、向秀、刘伶（灵）、王戎与阮咸七人。他们常在山阳（今河南博爱）竹林酣畅饮酒，世称"竹林七贤"。

魏晋时代很多人爱酒，不过心思并不在酒上，这些人便是所谓"名士"。名士纵酒放达，不务世事，任诞不羁，这是前所未见的名士风度。何谓名士？《世说新语·任诞》说："名士不必须奇才，但使常得无事，痛饮酒，熟读《离骚》，便可称名士。"名士酣酣地饮酒，那是必须的。

汉代名士议论政事，没什么好下场。魏晋名士专谈玄理，即所谓清谈，是一种逃避。他们在饮食生活上也有特别表现，即如鲁迅先生所说：食菜和饮酒。这是魏晋名士最突出的特色，其中"竹林七贤"是这一时期的名士的典型代表。

竹林七贤提倡老庄虚无之学，轻视礼法，远避尘俗，结为竹林之游。这些人的脾气似乎大都很古怪，外表装饰得洒脱不凡，轻视世事，深沉的胸中却奔涌着难以遏止的痛苦巨流。也就是说，他们要将自己的真面目掩藏起来，在世上要如此做人，确是一件非常痛苦的事。竹林七贤起初都是当政的司马氏集团的反对者，后来有的被收买，不得不改变初衷，做了高官；有的则不愿顺从，被治以重罪，以致被处死。

阮咸字仲容，是阮籍的侄子，叔侄并称"大小阮"。阮咸曾任散骑侍郎，出补始平太守，一生任达不拘，纵欲湎酒。阮咸因为精通音律，善弹琵琶，有时饮酒到了兴头上，还要

图5　阮咸

弹唱一曲。从砖画上看，阮咸所弹"琵琶"，那是一种被称为"阮"的弹拨乐器，正是由阮咸所发明，这种乐器也叫作月琴。砖画中的阮咸高挽衣袖弹阮，他身旁也没有酒具。（图5）在吴家村出土七贤砖画上，阮咸并没有弹阮，却是在聚精会神欣赏着自己的兰花指。

七贤也未必全是酒徒，其中不大饮酒的，向秀算是一位。向秀字子期，司马昭时授黄门侍郎、散骑常侍。向秀清悟有远识，养生理论与嵇康相似。不过，他是否滴酒不沾，史无明说，但与六贤同游时，也未必不端一端酒杯。砖画中的向秀敞胸露怀，倚树闭目，似在思索玄理，他的身旁确实没有出现酒具。（图6）

嵇康与阮籍齐名，官至中散大夫。他与魏宗室有姻亲关系，

第三部分｜信仰文化　331

图6 向秀

不愿投靠司马氏,终被诛杀。史籍说他二十年间不露喜悦之色,恬静寡欲,宽简有大量。山涛得志后推荐他做官,他辞而不受,说是"浊酒一杯,弹琴一曲,志愿毕矣"。他把官吏比作动物园里的禽兽,失却了自由。嵇康在一首五言诗中写道:

> 泽雉穷野草,灵龟乐泥蟠。
> 荣名秽人身,高位多灾患。
> 未若捐外累,肆志养浩然。

这充分表达了他不为官、不求名的豁达心境。

嵇康尽管自己刚肠嫉恶,但他与阮籍一样,也并不希望后代走他们的路。《嵇康集》里有一篇他为尚不满十岁的儿子写的《家诫》,道尽了谨慎处世的诀窍。例如他说,如果有人

图7 嵇康

请你饮酒,即便你不想饮也不要坚决推辞,还得顺从地端起酒杯,以免伤了和气。

嵇康本人似乎并不喜酗酒,他写过一篇《养生论》,云"滋味煎其府藏,醴醪鬻其肠胃,香芳腐其骨髓,喜怒悖其正气,思虑销其精神,哀乐殃其平粹",提倡清虚自守,少私寡欲,反对大饮大嚼。史载嵇康"博综技艺,于丝竹特妙","弹琴咏诗,自足于怀",砖画中的嵇康正抚琴吟唱,旁若无人。(图7)

阮籍字嗣宗,曾任步兵校尉、散骑常侍,封关内侯。阮籍本来胸怀济世之志,因为与当权的司马氏集团有矛盾,看到当时名士大都结局不妙,于是常常佯狂纵酒,以避祸害。

他每每狂醉之后,就跑到山野荒林去长啸,发泄自己胸中的郁闷之气。武帝司马炎的父亲司马昭曾替儿子向阮籍家求婚,阮籍根本不同意这门亲事,但又不便直接回绝,结果

图8 阮籍

一下子喝得烂醉如泥，一醉六十多天，以酒为挡箭牌躲了过去。他家邻居开了一个酒店，当垆沽酒的少妇长得十分漂亮，他常去沽饮，醉了就躺在少妇身旁。少妇丈夫也很了解阮籍的为人，所以也不曾怪罪于他。

阮籍好饮酒，寻着机会就酣饮不止。他听说步兵营厨人很会酿酒，有贮酒三百斛，于是请为步兵校尉，为的是天天能喝酒。他从来任性不羁，把传统礼教不放在心上。他的老母去世时，正好他在与别人下棋，对手听到消息，请求不要继续下了，阮籍却非要与他决个输赢不可。下完棋后阮籍又饮酒二斗，大号一声，吐血数升。到为母送葬时，阮籍弄了一头蒸豚吃，又是二斗酒下肚。与老母诀别，阮籍一句话说不出口，还是大号一声，又吐血数升。

他服丧的风度，也与常人大异。就在丧期中，司马昭又请他与何曾一起饮酒,何曾当面批评他,说了一大套守丧不可食肉饮酒的规矩,而阮籍却神色自若,端起酒杯照饮不误。阮籍虽然自己如此放荡,却不允许儿子阮浑学他的模样,也不许阮家子弟学阮咸的模样。因为他自己是佯狂,不必学;而阮咸是纵欲,不可学。

阮籍不拘小节,喜好饮酒,"嗜酒能啸",在七贤中有"嵇琴阮啸"之说。砖画中阮籍似正在长啸,身旁摆着大酒樽。(图8)

山涛字巨源,七贤中他的官做得比较大,大到吏部尚书、侍中。山涛的酒量也大,大到一饮八斗,一般不过这个量。晋武帝为试试他的酒量,专门找他来饮酒,名义上给了他八斗,可又悄悄地增加了一些。山涛饮够八斗,就再也不举杯了,他能够控制住自己。砖画中的山涛右手撸着衣袖,左手执着酒杯,正在开怀畅饮。(图9)

图9　山涛

王戎字濬冲，他仕途通显，历官中书令、尚书左仆射、司徒。他是七贤中年龄最小的一个，史籍上没有关于他嗜酒的记述。他为人直率，不修威仪。砖画中的王戎手举如意，神态自得，一旁酒樽酒杯齐备，酒似乎是饮过了。（图10）

竹林七贤中，王戎、嵇康和向秀都可以不列入嗜酒者之列，不过也不好说他们一点也不饮。《世说新语·任诞》说"七人常集于竹林之下，肆意酣畅"，可见他们多少是要饮一些的，可能没有阮籍等人那么大的酒量。

砖画中的七贤一隐群像，八人都是席地而坐，清风徐徐，美酒飘香，或抚琴拨弦，或袒胸畅饮，或吟咏唱和，名士风度刻画入微。

要特别指出的是，八人身旁虽然都标了名姓，我们也大可不必相信名与像一定是吻合的。虽然每块砖在烧制时都有

图10 王戎

336　古物说——文物里的古人日常

编号，但修墓的工匠却也未必那么当真，因为在不同墓中发现的同样造型的人像，却标示着不同的名字，如依树思索的那位，在不同墓中分别标成荣启期和向秀，而手拿如意的那位则分别标成阮步兵（籍）和王戎。孰是孰非，不论也罢。（图11）

图 11-1　吴家村砖画

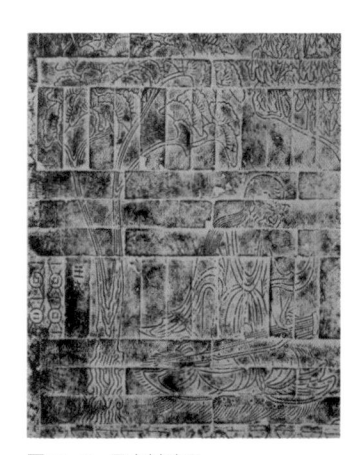

图 11-2　吴家村砖画

图 11-3　吴家村砖画

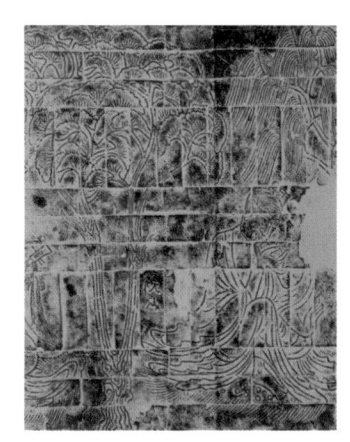

图 11-4　吴家村砖画

小情调：酒里浮起小黄鸭

仔细一点看看，在"竹林七贤"砖画上，除了人物、树木，还有琴、阮、酒樽、耳杯、如意和凭几等。其实还有一个小对象，一般人可能都会忽略，画面上阮籍和王戎近旁，都有一只酒樽，樽中漂浮着一只小鸭。（图12）

酒樽中放上一只小鸭子，这是什么小情调？

有研究认为，这是因"竹林七贤"聚会饮酒，都是席地而坐，彼此有一定距离。那时因分餐制的习惯各饮樽中酒，坐在地上又不容易看到酒伴樽中还有多少酒，所以就放上一个小鸭当浮子，酒剩多少，一目了然。

这小鸭子就叫作"浮"。看看那小鸭子的浮沉，就知道酒量几何了。

图12 竹林七贤砖画，南京西善桥出土

竹林无竹：七贤们在哪儿作乐呢

后世流传的关于竹林七贤的故事，其实是存有疑问的，有学者怀疑过七贤并不曾一起游历竹林，更怀疑竹林这个地点也是附会的。以陈寅恪先生为首，发表过质疑竹林七贤的论说，认为竹林七贤是东晋士人受佛教格义学风影响，取释迦牟尼说法的竹林精舍之名，附会《论语》"作者七人"之事数而成，并非历史实录。

七贤实有其人，东晋孙盛所撰写《魏氏春秋》，记嵇康寓居河内之山阳，与陈留阮籍、河内山涛、河南向秀、籍兄子咸、琅邪王戎、沛人刘伶相与友善，游于竹林，号为七贤。七人居地不同，年龄也有较大差距，能否常常同游，可以存疑。

不过在砖画上，却真就是这样摹画的，他们一起在林子里畅饮弹唱。画面中可以有春秋的荣启期，又为何不能有居地不同且年齿悬殊的七贤同游呢？

更多的学者不同意陈寅恪的佛祖"竹林"之说，认定竹林是实际存在的，就在七贤的中心人物嵇康的寓居地山阳县。后世如清代文人画表现七贤，画面上出现大片写意竹林，如任伯年和袁枚，甚至还有现代的傅抱石和张大千，这样一画，"竹林七贤"有名有实了。

不过且慢，在南京出土的若干幅"竹林七贤"砖画上，其实都没有竹林出现，甚至是一根竹子也不见，我们看见的却是许多枝繁叶茂的大树。以理而论，竹林之景应有竹枝摇曳，但画面上没有。虽然有人说他在上面看见有阔叶竹，其实并不能认定。砖画出自南京，江南工匠不缺竹林意境，画面上却有意回避了竹子。这是怎么回事呢？

这幅砖画上，可以看到至少表现有四种树，而以类似的银杏见到多一些，没有出现一根竹子。

银杏叶扇形互生，有细长的叶柄，在长枝上散生，在短枝上簇生。银杏为中生代孑遗的稀有树种，系中国特产，现在还能见到 5000 年的银杏树。值得注意的是，银杏中有四五个品种享有"佛手"或"佛指"之名，这与它的叶形有关，也与用银杏树材雕刻佛指的做法有关。

许多寺庙中都植有银杏树，古代中国其实是将银杏树当作了菩提。当初竺法兰和摄摩腾法师在洛阳白马寺植下两株银杏树，后世寺院也都效仿种起了银杏。菩提树是热带、亚热带常绿植物，在温带和寒温带地区不适合种植，所以改用银杏等来代替。银杏木质纹理细密，佛家用它雕刻千手观音，雕刻佛像指甲，银杏也就有了"佛指"之名。

东晋时代南方佛教的中心，有建康（南京）道场寺。建康是东晋王朝的都城，佛教昌盛，佛陀跋陀罗、法显、慧观、慧严等，都在道场寺宣扬佛教。朝廷中也奉佛，元帝和明帝都曾大兴佛寺，以宾友礼敬沙门。在这样的背景下，玄学与佛学交集在所难免，僧侣中有支遁和慧远等还与名士辩论过玄理，社会主流思想受佛教义理熏陶也是理所当然。

到了南朝各代也崇奉佛教，与东晋相同，又以宋文帝最重视佛教，他常和僧众论究佛理。宋文帝甚至让僧人慧琳参与政事，世称"黑衣宰相"。佛教在南朝至梁武帝时达到全盛，武帝舍道归佛，建有大爱敬、光宅、开善、同泰等大寺，举办有水陆大斋、盂兰盆斋等斋会，极力倡导《大般涅槃经》等大乘经的断禁肉食，对后世影响很大，改变了汉代以来僧徒食三净肉的传统。

　　这样看来，制作砖画的工匠应当有佛教背景，将七贤置于佛光照耀之下，让他们乐在银杏林中，也是有一番深意的。这样一想，陈寅恪当初由佛理入题讨论七贤，也算歪打正着，只是那竹林却不见了，而充作菩提的银杏不是同样光彩吗！

　　站在这一座纪念碑前，看着七贤加一隐，想起那样的时代，心绪不平，久久回味。

10 | 正反相生：史前阴阳互生图像例说

阴阳在中国是个古老的观念，究竟有多么古老，现在并没有清晰的答案。阴阳在世界又是个很新鲜的话题，究竟有多新鲜，这倒是有近便的答案。据新华社北京2018年2月18日电（记者 荣启涵），中国外文局首次发布了《中国话语海外认知度调研报告》，列举出汉语词汇在全球的传播度与知晓度排行，2017年列入传播度与知晓度第二位的都是"阴阳"，这让国人觉得很有些意外。

何谓阴阳？传统的解释是：阴阳是中国古代文明中对蕴藏在自然规律背后的、推动自然规律发展变化的基础因素的描述，是各种事物孕育、发展、成熟、衰退直至消亡的原动力，是奠定中华文明逻辑思维基础的核心要素。阴阳有四对关系：阴阳互体，阴阳化育，阴阳对立，阴阳同根。阴阳代表一切事物的最基本对立关系，它是自然界的客观规律，是万物运动变化的本源，是人类认识事物的基本法则。阴阳的概念源自古代中国人民的自然观，古人观察到自然界中各种对立又相关联的大自然现象，如天地、日月、昼夜、寒暑、男女、上下等，便以哲学的思想方式归纳出"阴阳"概念。

大体可以接受这样的定义，更概括一点地说，阴阳观就是古中国人的一种主流宇宙观，可以观世界，观自然，观社会，观人自身，是一种非常健全的思维体系。

这样一个认识论体系，它的起源是怎样的呢？

过去对阴阳观起源问题的探讨，多是由推导得出结论，众说纷纭。有的说阴阳是中国最古老的哲学观念之一，起源于氏族社会人类对自身和自然界物象的观察，到西周春秋时期，形成了具有自然哲学性质的阴阳二气说。

对阴阳观念起源的探索中，先后形成了"源于生活实践说""源于《易经》说""源于历法说""源于男女生殖崇拜说""源于占卜说"等结论，都难以成为定论。有人认为阴阳观念起源问题不是确认谁最先提出阴阳概念，而是要解释阴阳学说里所包含的"阴中有阳，阳中有阴""阳可变阴，阴可变阳"等基本论点的思想观念。有研究者还特别强调，阴阳观念的起源于远古时期，文字没有出现，要想从古籍中回答阴阳观念起源问题几无可能。

文献找不着依据，不过考古学提供了解决问题的途径，让我们尝试走走这一条路径。通过本文探讨所得到的初步认识是：史前艺术品上已经表达有阴阳观念，史前对于阴阳共生、阴阳互生和正反相生已经有了观察和理解。也就是说，考古可以初步回答"阴中有阳，阳中有阴""阳可变阴，阴可变阳"观念出现的基本过程。早期阴阳现象的观察是取诸自身，取诸自然，依据这样的设想，探讨阴阳观念的出现不能只限于空洞推想，我们也确实由考古资料找到了一些直观的论据。

1. 阴中阳与阳中阴，阴阳共生

　　在没有文献记载的史前时代，能提供给我们作分析的有不少图像资料，其中最为珍贵的当然是彩陶纹饰。我们在研究彩陶过程中，特别注意到彩陶纹饰的一种重要表现方式，可称作"地纹"。所谓地纹，就是用色彩衬托出来的底纹，也可以说就是一种"阴纹"，画上去的色彩便是"阳纹"。

　　这是为着研究的便利，我们给出的定名，不论阴纹或阳纹，都不是它们原本的名称，更不是说它们就分别代表着阴与阳。但这却是两种互为依存的纹饰，它是阳中见阴，阴中见阳，阴阳共生，互为依存。

　　在中国史前彩陶纹饰的诸多特点中，二方连续的构图法则和阳中见阴的表达方式，是最具特色的两个方面。而由阳中见阴的图案中，我们又可发现正反相生的意趣，可以举出许多阴阳互生的纹饰例证来。

　　以往常常将地纹彩陶混同于一般彩陶，有的研究者虽然区别出了彩陶中的一些地纹图案，但并没有明确提出地纹彩陶的概念。也有人偶尔提到彩陶的"反转"表现手法，称作是"图与地交替地反转"，"原始人把这种手段大量地运用于彩陶装饰纹样中，从而取得了更加简洁、含蓄的构形语言"。地纹彩陶在一些论著中又被称作"底片式"的彩陶，苏联著名考古学家雷巴科夫在1965年讨论铜石并用时代彩陶意义时就曾有这样的提法。

　　通常定义彩陶是直接以彩为纹，而地纹彩陶则是以彩为

图1 旋纹彩陶纺轮，屈家岭文化

衬底，可以为地纹彩陶做出这样的定义：与一般彩陶不同，地纹彩陶是以彩绘的颜色作衬底，以无彩的地子为图案的一种表现方式特别的彩陶。

地纹彩陶中有阴阳双关图案彩陶，图案既有明确的彩纹，又能读出地纹，可能是用双关方法绘成的作品。张朋川先生曾指出屈家岭文化彩陶上有一种旋纹（图1），是彩纹和地纹"相互映衬、虚实相生、相反相成，既一分为二，又合二为一"的"等形、等量"的标准阴阳双关纹彩陶。双关技法的彩陶出现的时代也并不是很晚，在半坡文化中已有发现。

史前地纹彩陶题材比较丰富，最早的地纹彩陶出现于半坡文化时期，盛行于庙底沟文化时期。最常见的有半坡文化的波折纹、庙底沟文化的花瓣纹，还有庙底沟、大河村、大汶口和红山等文化的旋纹等。

半坡文化以波折纹和三角纹地纹彩陶较多，外廓多以直边形为特征。如陕西南郑龙岗寺遗址出土6件尖底罐，就是以黑彩为地的折线纹，它们可作双关纹看待。同样的折线纹地纹也见于西安半坡、临潼姜寨和西乡何家湾等遗址。（图2）

地纹三角纹在陕西半坡遗址、龙岗寺遗址、何家湾遗址都有发现，这些三角纹都不大，完全包容在黑彩之内，而且黑彩的外形一般也是三角形，与地纹常常形成一正一倒的黑红对比，非常鲜明。典型的三角形纹在陇县原子头有集中发现，数量还不算少。三角形纹都是等边形，也都是地纹，出现在较大的彩陶盆上，衬托它的是两个方向相反的黑三角，对比十分鲜明。（图3）

图2-1 半坡文化彩陶

图 2-2 半坡文化的地纹彩陶

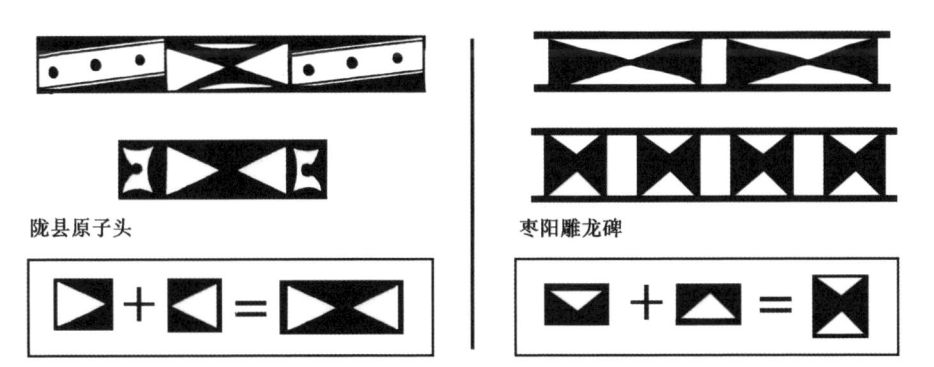

图 3 彩陶三角形纹的不同的排列方式

第三部分 | 信仰文化 347

菱形是一种规整的几何图形，是用三角形纹组合而成，这样的三角都是直角三角，黑白颠倒。拼合出来的菱形，在外围还要用另外的黑白三角衬托，构图非常严密。如郧县（今郧阳区）大寺见到的 3 件菱形纹彩陶，都是紧密联结的菱形纹。（图 4）在淅川下王岗见到的菱形纹彩陶，无隔断和有隔断的两类菱形纹都有。（图 5）

各式菱形纹画法类似，多是先确定方形外框，再在框中画出十字骨架，连接十字顶端构成菱形框架。最后是选择对顶的三角平涂上黑色，在外围适当的部位涂衬色。（图 6）

庙底沟文化地纹彩陶以花瓣纹、旋纹和"西阴纹"发现最多。地纹花瓣纹以弧边三角的彩纹作衬底，至少有两个相对的花瓣，有时多至 4—6 个花瓣，图案一般呈二方连续形式排列，梁思永先生曾称之为月桂叶形图案。这种花瓣由少瓣向多瓣发展，变化越来越复杂。（图 7、图 8）

地纹旋纹是庙底沟文化彩陶中较之花瓣纹更为重要的一种地纹，是非常规则的旋纹。彩陶地纹的旋纹又分单旋纹、

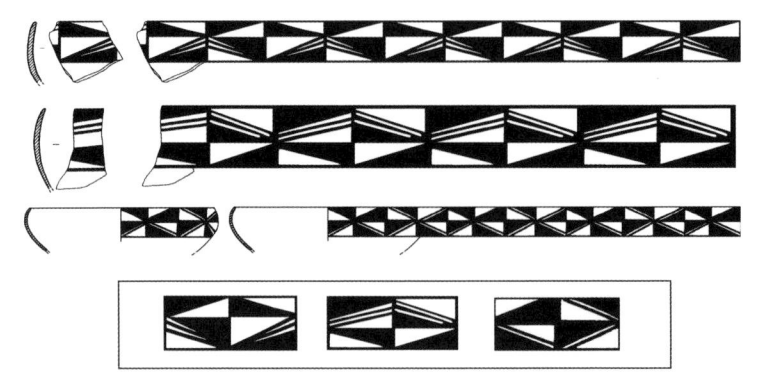

图 4　彩陶菱形纹，湖北郧县大寺出土

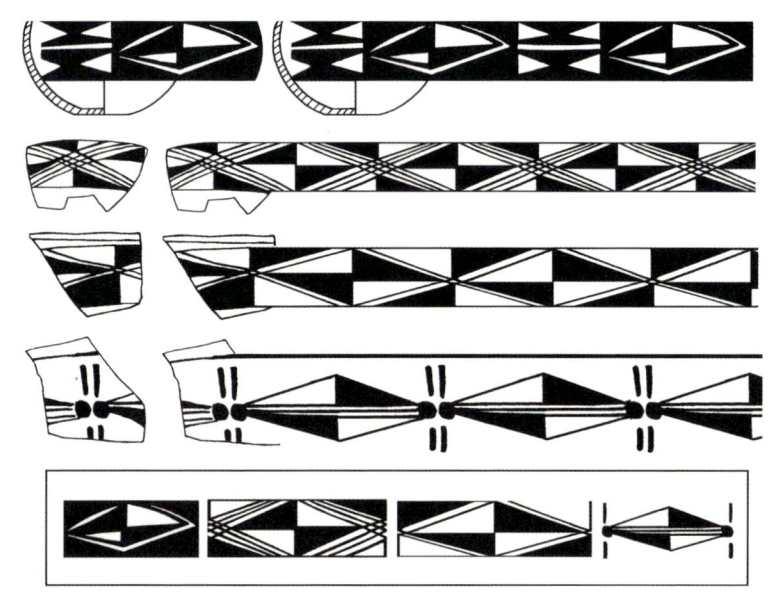

图5 彩陶菱形纹,河南淅川下王岗遗址出土

图6 菱形纹彩陶,红山文化

双旋纹两类。单旋纹中间有一圆形旋心,外有一条旋臂。双旋纹旋心在中间,有两股旋臂,双臂一般以上下方式排列,也有以左右方式排列的,有的臂尾延伸很长。

庙底沟文化双旋纹地纹彩陶发现数量较多,在陇、陕、豫、晋的许多遗址中都有发现,如陕西西安蝎子岭、华县

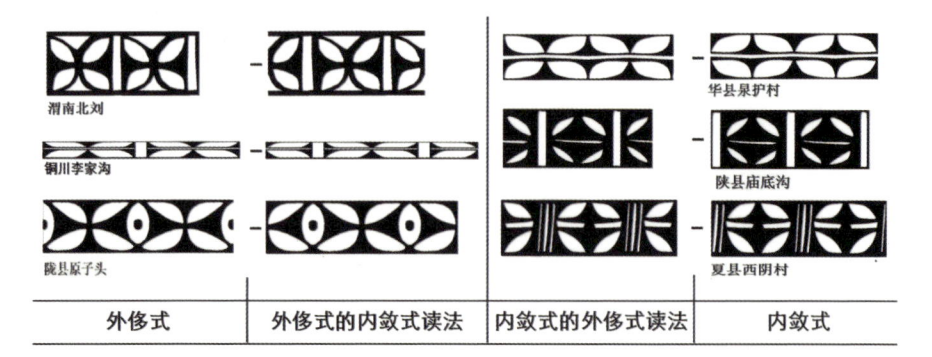

渭南北刘			华县泉护村
铜川李家沟			陕县庙底沟
陇县原子头			夏县西阴村
外侈式	外侈式的内敛式读法	内敛式的外侈式读法	内敛式

图7 彩陶四瓣式花瓣纹的两种结构

图8 多瓣式花瓣纹彩陶
1.陕西千阳出土 2.河南郑州后庄王出土 3.甘肃宁县焦村出土 4.湖北枣阳雕龙碑出土

泉护村，山西芮城县、洪洞县、河津固镇村，河南三门峡庙底沟等遗址，都有双旋纹彩陶出土。河南灵宝西坡遗址出土的双旋纹彩陶也非常精美，构图相当严谨。（图9）

将地纹彩陶的纹饰，看作是阴阳共生图案，这是可以成立的，阴阳观念的形成，这可以看作是一个重要源头。阴中有阳，阳中有阴，阴阳共生，这在彩陶纹饰上描绘得非常到位。

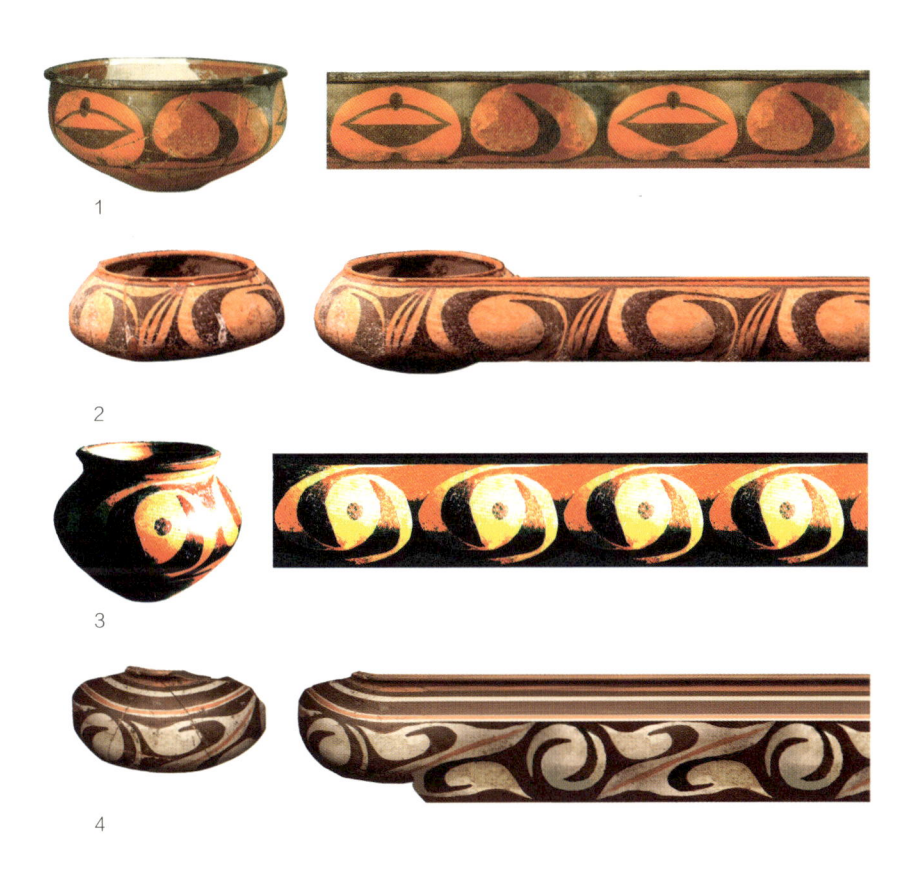

图9 单旋纹与双旋纹彩陶

2. 阳变阴与阴变阳，阴阳互生

地纹彩陶尽管发现的例证非常多，但用来论证阴阳观念的起源，这样的思路也许不大容易为人接受。如果我们再列举出一些阴阳互变互换的纹饰证据，则可以进一步深化认识。

有一个特别的例证是，秦安大地湾四期文化有一件花瓣纹彩陶片，绘出的是六瓣花的花瓣纹，与庙底沟文化常见的地纹花瓣纹不同，这一件的花瓣是直接用黑彩绘成，并没有采用地纹表达方式。这是一例可称为"反地"的彩陶，将它反转后再看，就是一件标准的地纹彩陶。（图10）

地纹彩陶发展到一定阶段出现"反地"现象，将本来用地纹表现的图案直接用色彩描绘出来，这样的彩陶就是"反地"彩陶。由出土资料观察，"反地"彩陶是复彩技法出现后带来的一个明显的成果，早期的"反地"图案所采用的颜色一般与衬底色彩不同，较多见到的是黑彩衬底和白彩"反地"的

图10 秦安大地湾四期文化（仰韶文化晚期）花瓣纹彩陶正反视图

色彩组合。

在大汶口文化彩陶中，很多原本为地纹的花瓣纹、旋纹和菱格纹都开始用复彩方法表现，一变而为"反地"彩陶，特别是一些菱格纹完全是以白色在暗彩上描绘图案，而不是以传统的地纹技法空出图案，构图严密紧凑，色彩对比强烈，山东兖州王因和江苏邳州大墩子等地都见有这样的彩陶。（图11）

在原本为地纹图案的空地，涂上白色或其他颜色，是明显的"反地"彩陶。这种技法进一步发展，原来作为衬底的彩纹干脆不再绘出了，陶工直接以白彩绘出原本为地纹表现的图案，这是更明显的"反地"彩陶。如宝鸡福临堡第三期文化，出土的几件尖底瓶上的白彩旋纹，明显是由庙底沟文化的旋纹发展而来的。但是与庙底沟文化不同的是，福临堡所见的旋纹是直接以白彩绘成，上旋与下旋已非常明确地连为一体，左上旋延长至右方变为下旋，后来它就成了马家窑文化涡纹的主要构图形式。因为用的是白彩，而且没有使用衬底色彩，

图11　大汶口文化彩陶，江苏邳州大墩子出土

对福临堡尖底瓶上的旋纹可以直接认读彩纹,这是典型的"反地"彩陶。(图12)

福临堡白彩尖底瓶的发现表明,庙底沟文化以后的陶工一定还了解地纹彩陶的传统,不过他们并没有一成不变地承继这个传统,有时将过去用地纹方式表现的纹饰直接绘了出来。这是改阴变阳的绘法,它应当是一种观念支配的结果,不仅仅只是艺术形式的改变。

更明显的一个例子,是河南汝州的发现。汝州洪山庙遗址一座合葬墓中出土的136件瓮棺上,全都有彩绘纹饰,纹饰的题材有人物、男根、动物、植物、几何形、天象、器具若干类。如在一具瓮棺上同时绘有红色的日和白色的月,在另三具瓮棺上绘有男根图形,它们揭示了洪山庙人精神世界的一个侧面。有一件瓮棺上的一组纹饰非常特别,如果先不考虑这纹饰的意义,能够非常清楚地了解到陶工对色彩效果的刻意追求。这组纹饰可以分为相关的两组,每一组其实是一对反色图形。(图13)

这是在同一构图中,色彩的角色出现了互换,洪山庙的这件彩陶瓮棺上,是这种色彩互换的典型例证。当然这一例色彩互换的用意可以有多种理解,如果引入阴阳概念,这黑与白的互换就是阴与阳的互换,是阳变阴、阴变阳,是阴阳互生的最典型的彩陶表达形式。

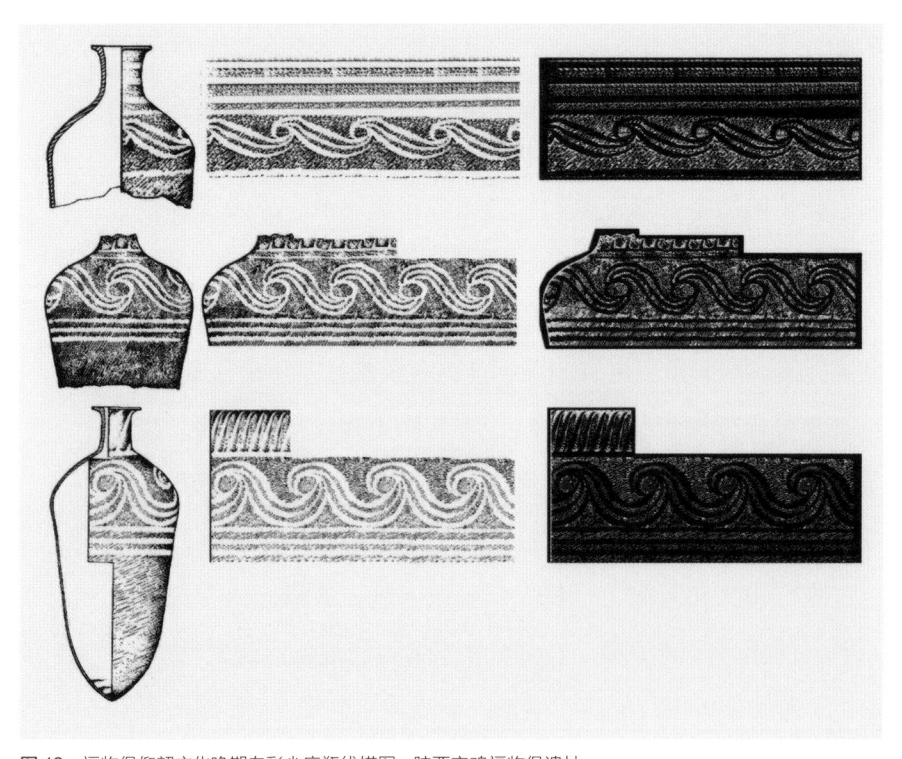

图 12　福临堡仰韶文化晚期白彩尖底瓶线描图，陕西宝鸡福临堡遗址

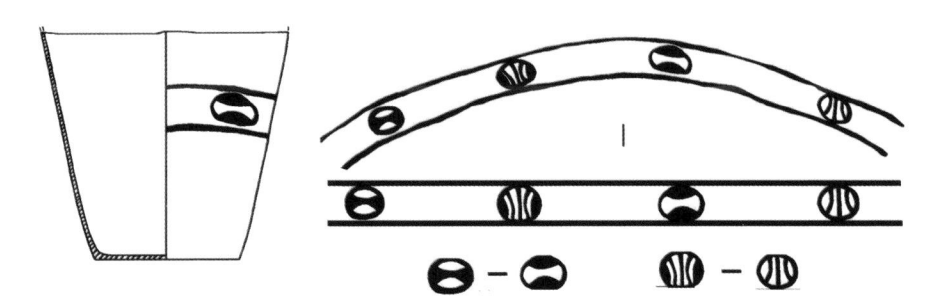

图 13　彩陶瓮棺线描图，河南汝州洪山庙遗址

3. 正对反与反依正，正反相生

在彩陶纹饰上见到阴阳互生互变的图案，也发现有正反相生相依的图案。这方面的证据因为比较隐蔽，不是很容易发现。

我们先要提到的是在史前陶器上见到的一种比较独特的装饰图案，有彩绘，也有刻画，这就是绞索纹。所谓绞索纹，也有学者称为绳索纹、链条纹，或又称为绹纹与绹索纹，甚至有称为旋纹的，它像是描绘两股或多股绳索拧合的样子，觉得称为绞索纹也许更为恰当。

在红山文化彩陶上，就发现有绞索纹，大概是因为所见不多，过去没有引起注意。在甘肃秦安大地湾遗址四期文化中，出土了若干件绞索纹彩陶，纹饰一般是独立出现。（图14）大汶口文化中也有绞索纹彩陶发现，样式有一些变化。在庙底沟文化中也见到不多的绞索纹彩陶，常作为组合纹饰与其他纹饰共存。

绞索纹彩陶在长江中游的大溪文化中有较多发现，它是大溪文化彩陶的主流纹饰，大溪文化的许多遗址都出土了绞索纹彩陶。大溪文化彩陶上的绞索纹也属于地纹表现形式，纹饰呈二方连续形式排列，上下一般都填充有弧边三角作为衬底。双线型的绞索纹其实是用二实线衬出中间的单条地纹来，三线型为三实线衬出双条地纹，四线型即为三条地纹。（图15）

大溪文化彩陶中最有特色的是一种筒形瓶，在包括大溪在内的若干遗址都有出土，多数筒形瓶上都绘有一组或一组

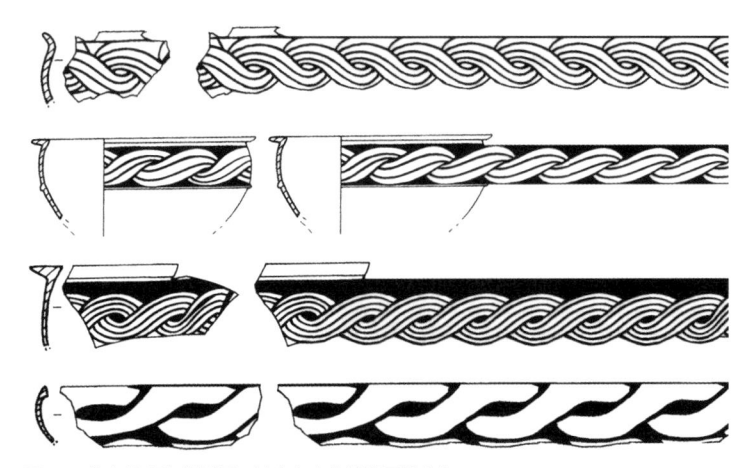

图 14　绞索纹彩陶线描图，甘肃秦安大地湾四期文化

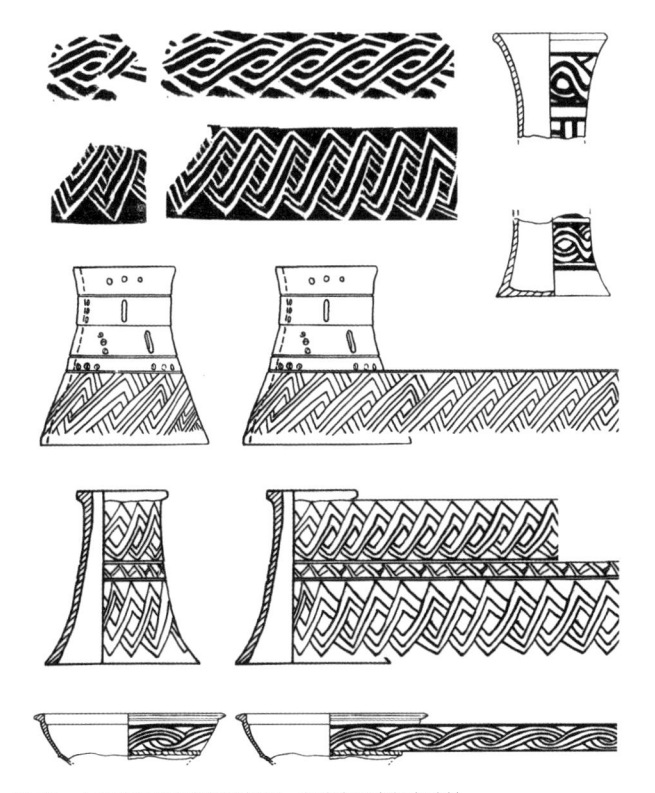

图 15　大溪文化陶器纹饰线描图，湖北宜昌中堡岛遗址

第三部分｜信仰文化　357

以上的绞索纹。大溪遗址发现两例绞索纹彩陶瓶，其中一件彩陶瓶在上部绘一组弧线形三线型绞索纹，另一件彩陶瓶上下各绘一组弧线形三线型绞索纹。还有一件陶罐的中上腹部，也绘有一组弧线形三线型绞索纹。（图16）

图16 大溪文化彩陶及线描图，重庆巫山大溪遗址

峡江口外几处大溪文化遗址发现了绞索纹彩陶。湖北枝江关庙山遗址发现一件保存完好的彩陶瓶，绘有三组弧线形三线型绞索纹，中间所绘为变体绞索纹。松滋桂花树遗址也发现几件典型的绞索纹彩陶，有一件彩陶瓶绘三组绞索纹，纹饰构图及布局与关庙山的那一件所见完全相同，纹饰属弧线形三线型。在一件彩陶罐上腹位置，绘一组弧线形三线型绞索纹，线型较为粗壮。还见到一件彩陶器座，绘一单体的绞索纹结，也与关庙山所见类同。（图17）

最值得关注的还有湖北东北部麻城金罗家遗址，意外出土一件大溪文化陶簋形器，在中腹绘一周清秀的绞索纹，属弧线形三线型，上缘还附绘一周菱形纹。（图18）在其他地点还不曾见到类似器形的彩陶。

图17　大溪文化彩陶线描图，湖北松滋桂花树遗址　　图18　大溪文化彩陶，湖北麻城金罗家遗址出土

对于彩陶纹饰而言，任何一类主流图案都宣示着一种信仰，一种观念。对于绞索纹来说，我们可以直观地解释它为象形的绳索或编织图形，也可以认为它并没有什么特别的含义。但这却是一个非常费解的问题，为何要以这样的图案作

为精美彩陶的主流纹饰？如果没有时代认同的含义，人们基于什么样的理由绘出同样的图案，这图案又为何还会传播到不同的区域去？

偶然间看到几只同纹的编织手环，忽然觉得它也许指示了一个重要的解释路径。很多人可能不知道，编织手环正背图案有时会不相同，而且会呈现出两种完全不同的图案。我所观察的编织手环，从编织创意与佩戴习惯看，它的正面恰是我熟悉的绞索纹，而且与彩陶纹饰完全相同，所以它引起了我细作观察的兴趣。观察的结果，让人有些惊诧，它的正面是绞索纹，背面却是菱形纹，无一例外！这是两种并无关联的纹饰，一面是弧线形结构，另一面是直线结构，太不可思议了。（图19）

图19 编织手环的正背图案

至此我悟出了这种正对反与反依正的关系，它是正反相生，正中有反，反中有正，看似毫不相干，却是彼此相依共存。上文提到的麻城金罗家遗址出土的那件大溪文化陶簋，中腹绘一周绞索纹，上缘附绘一周菱形纹，它要表现的不正是手环上的正反两面图案吗？我相信大溪人一定制作过类似的编织品，他们也一定赋予了这两类纹饰特别的含义。

这含义表面是正与反，关键是大溪人应当理解了正反相生的道理，这不是阴阳观又能是什么呢？

粗略检索一下，其他文化的彩陶上也能见到类似例证，而最值得注意的是，江南更早的河姆渡文化刻画纹饰中，也见到了绞索纹和菱格纹（图20），这会是偶然的巧合吗？

图20　河姆渡一期文化陶器刻画纹线描图

4. 阴背阳和阳对阴，阴阳一体

阴与阳的观念，在史前还表现在神像的刻画中，最集中体现在两面神的玉石雕刻中。

史前玉石器造型中，发现一些人面和神面，可以分别称为人祖像和神像。那些刻画有獠牙的，应当就是神像了。人显出了动物性，动物具有人性，这就是史前造神运动中出现的神的图像。

湖北天门石家河新出土几件玉神像，由于资料没有正式刊布，还不能作仔细观察研究。不过由国外收藏的几件高冠长颈神像（图21）看，倒是可以细作分析，一般认为它们属于石家河文化（或后石家河文化）。

需要特别注意的是，许多的玉神面其实正背都有神面，这便是我们定义的两面神。再细细一看，玉神面有长眼的，也有圆眼的，由此可以见到两种不同的基本表情。更重要的是，同一件玉神面，正面背面是不同的眼神，不同的表情。正面看过，再看反面，突然觉得发现了神的另一副面容，见到了两面神。也许是石家河人创造了两面神像，或者说他们流行两面神崇拜。

这两面神像意义何在？它又给石家河人带去了怎样的精神慰藉呢？其实除了表情的区别，雕刻手法也有明显区别，神像的正面采用的是阳刻，而背面采用的却是阴刻，玉工赋予神像以阴阳之别，这也一定是受观念支配的，应当就是阴阳观。

图 21-1　石家河文化玉神面及线描图，美国国家博物馆藏

图 21-2　石家河文化玉面神像，美国国家博物馆藏

图 22　玉玦，湖北天门石家河遗址出土

又从古罗马时代神话中的两面神，我们得到一个提示，前与后，善与恶，吉与凶，是与非，成与败，阳与阴，取与弃，在神示神断中生活的人们，不论距离多么遥远，都会产生相似的思维。

再看看石家河遗址出土的一件双头人面玉饰，两个人面连成一体如玦形（图22），它与罗马人的两面神像意境相似，可谓异曲同工，值得细细琢磨一番。

这又让人想到河南光山春秋时期黄君孟夫妇墓，墓中出土青玉人首蛇身饰两件，有说原本为一件，后来被剖成两件。

第三部分 | 信仰文化　363

图 23　玉神面线描图，河南光山春秋时期黄君孟夫妇墓

图 24　石家河文化玉神面及线描图，山西曲沃羊舌村西周墓

造型为石家河文化风格，人面作侧面构图，一面阴刻，一面阳刻，正背面相近似，眼形不同。这又是两面神，而且有两件，石家河两面神又添新证。（图 23）

在过去的一些发现中，也有一些两面神艺术品。山西曲沃羊舌村西周墓出土一件两面神玉雕像（图 24），毫无疑问是石家河人的作品，并不是西周人崇奉的神灵，也许只是因为制作精美，经过千年传递，它被周人收藏，最后进入到墓葬中。这样的精雕细琢，该融入了石家河人怎样的情怀？有了这一件西周时代的珍藏，关于两面神艺术品的考察，一切疑点完全冰

释。

2016年出版的《加拿大皇家安大略博物馆藏中国古代玉器》，著录了若干件石家河文化风格的玉器，其中就有两面神像。（图25）这一件双面雕的神像，同以往见到的石家河风格的神像有类似之处，玉神头戴高冠，两侧有鸟尾饰。两面的神脸，一面是阳刻，作小眼形状，一面是阴刻，作大眼形状，它应当是石家河风格的又一件两面玉神像。

由石家河遗址出土的玉器，我们看到了石家河人的两面神玉雕，而且在古代玉器中也发现了一些传承下来的两面神玉雕。两面神崇拜的起因、起源及传承，都是值得研究的课题。不过初步可以判断两面神所具有的阴阳属性，阴背阳和阳对阴，阴阳一体，它是阴阳观在史前形成的一个很好的见证。

由此观之，彩陶与玉器工艺表现出来的阴刻与阳刻，阳纹与阴纹，这区别是含有意义的，不只是工艺上的不同，尤

图25 石家河文化玉神面，加拿大皇家安大略博物馆藏

其是在同一件玉器正反分别采用阴阳刻画技法，它不会是没有缘由的。

阴阳生变，阴阳有形，对于史前人来说，观察并不难，但提炼出程式化和概念化的形式，却不一定是一朝一夕的事。《易·系辞下》云："古者包牺氏之王天下也，仰则观象于天，俯则观法于地，观鸟兽之文与地之宜，近取诸身，远取诸物，于是始作八卦，以通神明之德，以类万物之情。"作八卦近取诸身，远取诸物，表阴阳又何尝不是如此。

有人曾经指出，研究阴阳观念起源，缺乏对其萌发期的研究，往往会得出偏颇的结论。许多人质疑我们未能亲历亲见如何考证，其实通过考古发现的史前遗留下来的证据，由蛛丝马迹入手，我们总会有所收获。本文的讨论是个尝试，对于阴阳观起源过程的实证考察，算是一个开始。

11 | 无轮神车
——汉画神灵出行图景

何谓车？有轮有箱，方谓之车。一般词典的解释是：陆地上有轮子的交通工具。当然这是人乘之车，如果是神呢，那就不见得是如此了。众神之车，不仅可以不在陆上，而且也是可以没有轮子的。神嘛，自然不同于人，至少人对神应当乘坐什么样的车，是帮助神们做过精心设计的。人可以造出神来，帮神造出车来也不是什么难事。所以我们在汉画上，就看到了这样的图景，那些传说中的神仙们，不用在路途奔走，出行中驾着飞天车舆，快乐奔驰在八虚四空。

传说夏时奚仲造车，将运载便利带到人间。在汉画上见到有造车轮图像，也许表现的就是奚仲的发明。神话中的众神众仙，也开始享受这个伟大的发明，因此多了出行的方便，也就有了车载神仙的故事。众神之车，从汉画上可以看到一些具象的描绘，古车很早可能就完成了神化的过程。出自鲁南苏北与其他地区的汉代画像石，有许多画面表现了车行的场景，其中就有出行的神车。

汉画所见众神之车最典型的有龙车和鱼车，并不以牛马为役使，它们与凡间之车有相似之处，也有不同之处。最大的相似是都有类同的车舆，最大的不同是神车无轮，因为神并不是出没于众生的大地上。神们或是以天为路，或是以水为路，车无轮似乎也无大碍。

在古代传说中，神灵大都是乘云而行，其中自然也包括孙悟空和某些妖精们。佛教中的菩萨们也都是这样行事，可以脚踏祥云，须臾万里。其实在汉代的画像石上，我们就看到有乘云而行的神灵群像。如山东嘉祥武氏祠的一幅汉画上，就有仙人乘云图，以云为车，仙人端坐云车上，有神人推车行进，还有侍者执便面跟随。（图1）

同一地点见到的另一汉画上，也有仙人乘云车图像，不同的是云车前后还竖有旗幡，有五六仙人以长绳挽车踏云而行。（图2）

在汉画上这样的云车常常都没有见到车轮，而是以云为轮。古代确是将神灵车乘称为"云车"，这样的众神之车也是常人臆造出来的，表现了一种另类的古车文化。云车可由仙人手推绳挽，也可以龙虎作牵引。在不少地点都见到一些无轮车汉画，如四川彭州义和发现的一方画像砖，在五颗星辰的映衬中，一驭者驾着一乘三龙涡轮状飞车急驰在空中，开敞的车舆中端坐着一位仙人。（图3）涡轮被研究者认作是雷神的象征，所以这样的车被认作是神话中的雷车。

类似的三龙雷车，还见于山东费县潘家疃的一方画像石，画面刻画细腻，只是三龙并未作奔驰状，而是稳健地行进着。（图

图 1　汉代画像石仙人乘云图拓片，山东嘉祥武氏祠

图 2　汉代画像石仙人乘云图拓片，山东嘉祥武氏祠

4）河南南阳英庄也发现类似的雷车画像石，画面改为三飞虎拉车，车上立鼓，有华盖羽葆。（图5）与前述雷车不同的是，涡轮改作飘云之形，车轮完全不见了。

　　河南南阳出土的另一方鹿车升仙画像石，驾车的是两只奔鹿，鹿车无轮，车下云气飘飘，车后有执仙草侍者和奔鹿

图 3　三龙雷车画像砖拓片，四川彭州义和

图 4　三龙雷车画像石拓片，山东费县潘家疃

图 5　三虎云车画像石拓片，河南南阳英庄

相随。（图6）相似的鹿车还见于山西离石马茂庄所出的画像石，只是双鹿改成了并驰的三鹿。（图7）鹿车更近于凡间实用之车，但也没有轮子，所以它不会在陆上奔驰，与凡世无干。

更有意思的是，汉画中还有许多鱼车图像，驾车的龙虎鹿改换成了大鱼。山东滕州就见到这样的鱼车画像石，驾车的是双鱼或四鱼，不过鱼车带轮。（图8）山东邹城南落陵村的一方画像石有无轮鱼车图，车上立杆悬两鱼，驾车为三鱼，

图6 双鹿云车画像石拓片，河南南阳

图7 三鹿云车画像石拓片，山西离石马茂庄

第三部分 | 信仰文化　371

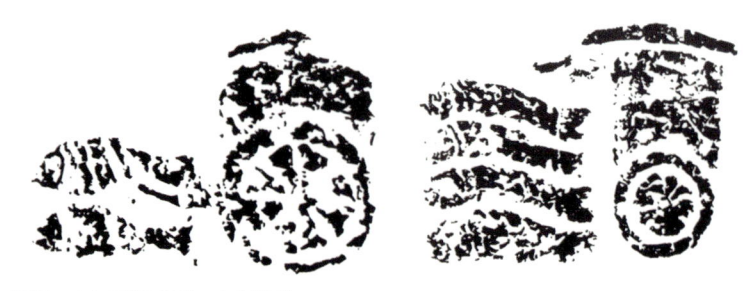

图8 鱼车画像石拓片，山东滕州

图9 鱼车图画像石拓片，山东邹城南落陵村

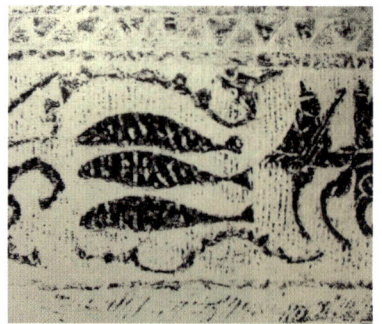

图10 鱼车画像石拓片，河南南阳

前有鱼人导引。（图9）无轮鱼车画像石在河南和山西也都有发现，如河南南阳的一方画像石上，绘三鱼驾车，无轮车与前引云车相同。（图10）

最精致的鱼车图见于南阳王庄的"河伯出行图"，四鱼并驾，缰辔齐整，还有乘鱼仙人随行。（图11）山西离石马茂庄的鱼车，也是四鱼并驾，也有羽人骑鱼护卫。（图12）

云车风马，是中国古代神话中的神仙车乘，如晋人傅玄《吴楚歌》所云："云为车兮风为马。"《淮南子·原道训》说："昔者冯夷、大丙之御也，乘云车，入云霓，游微雾。"《文选》

372　古物说——文物里的古人日常

图 11　鱼车图画像石拓片，河南南阳王庄

中有曹植《洛神赋》曰："载云车之容裔。"刘良注说："神以云为车。"云车古时又称"云轮"，南朝梁人陶弘景的《真诰·运象一》说："若夫仰掷云轮，总辔太空。"

云车之说，也见于正史文字。《史记·孝武本纪》说："文成言曰：'上即欲与神通，宫室被服不象神，神物不至。'乃作

图 12　鱼车图画像石拓片，山西离石马茂庄

画云气车。"一般的理解是,云车是以云彩为装饰花纹的车子,所以后来云车又泛指华贵之车。于是唐代李白《寄王屋山人孟大融》就有了这样的诗句:"所期就金液,飞步登云车。"顾况《上元夜忆长安》也说:"云车龙阙下,火树凤楼前。"

古代作战时用以窥察敌情的楼车也称云车,如《后汉书·光武帝纪》所说:"云车十余丈,瞰临城中,旗帜蔽野。"李贤注曰:"云车即楼车,称云,言其高也。"这类云车,则又另当别论了。

神仙乘云车,这样的传说在后代仍然在流传,所以宋人范成大《祭灶词》说:"古传腊月二十四,灶君朝天欲言事。云车风马小留连,家有杯盘丰典祀。"灶君也要备云车风马,是因为要上天去见天帝。

神话传说无形无象作依凭,汉画却将这传说的众神众仙之车作了形象展示。传说神灵仙人以云为车,但何为云车,过去却并不能详知,有了这样一些汉画,云车之疑烟消云散。原来云车并不是涂画云彩那么简单,它是以云作轮,是云轮之车。

图13　四方神车出行图画像石拓片,徐州汉画像石艺术馆

汉代时神仙说盛行，汉画上有许多画面是用于表现神仙题材的，云车与鱼车图就是这样的一些题材。那乘车的又是什么神灵呢？

龙虎所驾云车的主神，一些研究者视为雷神，雷神有丰隆之名，《楚辞·离骚》说："吾令丰隆乘云兮，求宓妃之所在。"云车上立鼓，隆隆之声正象征雷声。大鱼牵引的鱼车，研究者一般认为车主为黄河水神，就是大名鼎鼎的河伯，河伯本名冯夷，因为渡河淹死，天帝封之为水神。依《九歌》所吟，河伯是乘水车驾两龙，那水车就是鱼车，而引车之龙也就是鱼龙。

看过了众神各式车驾，真不容易完全明白车主是何方神灵。不过当再看到徐州汉画像石艺术馆收藏的下面这一巨幅汉画（图13）时，让人有顿悟之感——这不是四方神吗！

应当是的，正是四方神。

最右是龙车——东方神；

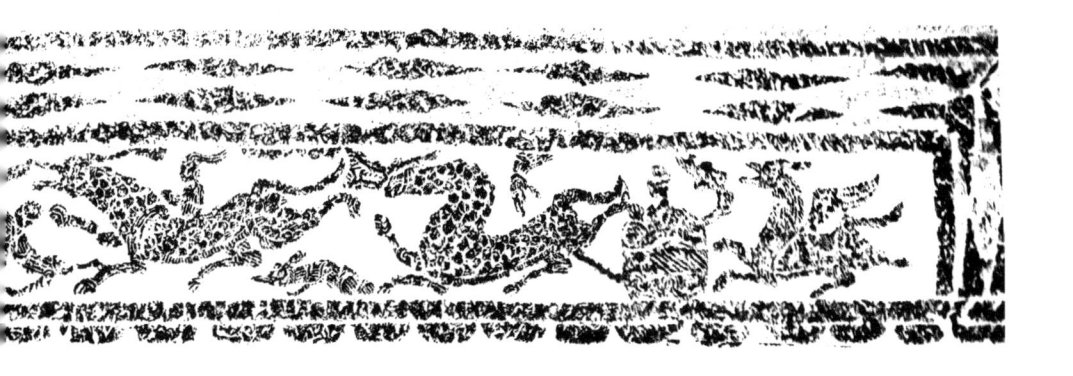

最左是虎车——西方神；

中间居左是鸟车——南方神；

中间居右是鱼车——北方神。

画像中前三象定无疑义，只有鱼车有些费解，本应当取玄武灵龟之象才是。

我们注意到《山海经》说北方神禺强是鱼身，也许鱼形就是北方神的另象。还有那鹿形也是曾用作北方之象的，所以鹿车亦为北方神车驾。

另河南永城芒砀山柿园汉墓中，墓室顶部有大型壁画《四神图》，中间绘一条7米长腾龙，龙首向北，东有朱雀，西有白虎，北绘一鱼。（图14）这鱼显然是北方神之象。这是西汉早期的作品，是四象中的另一个版本。

图14　四神图壁画，河南永城芒砀山柿园汉墓出土

在汉镜上有龟车图像和鱼车图像，更足以说明北方神之象的多重性。北方缺水，鱼、龟、鹿都是水的象征。宋镇豪先生说，甲骨文标示北方常常是绘出鱼形，可见北方与鱼有不解的因缘。

汉画中以云车出行者，也许还有其他一些神灵，还需要进一步辨识。众神享受着人间的快乐，借用了人间出行的工具，在概念上又多少有了些改变，当然这种改变都是人类的智慧的体现。古代传说中的众神之车，无轮之车，人、鱼、龙、虎、鹿挽车，空中、水下急驰，这样的车只不过是一些幻想。

在古代社会，虽然无轮车尤其是空中飞车只是一种概念、一种幻想，但这样的幻想与概念却是科学发展的一个动力，这在当今都已成为现实，现代的飞机与潜艇之类，都可以看作是古代无轮车概念的延伸。

现代汽车制造业发达，汽车都是依靠车轮转动在路途行驶。不过近些年某汽车公司的一款面向未来的RSQ车也有了一些新概念，开始设计无轮车。这是用旋转球代替传统车轮，以金属镁做原材料制作成。用旋转球代替轮子使得车辆可以自由地向前和向后行驶，还能够无阻碍地左右侧平移动，这在驾驶的灵活性和转向的方便程度上，都比轮子要高出很多。历史的篇章就是这样，有时科学会从神话与幻想中获得灵感，神话也会从科学与发现中丰富细节。

后记

2024年春的北京图书订货会期间，湖南美术出版社熊英副社长带着杜作波编辑联系到我，表示希望能有作品在他们社里出版，而且表达了一种非常迫切的心情，让我都不好以时间紧迫为由推脱。在沟通过程中，熊英副社长提出了"古物二十讲"的选题想法，即选取读者比较感兴趣的一些考古文物，透物见人，透物言史，讲文物背后的历史典故与古人的精神世界。当时我觉得这个选题思路不错，就决定以文物考古为中心，讲讲古物的一些掌故。

随后的几日，我就挑选了30多篇文字，传给熊社长后，她表示了浓厚的兴趣，很快便决定进入申报选题和编辑流程。因为文字围绕古人衣食与信仰议论，而且多是以往学人讨论不及的角度，所以最终就得到了现在的书名《古物说——文物里的古人日常》。写作过程中本着与读者交流的初心，有些段落甚至加强了口语化的表达，读起来会觉得轻松一些，希望读者会喜欢。

《古物说——文物里的古人日常》的顺利出版，要感谢湖南美术社的领导和诸位编辑，文字编排和装帧设计都费了很大功夫，谢谢了！

作者　王仁湘

【版权所有，请勿翻印、转载】

图书在版编目（CIP）数据

古物说：文物里的古人日常 / 王仁湘著 . -- 长沙：
湖南美术出版社 , 2025.5. -- ISBN 978-7-5746-0623-4
Ⅰ. K870.4-53
中国国家版本馆 CIP 数据核字第 20256ND476 号

古物说——文物里的古人日常
GUWU SHUO——WENWU LI DE GUREN RICHANG

出 版 人：黄　啸
著　　者：王仁湘
图书策划：熊　英
责任编辑：杜作波　崔　颖
责任校对：李　娥　汤兴艳
制　　版：嘉伟文化
出版发行：湖南美术出版社
　　　　　（长沙市东二环一段622号）
印　　刷：中华商务联合印刷（广东）有限公司
版　　次：2025年5月第1版
印　　次：2025年5月第1次印刷
开　　本：680 mm×965mm　1/16
印　　张：24.5
定　　价：138.00元

销售咨询：0731-84787105　邮编：410016
网　　址：http://www.arts-press.com
电子邮箱：market@arts-press.com
如有倒装、破损、少页等印装质量问题，请与印刷厂联系调换。
联系电话：0755-33609988